D1987152

LINZ
STADT
DER
ARBEIT
UND
KULTUR

Franz Dobusch/Johann Mayr
Herausgeber

LINZ

STADT DER ARBEIT UND KULTUR

Linz 1997

Redaktion: **Johann Mayr**
Umschlag und künstlerische Beratung: **Wilfried Hopf**
Fotoberatung und Reproduktionen: **Johann Kühnl/Gernot Polland**
Lektorat: **Monika Dobusch**
Druck: Gutenberg-Werbering

Copyright © 1997 by the editors, authors and SPÖ Linz-Stadt
Verleger: Gutenberg-Werbering, Anastasius-Grün-Straße 6, 4020 Linz
Eigentümer: SPÖ Linz-Stadt, Landstraße 36, 4020 Linz

Gedruckt auf umweltfreundlichem, chlorfrei gebleichtem Papier

ISBN 3-900401-43-8

LANDESHAUPTSTADT LINZ

Linz, besiedelt bereits in vorgeschichtlicher Zeit, erhielt das Stadtrecht im 13. Jahrhundert und entwickelte seine heutige Größe durch Eingemeindungen zwischen 1873 und 1939. Landeshauptstadt seit 10. März 1490.

Fläche: 96,105 km^2

Einwohner: 211.021 (Stand 1. 1. 1997)

Stadtteile: 9 – Ebelsberg, Innenstadt, Kleinmünchen, Lustenau, Pöstlingberg, St. Magdalena, St. Peter, Urfahr, Waldegg

Katastralgemeinden: 14 – Ebelsberg, Katzbach, Kleinmünchen, Linz, Lustenau, Mönchgraben, Pichling, Posch, Pöstlingberg, St. Peter, Ufer, Urfahr, Waldegg, Wambach

Mittlere Seehöhe: 260 m

Lage: 48 Grad, 18 Minuten, 11 Sekunden nördliche Breite, 14 Grad, 17 Minuten, 26 Sekunden östliche Länge, 260 m mittlere Seehöhe, Oberösterreichischer Zentralraum

Ortsgrenzen: im Norden Kirchschlag und Altenberg, im Osten Engerwitzdorf, Steyregg und Luftenberg, im Süden Asten, St. Florian, Ansfelden und Traun, im Westen Leonding, Puchenau, Gramastetten und Lichtenberg

Struktur: Stadt der Industrie, des Gewerbes und der Dienstleistungen, in welcher die Agrarwirtschaft eine zwar kleine, aber für die Nahversorgung und Erhaltung der Grünflächen wichtige Rolle spielt. Große Teile des Stadtgebietes sind, infrastrukturell bestens aufgeschlossen, Wohn- und Freizeitzwecken vorbehalten oder finden als Sport- und Kulturstätten Verwendung

Stadtwappen: In rotem Schild über einem Zwillingsbalken zwei silberne, mit drei Zinnen bekrönte Türme, die ein offenes Tor einschließen, über dem der rot-weiß-rote Bindenschild Österreichs angebracht ist

Stadtfarben: Rot-Weiß

INHALTSVERZEICHNIS

Anhang

VORWORT

Das vorliegende Buch hat zum Ziel, einerseits eine kurze und schön gestaltete Leistungsschau über die Linzer Kommunalpolitik, vorzüglich jene der letzten 12 Jahre, zu geben, andererseits die städtische Geschichtsschreibung zu komplettieren: Es ist nämlich Usus in der historischen Forschung, selbst in der Zeitgeschichtsschreibung, daß, je näher man zur Gegenwart kommt, desto dünner die Beiträge werden. Das mag sicher damit zu tun haben, daß die Quellenlage weiter zurückliegender Ereignisse geschlossener vorliegt, aber auch damit, daß Darstellungen und Interpretationen lebender, ja noch amtierender Persönlichkeiten und ihres Tuns mit großen Schwierigkeiten, besonders mit jenem des Mißverständnisses, verbunden sind.

Die Herausgeber haben nun die Absicht, ein Buch vorzulegen, welches – ohne auf die Leistungen der Vorgenerationen zu vergessen – genau jenen bisher zu kurz gekommenen Abschnitt der städtischen Geschichte zum inhaltlichen Schwerpunkt hat. Daher wurde auch das Mitarbeiterteam so ausgewählt, daß die Gewähr gegeben sein soll, einerseits die Stellung der aktiv handelnden Personen zu den betrachteten Ereignissen ihren Intentionen gemäß einfließen zu lassen, andererseits durch Fachhistoriker keinen einseitigen Blickwinkel zuzulassen. Dabei wollen wir aber keineswegs verschweigen, daß die Grundperspektive unserer Betrachtungsweise – der geistige Ansatzpunkt unserer kritischen Auseinandersetzungen – die sozialdemokratischen Programme und Planungsabsichten sind, wozu wir uns, wenn wir die Linzer Geschichte der letzten 80 Jahre Revue passieren lassen, auch mit Stolz bekennen dürfen. Allerdings wollen wir dazu gleichzeitig festhalten, daß wir die zum Aufbau der Stadt beigetragenen Anregungen und Leistungen der nicht-sozialdemokratischen handelnden Personen durch diesen Ansatz- und Ausgangspunkt keineswegs in Abrede stellen wollen, sondern diese vielmehr genauso respektvoll anerkennen; diese Leistungen können nur auf Grund des von uns gewählten Ansatzes nicht zentraler Punkt dieser Arbeit sein. Wir hoffen, daß diese unsere Absichten für den Leser deutlich werden. Demgemäß ist auch der Aufbau des Buches:

1. Der einleitende Teil betrachtet die Linzer Geschichte vom Ende des Ersten Weltkrieges bis zum Untergang der Demokratie 1934; und kurz weiter den Austrofaschismus und den Nationalsozialismus. Dem

Entstehen von Groß-Linz wird ebenfalls ein breiter Raum gewidmet, wobei dafür auch bis in das vorige Jahrhundert zurückzublicken war.

2. Der Weg von Linz nach 1945 bis zur Gegenwart mit einem Ausblick auf zukünftige Absichten ist der Inhalt des zweiten Teiles, wobei, wie bereits erwähnt, der jüngsten Zeit das breiteste Spektrum zugemessen wurde. Besondere Betrachtung fand demgemäß jener historische Zeitraum, seitdem sich ein geradezu rasanter Wertewandel in unserer Gesellschaft, bedingt durch die immer stürmischere technologische Entwicklung einerseits, wie durch gravierende Änderungen in den Lebenseinstellungen – besonders zur Umwelt – andererseits abzeichnet.

3. Der dritte Teil beschäftigt sich in sechs Abschnitten mit den Hauptanliegen der städtischen Politik: Arbeit und Wirtschaft, Soziales, Umwelt und Natur, Verkehr, städtebauliche Maßnahmen und Wohnbaupolitik sowie mit Kultur, Sport und dem Bereich der Freizeit. Zur Komplettierung und raschen Übersicht für den Leser ist diesen sechs Kapiteln eine Zeittafel über die Aktivitäten der Stadt und deren Betriebe angeschlossen.

4. Abgeschlossen wird das Buch mit einem statistischen Teil, der Informationen über die Stadt im allgemeinen und ihre politische Entwicklung im besonderen gibt.

Der Inhalt unseres Buches soll aber nicht allein durch Texte dem Leser nähergebracht werden, sondern wir waren bei der Gestaltung sehr darum bemüht, viele Informationen graphisch und bildlich aufzulösen. Genau dem zu entsprechen, war auch das Bemühen bei der Gestaltung von Umschlag und Layout.

Abschließend möchten wir allen danken, die zum Zustandekommen dieses Buches beigetragen haben, vorzüglich den Autoren und Mitarbeitern, ohne deren Sachkunde und Einsatz diese Arbeit nie hätte gelingen können. Gleicher Dank gilt den Mitarbeiterinnen und Mitarbeitern aller in Linz ansässigen Bibliotheken, Archive und sonstigen wissenschaftlichen Institutionen, genauso wie allen jenen Damen und Herren, die uns mit Auskünften als Zeitzeugen oder Interviewpartner zur Verfügung gestanden sind.

Linz, am 1. Mai 1997 — Franz Dobusch/Johann Mayr

LINZ BIS 1945

Der 1858 fertiggestellte Linzer Bahnhof mit einigen Werkstättengebäuden. Hier endete bis 1873 das Stadtgebiet von Linz (Gemälde von Johannes Klaus).

13 Johann Mayr

LINZ AM ENDE DER MONARCHIE UND WÄHREND DER ERSTEN REPUBLIK

Wirtschaftliche und soziale Umwälzungen

Blickt man auf jene Zeit zurück, als Linz Landeshauptstadt von Oberösterreich wurde (1490), sehen wir eine blühende Handelsstadt am Kreuzungspunkt zweier europäischer Verkehrslinien von Westen nach Osten und Norden nach Süden. Nicht zuletzt diese günstige Verkehrslage war maßgeblich, hier die bedeutendste Manufaktur der Monarchie, die Linzer Wollzeugfabrik, anzusiedeln, welche in ihrem Höhepunktsjahr (1762) an die 50.000 Menschen in vielen Teilen der Monarchie beschäftigte, und Linz ließ sich gerne als „Emporium des Handels und der Industrie" bezeichnen.

Linz büßte im 19. Jahrhundert viel seiner wirtschaftlichen Bedeutung ein

Aber just zu jenem Zeitpunkt, als die industrielle Produktion als Folge der Erfindung der Dampfmaschine weltweit ihren Siegeszug antrat, verlor Linz mangels Anpassung an die neuen Produktionsweisen an Bedeutung. Und just zu jenem Zeitpunkt, als weltweit die Textilfabrikation mittels Spinnmaschinen und mechanischer Webstühle einen neuen Höhepunkt erlebte, mußte die Linzer Wollzeugfabrik 1852 ihren Betrieb mangels Produktivität einstellen. Die Linzer Wirtschaftsstruktur war, sieht man von der k. k. Tabakfabrik ab, kleingewerblich. Die industrielle Revolution spielte sich außerhalb der Stadtgrenzen – hauptsächlich in Kleinmünchen – ab.

Auch die verkehrspolitische Bedeutung ging, trotzdem durch Linz der erste Schienenweg Kontinentaleuropas – die Pferdeeisenbahn Linz – Budweis und später weiter nach Gmunden – führte, verloren und konnte erst durch die Fertigstellung der Kaiserin-Elisabeth-Westbahn (1860), durch den Bau der Mühlkreis- und Kremstalbahn (1888) sowie der Eisenbahnbrücke (1900) einigermaßen wiedergewonnen werden.

Die Linzer Wollzeugmanufaktur, einst die größte der Monarchie, wurde 1852 geschlossen. Deren Gebäude wurden bis zur Sprengung (1969) für die Tabakfabrik weiterverwendet.

Die Pferdeeisenbahn verkehrte von 1832 (ab 1835 verlängert bis Gmunden) bis 1872 zwischen Linz und Budweis.

Das Entstehen von Groß-Linz

Lustenau, Waldegg, St. Peter, Pöstlingberg und Urfahr an Linz

Ebenfalls zu klein für eine Stadt der industriellen Entwicklung war das enge Korsett der Stadtgrenzen: So hatte Linz bis zur Eingemeindung von Lustenau und Waldegg (1873) lediglich eine Fläche von 5,98 km^2. Umso verständlicher ist daher das Bemühen der Linzer Stadtverwaltung nach Vergrößerung des Gemeindegebietes, welches bis nach dem Ende des 1. Weltkrieges durch die weiteren Eingemeindungen von St. Peter (1915) sowie Pöstlingberg und Urfahr (1919) auf 42,34 km² gewachsen war.

Die Stadt fördert wirtschaftliche und verkehrspolitische Maßnahmen

Dadurch kamen genauso wie durch Neugründungen – meist in den eingemeindeten Gebieten – wichtige Wirtschaftsbetriebe zu Linz: So zum Beispiel die Schiffswerft, die Poschacher Brauerei, die Franck-Fabrik, die Werkstätten der Kaiserin-Elisabeth-Westbahn, die Lokomotivfabrik Krauß & Co, die Maschinenfabrik Posselt, die Solo AG, Sprecher & Schuh oder die Nähmaschinenfabrik Jax. Dies führte zu Folgeinvestitionen wie dem Aufbau von innerstädtischen Verkehrsträgern; 1880 wurde eine Pferdetramway errichtet und 1897 die Straßenbahnlinie Linzer Bahnhof – Urfahr elektrifiziert, was wiederum der Grundstein zur Gründung der ESG und später der Elektrobau AG (1920) war. Weiters wurde 1894 ein Landungsplatz an der Donau mit Schleppbahn zum Linzer Bahnhof eröffnet. Auch mußte das Bildungsangebot den neuen Erfordernissen einigermaßen angepaßt werden, was zur Gründung der Handelsakademie 1882 und der Staatsgewerbeschule 1907 führte.

Eine hervorragende Rolle – ohne jene der anderen Fraktionen, besonders der Deutschnationalen und ihrer Bürgermeister Franz Dinghofer und Karl Sadleder schmälern zu wollen – bei diesen Eingemeindungen und wirtschaftspolitischen Initiativen nahm die Linzer Sozialdemo-

Die ersten sozialdemokratischen Gemeinderäte von Linz. Rechts unten Anton Weiguny, Gründungsvater der Linzer und oberösterreichischen Partei, der zusammen mit Josef Gruber und Julius Spielmann seit 1907 Linz auch im Reichsrat vertrat.

kratie ein. Besonders die propagandistische Unterstützung im seit 1897 erscheinenden Parteiorgan „Wahrheit“ erwies sich sehr hilfreich. Aber auch amtlicherseits konnten neuerdings viele Hebel in Bewegung gesetzt werden, denn seit 1905 waren Sozialdemokraten im Gemeinderat vertreten und wenig später auch im Reichsrat: Die Linzer Sozialdemokraten erreichten bei den noch keineswegs demokratischen Gemeinderatswahlen 1905 von 12 möglichen Mandaten in der allgemeinen Kurie 10! und bei den 1907 stattfindenden Reichsratswahlen alle drei Mandate in Linz!

Kleinmünchen und Teile von Steyregg kommen zu Linz

Wirtschaftliche Notwendigkeiten sowohl von Linz selbst als auch der Nachbargemeinden ließen weitere Eingemeindungen notwendig und sinnvoll erscheinen, und die nunmehr sozialdemokratisch geführte Stadt blieb auf diesem Gebiete weiter initiativ, um für Linz die strukturelle Basis für eine zeitgemäße wirtschaftliche Entwicklung zu schaffen. Und so kam es 1923 zum Zusammenschluß der Gemeinden Linz und Kleinmünchen und 1934 zur Eingemeindung von Steyregger Gebietsteilen, wodurch die Stadt auf eine Fläche von 57,07 km^2 und 110.000 Einwohner wachsen konnte. Auch die Wirtschaftsstruktur erfuhr eine erneute Änderung besonders dadurch, daß nun die großen Kleinmünchner Textilbetriebe zu Linz kamen.

Aber auch die nachfolgenden Eingemeindungen von St. Magdalena (1938) und sogar jene des Keferfeldes (1939) hatten ihren geistigen Ursprung in den ersten 30 Jahren des 20. Jahrhunderts, konnten aber aus finanziellen Gründen nicht durchgeführt werden. Außerdem gab es in St. Magdalena schwere Unstimmigkeiten darüber, was eingemeindet werden sollte: Die örtlichen bürgerlichen Parteien vertraten die Auffassung, daß nur das Arbeiterviertel Steg zu Linz kommen sollte, die bäuerlichen Gebiete nicht. Die Sozialdemokraten dagegen wollten eine Teilung der Gemeinde verhindern. Diese Meinungsverschiedenheiten wurden derart heftig geführt, daß 1923/24 der sozialdemokratische Bürgermeister Alois Keinrath von der Landesregierung abgesetzt und durch einen Staatskommissär ersetzt wurde.

Linz erreicht seine heutige Größe

Allein die Eingemeindung von Ebelsberg (1938) mit 25,03 km^2 – wiewohl auch mit dieser Gemeinde bereits seit 1925 Gespräche wegen einer Grenzregulierung geführt wurden – kann man als originären, wenngleich zwangsweisen Akt der NS-Zeit bezeichnen, der rein wirtschaftlichen Notwendigkeiten entsprang: Dem Bau der Hermann-Göring-Werke auf dem von der Stadt Linz bisher für einen Flughafen vorgesehenen Gelände in St. Peter, wodurch die Schaffung von Hinterland im Bereich der Stadt notwendig wurde. Gleichzeitig mit Ebelsberg

Karl Steiger, Bürgermeister von Kleinmünchen (1919 – 1923) und Stadtrat von Linz (1923 – 1934), war der Motor der Eingemeindung.

Rechts: Ansicht von Kleinmünchen zur Zeit der Eingemeindung.

wurde auch noch ein kleiner Gebietsteil von Steyregg rechts der Donau mit eingemeindet.

Durch die zuletzt angeführten Eingemeindungen wuchs das Stadtgebiet auf die heutige Größe von 96,1 km^2 und 121.000 Einwohner; letztere Zahl steigerte sich allerdings mit dem Baubeginn der Göring-Werke innerhalb weniger Monate auf 142.000 und bis 1944 auf 194.000 – dies hauptsächlich wegen der Zuwanderung aus anderen Teilen Österreichs und Deutschlands, besonders aber wegen der vielen Fremdarbeiter – und fiel 1945 – trotz eines großen Flüchtlingsstromes nach Linz – wieder auf 175.000 Einwohner.

Alois Keinrath,
Bürgermeister von St. Magdalena 1922 – 1924.

Rechts: St. Magdalena zu Beginn unseres Jahrhunderts.

Johann Hauder, Bürgermeister von Ebelsberg 1929 – 1934, lenkte die Marktgemeinde (im Bild eine Ansicht aus 1936) durch die schweren Jahre der Weltwirtschaftskrise.

Gewaltiger Anstieg der Bevölkerungszahl – besonders von ausländischen Arbeitskräften

Diese Zahlen zeigen eindrucksvoll, daß allein der Anteil an Fremdarbeitern und Zwangsarbeitern – der Unterschied verwischte sich gegen Kriegsende immer mehr – an der Linzer Gesamtbevölkerung während der NS-Herrschaft mehr als 25 % (etwa 45.000 Menschen) ausmachte; rechnet man auch noch die Kriegsgefangenen und KZ-Häftlinge dazu, so erhöht sich dieser Prozentsatz an hier lebenden ausländischen Arbeitskräften – zu denen aber nicht Bürger der Reichsgebiete gezählt wurden – noch um Beträchtliches!

Gegenwärtig hat Linz auf gleicher Fläche eine mittlere Wohnbevölkerung von 213.000 und davon rund 21.000 ausländische Mitbürger also 10 %; und das einschließlich der Ausländer aus EU-Staaten.

Ein weiterer Beleg für die bereits sehr früh einsetzende enorme Zuwanderung ausländischer Arbeitskräfte ist, daß schon 1940, zu einem Zeitpunkt also, als es noch kaum Zwangsarbeiter, sondern überwiegend nur zivile Fremdarbeiter gab, die mittelständisch dominierte Wirtschaftskammer Linz – in rassenideologischer Verblendung völlig verkennend, daß hetzerische nationalistische Propaganda und wirtschaftspolitische Notwendigkeiten zwei verschiedene Paar Schuhe sind – bei einem Besuch des Staatssekretärs Dr. Landfried diesem eine Denkschrift übergab, in der es in grauenvoller, aber leider auch heute wieder nicht ganz unbekannter Diktion hieß, daß Anlaß zur Sorge bestehe, daß sich „der Heimatgau des Führers ... zu einer Art Vereinigte Staaten von Oberdonau“ entwickeln werde und gleichzeitig wurde vor den „volkspolitischen Gefahren der fremdblütigen Unterwanderung“ gewarnt.

19

EINGEMEINDUNGEN seit 1873

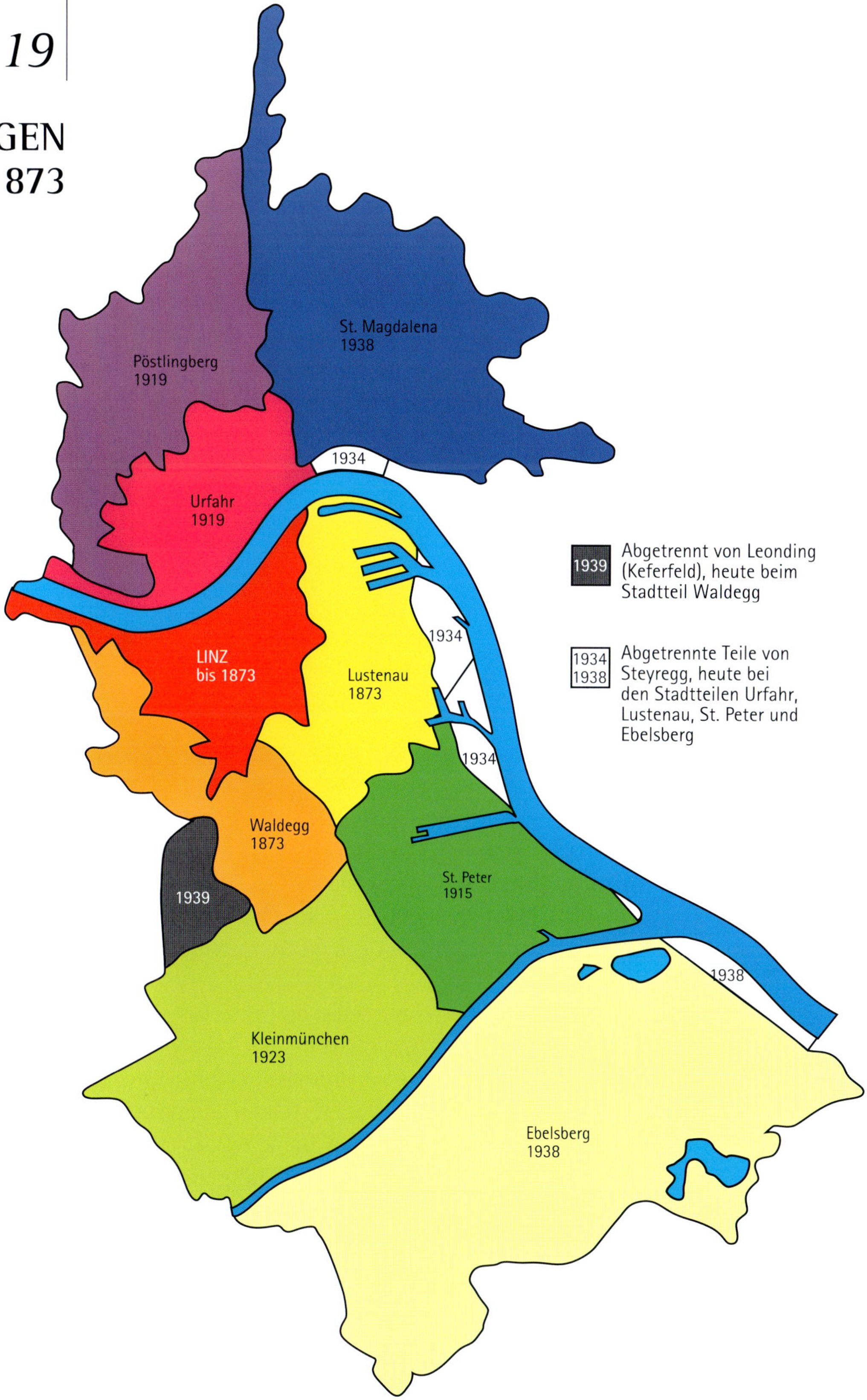

Aktiv und sozial. Linz von 1919 bis 1934

Am 18. Mai 1919 fanden in Linz die ersten Wahlen nach dem allgemeinen, gleichen, geheimen und direkten Wahlrecht für Frauen und Männer auf Gemeinderatsebene statt, und die Sozialdemokratische Arbeiterpartei Österreichs erreichte auf Anhieb die absolute Mehrheit. Und überwältigende Mehrheiten konnte die Linzer Sozialdemokratie auch bei allen elf folgenden demokratischen Gemeinderatswahlen bis in die Gegenwart erlangen, bis auf dreimal stets die absolute.

Auf Grund dieses klaren Wahlergebnisses wählte der Linzer Gemeinderat am 11. Juni 1919 einstimmig Josef Dametz zum Bürgermeister.

Josef Dametz (links) war erster demokratisch gewählter Bürgermeister von Linz und behielt dieses Amt bis zu seinem Tode am 21. September 1927.

Robert Mehr (rechts), Linzer Bürgermeister von 1927 bis 1929. Er war auch tatkräftiger Vizebürgermeister an der Seite von Josef Dametz und später an der Seite von Josef Gruber.

Große Not – Kurze Erholungsphase – Weltwirtschaftskrise

Ein leichtes Amt war es nicht, in welches die Linzerinnen und Linzer die Sozialdemokraten mit Bürgermeister Josef Dametz und seinem Vize und Finanzstadtrat Robert Mehr an der Spitze so überzeugend gerufen hatten. Denn groß waren die Probleme nach dem Ersten Weltkrieg: So standen den 100.000 Einwohnern lediglich 24.000 Wohneinheiten – bei Einrechnung selbst der einfachsten Quartiere – gegenüber, was bei bescheidensten Ansprüchen einen Mangel von 5000 Wohnungen bedeutete. Weiters war die Ernährungssituation schlecht, die Beschäftigungslage trostlos, und wer Arbeit hatte, dessen Lohn wurde durch eine rasende Inflation aufgefressen. Und Josef Dametz skizzierte daher seine wichtigsten Anliegen in seiner Antrittsrede als Bürgermeister so: Beseitigung der Arbeitslosigkeit, Wohnungsbau, Ausbau der sozialen Fürsorge, Sicherung der Ernährung, Reform des Steuerwesens, Kommunalisierung wichtiger Produktionszweige und gesteigerte Kulturpflege. „Ein reges, pulsierendes Leben in Handel und Industrie im ganzen weiten Stadtgebiet und auf den großen modernen

Bahnanlagen, auf der Donau ein lebhafter Verkehrsstrom auf- und stromabwärts, dazu eine fleißige Bevölkerung, die bei allem Lebensernst und bei aller Arbeit auf saure Wochen auch ihre fröhlichen Feste hat."

Diese hohen Ziele übernahmen in gleicher Weise seine drei demokratisch gewählten Nachfolger der Ersten Republik Robert Mehr, Eduard Euller und Josef Gruber, der am Höhepunkt der Weltwirtschaftskrise folgendes als oberste Prämisse seines Handelns ausgab: „Die Fürsorge für die Notleidenden unserer Stadt ist wohl eine der wichtigsten Aufgaben der Gemeinde, der jeder Bürgermeister sein ganzes Augenmerk zuwenden muß. Es muß den Stolz jedes Gemeinwesens bilden, jederzeit darauf hinweisen zu können, ihr Möglichstes für die Bekämpfung der sozialen Not und ihrer Folgen getan zu haben."

Eduard Euller (links), Bürgermeister von Linz 1929 bis 1930, Landesrat 1919 bis 1925, Vizebürgermeister 1927 bis 1929.
Josef Gruber (rechts), Bürgermeister von Linz 1930 bis 1934, Landeshauptmann-Stellvertreter 1918 bis 1930.

Der soziale Wohnbau wird angekurbelt

Daß die oben dargestellten Arbeitshypothesen keine theoretischen Leerformeln waren, zeigte Dametz schon vor der Übernahme des Bürgermeisteramtes: Als von der Landesregierung nach dem Kriege eingesetzter provisorischer Vizebürgermeister organisierte er gemeinsam mit dem Linzer Arbeiter- und Soldatenrat sowie Landeshauptmann-Stellvertreter Gruber die Lebensmittelverteilung der Stadt in der schwierigsten Zeit vorbildlichst genauso wie die Errichtung von Notwohnungen für mehr als 1000 Parteien. Als verantwortlicher Bürgermeister behielt er diese Agenden und setzte weitere Schritte, um die Nachkriegsnot zu lindern und Linz zu einem lebenswerten Gemeinwesen zu machen: Sofort begann in den Industrie- und Außenbezirken, ohne daß der innerstädtische Bereich vernachlässigt worden wäre, eine rege Wohnbautätigkeit und wurde trotz schwierigster Bedingungen während der Weltwirtschaftskrise (ab 1929) bis 1934 kontinuierlich fortgesetzt. Dadurch konnte der Wohnungsbestand in Linz um über 7000 Einheiten erhöht werden. Die hervorragendsten Zeugen dafür sind die Bauten in der Weißenwolffstraße, Wimhölzelstraße, Garnisonstraße, Unionstraße, Landstraße/Bethlehemstraße, am Auberg und in Scharlinz. Kamen 1919 auf eine Wohnung 4,17 Bewohner, so waren es 1934 nur mehr 3,75. Um Spekulationen hintanzuhalten, wurden dazu die verschiedenen Baugenossenschaften zu einer Wohnbauförderungsgenossenschaft vereinheitlicht.

Der soziale Wohnbau war eine der größten Errungenschaften der Sozialdemokratie. Heute bestaunen wir diese Zeugen der Arbeiterbewegung im neuen Kleide und mit neuem Umfeld. Im Bild oben Wimhölzelstraße mit dem von der Chemie Linz AG gespendeten Jubiläumsbrunnen (Wasserorgel aus 28 Edelstahlrohren von Karl-Jürgen Trinkl) im Vordergrund. Bild unten Unionstraße.

Der Bau des Arbeiterstadions. Viel Eigenarbeit mit Krampen, Schaufeln, Scheibtruhen und Rollwagen.

Vorher fanden die turnerischen Massenveranstaltungen auf dem heutigen Marktgelände des Südbahnhofes statt.

Trotz schwieriger Finanzlage werden Bildungs-, Kultur-, Sport- und Gesundheitseinrichtungen gebaut

Um nichts geringer war die Bautätigkeit im Kultur-, Sport- und Freizeitbereich: So war die Diesterwegschule nach ihrer Fertigstellung 1931 der modernste Schulbau Mitteleuropas. Die Studienbibliothek wurde neu gebaut, das Stadtarchiv und die Linzer Bibliotheken neu geordnet, ja sogar der Bau des Brucknerhauses wurde in Erwägung gezogen. Und der Bau der Arbeiterkammer war sichtbarer Ausdruck der gestiegenen Bedeutung der Arbeitnehmer.

1930 konnte das Linzer Parkbad, eine Freizeiteinrichtung, die auch der körperlichen Ertüchtigung dienen sollte, der Bevölkerung übergeben werden.

Das Parkbad, Sportplätze und das Arbeiterstadion hinter den Spatenbrotwerken wurden errichtet und viele Park- und Gartenanlagen initiiert. Linz war zum Zentrum des Arbeiter-Turn- und Sportvereines (ATSV) von ganz Westösterreich geworden. Die damalige Sportbewegung diente im höchsten Maße gesundheitsfördernden Zielen.

In diesem Zusammenhang ist auch zu sehen, daß 1928 – zu keineswegs rosigen wirtschaftlichen Zeiten – im 63 Jahre zuvor errichteten städtischen Krankenhaus (AKh Linz) in Zusammenarbeit mit Prof. Andreas Plenk ein eigenes Haus mit einer der modernsten Operationsausstattungen im damaligen Europa errichtet wurde.

Auch der Bau des Krematoriums war Zeichen eines neuen Hygeniebewußtseins, aber auch Zeichen der Lösung von traditioneller Bevormundung.

Auf allen Bereichen förderte man gegenkulturelle und avantgardistische Bewegungen: So war Linz 1928 die erste Stadt in Österreich, die ein monumentales profanisiertes Weihespiel: „Flammen der Nacht" zum 25. Gründungsjubiläum des ATSV erleben konnte. Eine Freilichtveranstaltung mit Zuschauerbeteiligung genauso wie die „Rote Symphonie", bei welcher die Linzer Arbeiter miteinbezogen wurden, ja die eigentlichen Akteure waren: Nach einem minutiös festgelegten Zeitplan ertönte aus verschiedensten Linzer Fabriks- und Schiffssirenen die „Internationale" zu einer „Symphonie der Arbeit". Aber auch auf dem Gebiete der klassischen Kultur- und Bildungsarbeit wurde nach der Devise: „Wissen ist Macht!" Großes geleistet. So war Linz mit der 1928 eröffneten Arbeitermittelschule europaweit führend beim Aufbau des Zweiten Bildungsweges, der auch Arbeitern und Angestellten den Weg zu höherer Bildung öffnete; einer der Gründungsväter dieser Anstalt war der spätere Linzer Bürgermeister Dr. Ernst Koref.

Eng verbunden mit den Bereichen Wohnen, Freizeit und Kultur sind im Sinne der ganzheitlichen Betrachtung des menschlichen Lebens soziale Sicherheit und Wohlfahrt sowie der Bereich des wirtschaftlichen Lebens.

Soziales Linz – Kampf gegen die Arbeitslosigkeit

In Verwirklichung des Leitsatzes: „Die Güte einer Gesellschaft bemißt sich daran, wie sie sich zu ihren schwächsten Mitgliedern verhält" und um die Nachkriegsnot, aber auch jene der Weltwirtschaftskrise ab 1929 zu lindern, wurden das Sozialfürsorge- und Armenwesen reformiert, die Volksküche umgebaut. Zur Sicherung und Hebung der Gesundheit wurden Mutterberatungsstellen und ein Jugenderziehungsrat eingerichtet, Kindergärten gebaut und das AKh erweitert. Dem Problem der Arbeitslosigkeit versuchte man mit Bildungsinitiativen, deren sichtbarster Ausdruck die vielen Schulbauten zwischen 1919 und 1934 sind, sowie durch Einführung einer Berufsberatungsstelle beizukommen; ja

In der Linzer Volksküche wurden qualitative Speisen zu günstigen Preisen abgegeben.

Die neue Traunbrücke nach Ebelsberg wurde 1928 dem Verkehr übergeben.

sogar eine Institution ähnlich der heutigen Betriebsansiedlungsgesellschaft wurde eingerichtet. In dieselbe Richtung und als Impuls für die Wirtschaft wirkte der Ausbau des öffentlichen Verkehrs, wofür Autobuslinien als Zubringer zur Straßenbahn installiert wurden, oder der Ausbau der Wiener Bundesstraße mit dem Neubau der Traunbrücke von Kleinmünchen nach Ebelsberg (1928), wodurch die Straßenbahn zur Florianerbahn verlängert werden konnte.

Wirtschaftspolitische Aktivitäten der Landeshauptstadt

Diese allgemeinen Leistungen konnten nur erbracht werden, weil die Stadt wirtschaftlich gut geführt wurde. Um solcherart geordnete Verhältnisse herzustellen, mußten zuerst die Stadtfinanzen saniert und die kommunalen Ver- und Entsorgungsbetriebe strukturiert werden: So wurden die Gaswerke erneuert und mit den Wasserwerken zu den „Technischen Werken" von Linz zusammengefaßt sowie der „Städtische Wirtschaftshof" geschaffen: Dieser nach volks- wie betriebswirtschaftlichen Grundsätzen arbeitende Gemeindebetrieb hatte die Aufgabe, notwendige und sozial wichtige Leistungen kostengünstig zu erfüllen. Das Arbeitsgebiet des Wirtschaftshofes reichte von der Kehricht- und Fäkalienabfuhr über den Brennstoffhandel, Fuhrwerks-, Lagerhaus- und Speditionsdienste bis zur zentralen Beschaffung aller notwendigen Materialen und Gegenstände.

Und auch das allgemeine Wirtschaftsleben in Linz wurde tatkräftig gefördert, wie die Unterstützung für den Neubau der Tabakfabrik an der Donaulände oder die Beteiligung der öffentlichen Hand – besonders des Landes Oberösterreich – an Firmengründungen zeigen; das wohl beste Beispiel dafür ist die Firma Ferro Betonit.

Einiges konnte aber aus zeitlichen wie aus finanziellen Gründen nicht mehr verwirklicht werden: Zur Unterstützung der Linzer Industrie und des Gewerbes lagen Pläne zur Optimierung der Verkehrswege, besonders für den Umbau des Bahnhofes, den Bau einer neuen Donaubrücke und des Hafens, ja sogar Überlegungen für die Situierung einer eisenverarbeitenden Großindustrie (der Anstoß dazu kam von der Alpine Montangesellschaft) in Verbindung mit der Schaffung eines allgemeinen Bebauungsplanes in der Schublade von Bürgermeister Josef Gruber, als dieser im Februar 1934 unter Mißachtung demokratischer Spielregeln aus seinem Amt entfernt wurde.

Der Städtische Wirtschaftshof war das Herzstück der kommunalen Wirtschaftsverwaltung.

Das Ende der Demokratie

Der Kampf gegen Faschismus und Diktatur begann in Linz

Obwohl die Kämpfe zur Rettung der Demokratie von Linz ausgegangen waren, gingen Linz und Oberöstereich einen zur Bundespolitik doch einigermaßen unterschiedlichen Weg: Nicht nur, daß der oberösterreichische Landesparteisekretär, der Linzer Richard Bernaschek, und seine Freunde – zum überwiegenden Teil Mitglieder des 1933 verbotenen Republikanischen Schutzbundes – im Gegensatz zur Wiener Parteilinie die Auffassung vertraten, daß ein weiteres Zurückweichen der Sozialdemokratie vor der Gewalt der Heimwehren und der Regierung nach den Ereignissen des Justizpalastbrandes 1927, dem Pfrimer-Putsch 1931 und der Ausschaltung des Parlaments im März 1933 der Arbeiterbewegung unwürdig sei: „Ich bin entschlossen, alles zu wagen... Bevor ich in Österreich in Schmach und Schande lebe, werde ich die Freiheit mit dem Einsetzen meines Lebens verteidigen.“ (Bernaschek). Andererseits stand auch der oberösterreichischen Landesregierung mit Dr. Josef Schlegel von den Christlich-Sozialen ein gegen den diktatorischen Strom seiner Bundespartei und besonders der Heimwehren schwimmender Landeshauptmann vor. Obwohl er von seinen „Parteifreunden" darob stets aufs Äußerste geschmäht wurde, ließ er sich nicht von seiner demokratischen Linie abbringen und berief sich dabei auf die Verfassung und seinen Eid darauf. Besonders als am 6. Februar 1934 die oberösterreichische Heimwehr den Hinauswurf der „Roten Bonzen" aus dem Landhaus und den Gemeindestuben sowie die Einsetzung von Regierungskommissären für Linz und Steyr forderte, blieb er standhaft.

Daß dennoch gerade in Linz die Bürgerkriegskämpfe ihren Ausgang nahmen, hängt damit zusammen, daß Bernaschek seinen Wiener Parteifreunden angekündigt hatte, daß er Waffensuchen der Heimwehren in sozialdemokratischen Lokalen nicht widerstandslos hinnehmen und da-

Der sozialdemokratische Landesparteisekretär und Schutzbundführer Richard Bernaschek (links) kämpfte vergebens um die Erhaltung der Demokratie. – Der christlich-soziale Landeshauptmann Josef Schlegel (rechts) wurde wegen seiner demokratischen Gesinnung von seinen Parteifreunden aus dem Amt entfernt und durch Heinrich Gleißner ersetzt.

gegen den Schutzbund aktivieren werde. Die Rückmeldung aus Wien wurde abgehört, und Heimwehr und Militär schlugen in Linz bereits frühmorgens am 12. Februar 1934 zu, um den Überraschungseffekt auszunützen, und verhafteten Bernaschek in der Landesparteizentrale. Dadurch gelang es ihnen in der Tat, dem Schutzbund die militärische Führung zu nehmen. Andererseits damit, daß Josef Schlegel fast gleichzeitig de facto entmachtet wurde und er somit keine Weisungsgewalt mehr hatte.

Nach zweitägigem Kampf hatte in Linz die Heimwehr zusammen mit dem Militär und Polizeieinheiten gesiegt und der Demokratie ein Ende gesetzt. Der Linzer Bürgermeister Josef Gruber wurde durch einen Regierungskommissär abgelöst, die Sozialdemokratische Partei verboten. 943

Besonders hart umkämpft war in Linz die Parteizentrale „Hotel Schiff". Tot am Boden der tapfere MG-Schütze Rudolf Kunst, erschossen vom Turm der Karmeliterkirche vis-a-vis.

Personen wurden wegen Aufruhrs bei der Staatsanwaltschaft angezeigt, 214 wurden verurteilt. Gegen fünf Schutzbündler und den Arbeitersamariter Anton Bulgari wurde ein Standgerichtsverfahren durchgeführt; drei wurden zum Tode verurteilt, Bulgari als einziger hingerichtet.

Obwohl die von Linz ausgegangenen Kämpfe mit einer Niederlage endeten und die Demokratie nicht mehr gerettet werden konnte, gab der Linzer Aufstand, der am selben Tag noch auf alle wesentlichen Zentren Österreichs übergriff, der demokratischen Welt ein wichtiges und zeitlos gültiges Zeichen: Daß Faschismus und Diktatur keineswegs das unvermeidliche Schicksal bedeuten müssen, um aus Wirtschaftskrisen herauskommen zu können.

Elf Jahre und zwei Diktaturen

Wirtschaftlicher Niedergang und kulturelle Ebbe

Die Niederschlagung der Demokratie hatte in keinem Bereich des Lebens Folgen, die man auch nur zu scheinbaren Rechtfertigungen heranziehen könnte: Der überwiegende Teil der Bevölkerung war nun von jeder Mitsprache in der Gesellschaft ausgeschlossen, viele erlitten Verfolgung oder mußten ihre Heimat deswegen verlassen. Das kulturelle Leben verarmte, und die Wirtschaft stagnierte in fast allen Bereichen: In Linz

Die 1937 fertiggestellte Bahnunterführung der Wiener Bundesstraße war eines der „Notarbeitsprojekte". Diese Maßnahme war schon seit langem geplant, weil man die äußeren Stadtteile ohne Schrankensperre mit der Innenstadt verbinden wollte, wurde aber aus Geldmangel immer wieder zurückgestellt.

versuchte Bürgermeister Wilhelm Bock, jugendliche Arbeiter in Arbeitsdienstgruppen zu freiwilligen Arbeiten im Straßen- und Siedlungsbau heranzuziehen.

Diese Notmaßnahmen waren wenig wirkungsvoll, genauso wie jene, daß man Betrieben bei der Lohnsteuer oder dem Strompreis entgegenkam: Eine Auswirkung auf die Beschäftigungslage war kaum feststellbar, die öffentlichen Defizite wuchsen. Lediglich jene Bereiche, die von der positiven Bevölkerungsentwicklung als Folge der Eingemeindungen profitierten, wie die Lebensmittel- und die Stromwirtschaft, konnten sich einigermaßen zufriedenstellend entwickeln.

Diese Entwicklung führte zu Hoffnungslosigkeit und in den wirtschaftlichen Bankrott. Und unter diesen Vorzeichen muß auch gesehen werden, daß das verzweifelte Volk sich von einer noch schlimmeren Diktatur zumindest Erleichterung ihres Loses erhoffte. Und anfangs konnte man – bei oberflächlicher Betrachtung – in der Tat geblendet sein: Keine Stadt Österreichs erlebte in der NS-Zeit einen derartigen Strukturwandel wie Linz – Linz wurde zur Stadt der Großindustrie.

Linz wird Stadt der Großindustrie

Im Osten der Stadt entstanden drei Großbetriebe der chemischen und Metallindustrie, und der Bau eines Hafens wurde begonnen. Zu diesem Zwecke wurde sofort nach dem Einmarsch 1938 das Dorf St. Peter abgerissen und die Bevölkerung in neue und alte Stadtteile ausgesiedelt,

Dieses Gemälde von Otto Stadler zeigt gut die ländliche Struktur des seit 1915 zu Linz gehörenden Dorfes St. Peter kurz vor dem Abbruch wegen des Baus der Göring-Werke.

wo man gleichzeitig großflächig Grund einlösen und die dortigen Bauern enteignen mußte; zum Teil wurde diesen nicht einmal mehr erlaubt, die ausgesäte Ernte einzubringen, wie dies im neuen Linzer Stadtteil Keferfeld geschehen ist. Bei diesen Aussiedlungsmaßnahmen scheute man

In Linz war der Anteil der ausländischen Arbeitskräfte (im Bild eine Barackenunterkunft für Italiener) besonders hoch, aber auch im gesamten Gau Oberdonau waren zeitweise mehr als die Hälfte der beschäftigten Arbeitnehmer ausländischer Herkunft.

auch vor hartem Zwang nicht zurück, wenn nicht gleich Bereitschaft dazu zu erzeugen war.

Manche Betriebe beschäftigten mehr als 60 % ausländische Arbeitskräfte

Die neuentstehenden Betriebe hatten sich der Kriegsproduktion zu unterstellen und sollten deswegen in einer, eine vernünftige Planung unmöglich machenden Zeit aus dem Boden gestampft werden. Dies führte zu einem ungeheuren Arbeitskräftebedarf, der mit Zuwanderung, Fremd- und Zwangsarbeitern, Kriegsgefangenen und KZ-Häftlingen gelöst werden sollte. Der Anteil der ausländischen Arbeitskräfte erreichte in manchen Betrieben mehr als 60 %!

Dieses hohe Potential an ausländischen Arbeitskräften unterschiedlicher Rechtsstellung ließ sich auch hervorragend zur Entsolidarisierung innerhalb der Arbeiterschaft nutzen und sollte von vornherein even-

Im Eiltempo wurden Betriebe der Schwerindustrie aufgebaut. Im Bild der Blick von der Erzvorbereitung auf die im Bau befindliche Hochofengruppe; rechts Baubeginn des Werkshafens; links vorne entsteht der Kamin der Sinteranlage (Seite 32).
Das meiste davon lag aber kurze Zeit später in Schutt und Asche. Hier der nach einem Bombenangriff 1944 zerstörte Löschturm III der Kokerei.

tuelle gemeinsame Aktionen bereits im Ansatz unterbinden, denn das Damoklesschwert des Verlustes der sozialen Stellung oder gar des Lebens schwebte unausgesprochen über jedem.

Dieser Zustrom an Arbeitskräften führte auch zu einem gigantischen Wohnungsmangel – 1943 verzeichnete man einen Fehlbestand von 15.485 Wohnungen, und mit 4,22 Einwohner pro Wohneinheit war die Situation bereits wieder schlechter als nach dem Ersten Weltkrieg. Dieser Mangel war auch trotz intensiver Bautätigkeit (zwischen 1938 und 1945 wurden in Linz 11.000 Wohnungen in 2700 Häusern gebaut) nicht zu beheben. Selbst der Bau riesiger Barackensiedlungen – im Untergrund kursierte der unter schwerer Strafe stehende Spottspruch „Von der Patenstadt des Führers zur Barackenstadt des Führers" – konnte die Lage kaum

verbessern; mit Stichtag 1. Mai 1945, schreibt der Sekretär von Oberbürgermeister Langoth in sein Tagebuch, waren allein in diesen Arbeiterbaracken 31.332 Betten belegt – ob einfach oder mehrfach belegt, konnte nicht erhoben werden.

Brutale Maßnahmen gegen jeden, der sich nicht unterordnete

Wer sich nicht beugte, wurde brutalst verfolgt, und diese Zwangsmaßnahmen steigerten sich mit Fortdauer des Krieges exponentiell. So streikten bereits im August 1938 – kurz nach dem Spatenstich für die Göring-Werke in Linz – die von den Volksabstimmungsversprechen enttäuschten Bergarbeiter am Erzberg wegen ihrer schlimmen sozialen Lage; ihnen wurden statt Verhandlungspartnern die Exekutive, verstärkt durch einen 150 Mann starken SA-Sturm, geschickt und der Streik brutalst niedergeschlagen. Görings Aussagen dazu stehen im Protokoll einer NS-Wirtschaftsführerbesprechung, welches auch ein beredtes Zeugnis ist für die Einstellung der NSDAP den Arbeitern gegenüber: „Wo Weigerungen der Arbeiterschaft erfolgen, wie z. B. in Österreich, will Generalfeldmarschall Göring mit Zwangsarbeit vorgehen; er werde Zwangsarbeitslager schaffen. Die Arbeitsfront solle nicht falsche Sozialbegriffe unter die Arbeiter bringen. Tatsache sei, daß unsere Generation den Karren in den Dreck gefahren habe, indem die Arbeiter gemeutert haben und indem wir die Schuld auf uns geladen haben, daß wir diese Arbeiter nicht sofort zusammengeschossen haben.“

Zur Umgehung der ohnehin unfreien Justiz gab es sogenannte „Volksgerichtshöfe“; zum Beispiel war der Linzer NS-Oberbürgermeister Franz Langoth Mitglied jenes Volksgerichtshofes, der den Linzer Arbeiter Stefan Raubausch 1943 „wegen defätistischer Reden“ (sein Verbrechen war, er glaubte der NS-Kriegspropaganda nicht!) zum Tode verurteilte.

Und trotz all dieser Brutalitäten und Repressionen konnten nur Bruchteile der geplanten Industrieanlagen errichtet werden, und was gebaut wurde, ging teils in den 22 Bombenangriffen zwischen Juli 1944 und April 1945, die 1679 Linzerinnen und Linzern das Leben kosteten, zugrunde.

Von den 43.926 Linzer Wohneinheiten waren nach Kriegsende 8204 zerstört oder so schwer beschädigt, daß sie unbewohnbar waren.

22.617 Wohnungen waren minderen Grades beschädigt und nur 13.105 Wohnungen oder 29,8 Prozent waren unbeschädigt.

Selbst wenn man die beschädigten Wohnungen als Wohnmöglichkeit voll einrechnet, kamen auf eine Wohneinheit 5,4 Personen, was eine wesentlich ärgere Situation bedeutete als zu den schlimmsten Zeiten nach dem Ersten Weltkrieg (4,17 Bewohner pro Wohneinheit).

Resümierend muß man ohne Übertreibung sagen, die Linzerinnen und Linzer und die neue Stadtverwaltung standen 1945 nach dem austrofaschistischen und dem nationalsozialistischen Abenteuer und elf Jahren entsetzlicher Diktaturen vor dem Nichts.

LINZ NACH 1945

Helmut Fiereder

LINZ – VOM WIEDERAUFBAU INS 21. JAHRHUNDERT

Betrachtet man die Geschichte der Landeshauptstadt Linz zwischen 1945 und 1997, so drängt sich eine Periodisierung auf nach jenen sechs, von der Sozialdemokratie gestellten Bürgermeisterpersönlichkeiten, die während dieses halben Jahrhunderts die Geschicke der Stadt lenkten. Unter diesen Persönlichkeiten treten zwei schon aufgrund der Dauer ihrer Amtsführung hervor, Ernst Koref und Franz Hillinger, was aber keineswegs die Verdienste der anderen schmälert. Ernst Koref führte die Stadt aus der von NS-Diktatur und Zweitem Weltkrieg hinterlassenen Verwüstung in den Wohlstand der 60er Jahre, wobei er während des Jahrzehnts der Besatzungsherrschaft in Ferdinand Markl einen kongenialen Partner für die Führung der gegen ihren Willen selbständigen Stadt Urfahr fand. Edmund Aigner und Theodor Grill können dann als kundige Stadtväter während der 60er Jahre gelten. Ein nicht weniger sachgerechter Stadtvater war zur Mitte der 80er Jahre Hugo Schanovsky, ein Wegbereiter sowohl neuer Inhalte als auch der politischen Enkelgeneration von Ernst Koref. Und mit dieser Enkelgeneration unter Franz Dobusch ist die Landeshauptstadt seit 1988 auf dem Kurs ins Jahr 2000.

Selbstverständlich war Linzer Kommunalpolitik in der unmittelbaren Nachkriegszeit vor allem eine Verwaltung des Mangels, nichtsdestoweniger zeigte sich aber bereits damals ein für das heutige Linz so überaus typischer Zug zu städtischer Planung bei gleichzeitiger Reflexion von aktueller Lage und angestrebtem Ziel. Mit dem wirtschaftlichen Aufschwung der 50er Jahre, oft als Wirtschaftswunder bezeichnet, gewann die oberösterreichische Landeshauptstadt weltweit Bedeutung als Metropole der neuzeitlichen Stahlmetallurgie. Den neu gewonnenen Wohlstand nutzte die Stadt zur Lösung des wohl drückendsten Problems, der Wohnungsfrage: Linz, ehedem eine gotische Schönheit in barockem Kleid, war während der Zeit der NS-Herrschaft zu einer Barackenstadt verkommen; nun konnte die Stadt, nach 20jährigem Bemühen, ihren Bewohnern endlich menschenwürdige Wohnungen in ausreichender Anzahl bieten. Neben ihrem ambitionierten Wohnbauprogramm verfolgte die Stadt eine stete Verbesserung der städtischen Infrastruktur, nicht zuletzt auf kulturellem Gebiet; hier wäre an Schulen und Sportstätten ebenso zu denken, wie an Universität und (später) Brucknerhaus. Gleichzeitig entstanden jedoch neue Probleme, vor allem im Bereich des Umweltschutzes. Waren die rauchenden Schlote der Großindustrie einerseits Motor des wirtschaftlichen Fortschritts und somit Garant sozialer Sicherheit, so bescherten sie der Stadt andererseits auch die berüchtigte rote Wolke und das Image der von Emissionen geplagten Industriestadt.

Mit Franz Hillinger trat ein Volksbürgermeister im Sinn des Wortes an die Spitze der Stadtregierung. Seine Amtszeit entsprach der Ära Kreisky, jener Epoche der österreichischen Zeitgeschichte, von der kommende Historiker vielleicht sagen werden, es hätten sich die politischen Visionen eines Otto Bauer mit der Pragmatik der Staatsführung eines Karl Renner in der unnachahmlichen Synopse von Bruno Kreisky zusammengefunden. Sicherlich partizipierte Linz unter Hillinger vom Zeitgeist, die allgemeine Aufbruchstimmung, die die Republik nach 1970 erfaßte, trug auch die Stadt weiter empor, dennoch bewahrte Linz ein unverwechselbares Profil unter den österreichischen Städten. So gelang, in logischer Fortsetzung des schon in der frühen Nachkriegszeit eingeschlagenen Wegs, ein weit über Österreichs Grenzen hinaus beachteter Aufschwung in sportlichen und kulturellen Belangen. Mit Hugo Schanovsky übernahm schließlich zur Mitte der 80er Jahre ein Mann die Führung der Stadt, der wie kein anderer den Übergang symbolisiert. Nicht nur leitete er über zur Generation der politischen Enkel von Ernst Koref, er war es auch, der den fatalen Konsequenzen des Irrglaubens an ein ungebremstes Wirtschaftswachstum entschieden den Kampf ansagte. Unter Franz Dobusch führte man nach 1988 die von Schanovsky eingeleiteten Maßnahmen im Umweltbereich erfolgreich fort; gleichzeitig wurden Altstadterhaltung, Stadterneuerung, Stadtverdichtung und Stadterweiterung forciert, die Verwaltung der Landeshauptstadt einer Verwaltungsreform unterzogen, die Kommunalpolitik auf wissenschaftliche Grundlagen gestellt.

Wenden wir uns nun einem knappen Überblick über die Geschichte der Stadt zu.

41 Die Ära Koref

Oberösterreich zählte zu den letzten Territorien Europas, die von der NS-Gewaltherrschaft befreit wurden: Während in Wien die provisorische österreichische Staatsregierung unter Karl Renner bereits am 27. April 1945 die wiedererstandene Republik Österreich proklamiert hatte und ihren Regierungsgeschäften nachkam (wenn auch nur für den Bereich des sowjetischen Besatzungsgebiets), tobten hier noch NS-Terror und Krieg.

US-Militärregierung in Österreich: von der Militärdiktatur zur wohlwollenden Militäradministration

Erst Anfang Mai 1945 stießen US-Truppen von Westen her auf Linz vor, am 5. Mai besetzten sie die Stadt kampflos. Diese Verbände waren allerdings für die Besetzung des Landes nicht vorgesehen, die vom US-Generalstab für die Behandlung Österreichs und der Österreicher ausgegebenen Direktiven waren ihnen nicht oder nur mangelhaft bekannt; die örtlichen Militärbefehlshaber errichteten daher vorerst eine mitunter recht drückende Militärdiktatur. Außerdem sahen die Amerikaner ihr erstes Anliegen in der raschen Wiederherstellung einer geordneten Verwaltung und der Überwindung des vom Krieg hinterlassenen Chaos, erst dann konnte ihrer Überzeugung nach die demokratische Lebensform allmählich von unten nach oben wachsen.

Die Militärregierung setzte eine aus der Beamtenschaft rekrutierte Landesregierung ein, die in allem und jedem von ihren (der Militärregierung) Weisungen abhängig war, und verbot bis auf weiteres jede politische und/oder gewerkschaftliche Tätigkeit. Außerdem versagten die Amerikaner der Regierung Renner, die ihnen als Marionette der Sowjets erschien, die Anerkennung. Bereits im Sommer 1945 bahnte sich dann aber eine grundlegende Änderung dieser Haltung an, nicht zuletzt wegen des Verhaltens der Sowjets, die die Wiener Regierung unterstützten, ohne auf diese besonderen Einfluß zu nehmen. Als dann die US-Militärregierung von Oberösterreich auch noch gezwungen war, Mitglieder der von ihr selbst eingesetzten Landesregierung (darunter auch den Landeshauptmann) aufgrund der eigenen Vorschriften zur Entnazifizierung zu verhaften, berief man endlich eine politische Landesregierung unter Dr. Heinrich Gleißner (ÖVP), die am 29. Oktober 1945 ihre Amtsgeschäfte aufnahm.

Im Gegensatz zur Landespolitik gelang der Übergang zu einer politisch legitimierten Linzer Stadtregierung unmittelbar nach der Befreiung: über Anregung früherer sozialdemokratischer Funktionäre ernannten die Amerikaner den Sozialdemokraten Dr. Ernst Koref bereits am 7. Mai zum Bürgermeister. Da die US-Militärs eine politische Stadtregie-

Seine Truppen befreiten Linz: General William Holbrook (erster von li.) mit Offizieren seines Stabes (5. 5. 1945).

rung vorerst nicht zuließen, bestellte Koref nur wenige Tage nach seiner Ernennung einen Beirat, in dem die verschiedenen politischen Kräfte (mit Ausnahme der Großdeutschen) ein Forum fanden.

Das Erbe von NS-Herrschaft und Zweitem Weltkrieg war in Linz nicht weniger schrecklich als in den anderen vom Krieg verwüsteten Städten und Regionen Europas: durch unmittelbare Kriegseinwirkungen,

Die Hinterlassenschaft von Nationalsozialismus und Krieg.

zumeist Fliegerangriffe, waren 1679 Menschen zu Tode gekommen, weitere annähernd 2000 wurden verwundet; etwa 20.000 Menschen waren obdachlos, rund drei Viertel der Häuser waren zerstört oder beschädigt, die städtische Infrastruktur wies erhebliche Schäden auf.

Auch war die Stadt, deren Wohnbevölkerung aufgrund des vom NS-Regime vorangetriebenen industriellen Strukturwandels binnen sieben Jahren von 112.000 auf 194.000 Menschen angewachsen war, zum Kriegsende von einem Heer von Flüchtlingen (sogenannte DPs, d. h. versetzte Personen), Fremdarbeitern, befreiten KZ-Häftlingen und Wehrmachtsangehörigen überfüllt, die zumeist in ausgedehnten Barackensiedlungen behaust waren. Die vom Nationalsozialismus in Linz eingepflanzte Großindustrie war in ihrem Ausbau stecken geblieben, die 1945 bestehenden Anlagen waren nicht aufeinander abgestimmt und wiesen zum Teil erhebliche Kriegsschäden auf; außerdem war das Schicksal dieser Werke völlig ungewiß, galten sie doch als sogenanntes deutsches Eigentum und fielen damit der Besatzungsmacht zu.

Vor der neuen Stadtregierung türmten sich somit Aufgaben auf, deren Ausmaß man sich heute kaum mehr vorzustellen vermag. Als eine der ersten Maßnahmen wurde die Stadtverwaltung entnazifiziert, nicht weniger als 546 Personen wurden sofort aus dem Magistratsdienst entlassen. Ungleich schwieriger gestaltete sich dann aber die Bewältigung

Linzer Alltag 1945.

45 Dr. Ernst Koref

(1891 – 1988)

Dr. Ernst Koref war das fünfte von neun Kindern einer Eisenbahnerfamilie. Nach dem Besuch von Volksschule und Gymnasium in Linz studierte er in Wien (Germanistik und Anglistik, Promotion 1914, Lehramt 1919). Nach dem Kriegsdienst unterrichtete Koref ab 1919 als Gymnasiallehrer, 1924 wurde er Beamter des Landesschulrates, ab 1928 war er neben dieser Tätigkeit Lehrer an der von ihm mitbegründeten Linzer Arbeitermittelschule. 1922 heiratete Koref seine Frau Elmira.

Nach dem Ersten Weltkrieg schloß sich Koref der Sozialdemokratie an. Sowohl während des Ständestaates als auch in der Zeit der NS-Herrschaft wurde er inhaftiert.

Am 7. Mai 1945 setzte die US-Militärregierung Ernst Koref als Bürgermeister von Linz ein. Bestätigt in vielen Wahlen übte Koref das Amt bis zum 10. September 1962 aus. Bei seinem Amtsantritt fand er eine vom Krieg verwüstete Stadt vor, ungeheure Wohnungsnot, eine am Rand der Hoffnungslosigkeit lebende Bevölkerung. In den 17 Jahren seiner Amtstätigkeit führte Koref die Landeshauptstadt aus diesem Elend zu Ansehen und Wohlstand, viele der Leistungen, deren sich die Bevölkerung bis heute erfreut, sind mit seinem Namen verbunden.

Schon in der Zwischenkriegszeit bekleidete Koref verschiedene hohe Ämter, darunter Abgeordneter zum Nationalrat (1930 – 1934). Nach 1945 übte er neben dem Amt des Bürgermeisters von Linz eine Fülle weiterer politischer Funktionen aus, darunter Abgeordneter zum Nationalrat (1945 – 1958) und Abgeordneter zum Bundesrat (1958 – 1965); im Jahre 1965 zog er sich endgültig aus der Politik zurück.

der anderen Hinterlassenschaft der braunen Diktatur: Hunger, Not und Elend bestimmten auf Jahre hinaus das Leben. An allen Dingen des täglichen Lebens herrschte in ganz Mitteleuropa drückender Mangel, es gab keine Lebensmittel, keine Brennstoffe, keine Medikamente, Verkehrsverbindungen waren zusammengebrochen, ganze Volkswirtschaften lagen darnieder, man kehrte zu primitiven Formen des Tauschhandels zurück; und diese Liste ließe sich schier endlos fortsetzen. Was Linz aber in dieser Negativliste unter allen größeren österreichischen und vielen ausländischen Städten noch hervortreten ließ, war die hier herrschende, ungeheure Wohnungsnot: annähernd ein Viertel der Wohnbevölkerung hauste unter unvorstellbaren Bedingungen, selbst abgewrackte Eisenbahnwaggons und Donaukähne mußten als Notquartiere herhalten. Ernst Koref brachte die herrschenden Zustände auf den Punkt, als er meinte, Linz sei von einer Barockstadt zur Barackenstadt geworden.

Diese drückende Wohnungsnot lastete jahrzehntelang auf der Landeshauptstadt, andere Nöte der unmittelbaren Nachkriegszeit konnten hingegen besser bewältigt werden, manche sogar überraschend schnell: so fuhr die Straßenbahn bereits wenige Wochen nach Kriegsende wieder. Zu Beginn der 50er Jahre waren dann die vom Krieg hinterlassenen Schuttberge aus dem Stadtbild verschwunden, die Infrastruktur war wieder hergestellt, die Bewirtschaftung der Lebensmittel aufgehoben, die meisten versetzten Personen repatriiert oder ausgewandert. Nun traf die Stadt jedoch eine Naturkatastrophe bis dahin fast ungeahnten Aus-

Jahrhundert-Hochwasser 1954.

General Mark Clark, US-Hochkommissar in Österreich, übergibt der Bundesregierung die VÖEST (16. 7. 1946).

Verabschiedung General Clarks im Landhaus (4. 5. 1947).

maßes: im Frühsommer 1954 überflutete die Donau in einem seit Jahrhunderten nicht gekannten Hochwasser die Stadt; in heutiger Kaufkraft gingen die Schäden in die Milliarden. Aber auch diese Naturkatastrophe konnte den Aufstieg der Stadt nur verzögern, nicht aufhalten.

48

Das österreichische Wirtschaftswunder: Verstaatlichung, ERP, LD-Verfahren

Synonym für den wirtschaftlichen Aufstieg Österreichs nach dem Zweiten Weltkrieg ist bis heute aber das Anlaufen der heimischen Industrie, vor allem der Linzer VÖEST (der Linzer Betriebe der früheren Reichswerke „Hermann Göring"). Dieser Aufstieg war nur möglich durch massive ausländische Hilfe, voran der USA und deren Militärregierung in Österreich. An die Stelle der im Mai 1945 errichteten Militärdiktatur trat schon bald eine wohlwollende Militäradministration, die den Österreichern nicht nur weiten Spielraum gewährte, sondern in vielen Belangen Anwalt der österreichischen Ansichten in Washington war. Besonders deutlich wurde dies bei der Übergabe des den USA zugefallenen deutschen Eigentums an die Republik Österreich im Sommer 1946, darunter auch der VÖEST, der Stickstoffwerke und einer großen Anzahl weiterer Betriebe und Unternehmungen. Damit schufen die USA die materielle Grundlage für die heimische verstaatlichte Industrie, die in den folgenden Jahren hohen Anteil am österreichischen Wirtschaftswunder hatte.

Einen weiteren, entscheidenden Impuls erhielt die österreichische Wirtschaft nach 1948 durch die Teilnahme am ERP. Dieser von den USA getragene europäische Wiederaufbauplan, nach seinem Initiator auch Marshall-Plan genannt, war der eigentliche Anstoß für den Aufstieg der

Eisen und Stahl: Synonyme des Wiederaufbaus.

LD-Verfahren: Aufstieg der österreichischen Großeisenindustrie zur Weltgeltung.
1949 gelang es Metallurgen in Linz erstmals, Roheisen mit reinem Sauerstoff zu Stahl zu frischen; LD steht für Linz-Donawitz, die ersten Stahlwerke, die nach dem neuen Verfahren arbeiteten.

österreichischen Wirtschaft, gleichzeitig wurde die während der NS-Diktatur erzwungene Umstellung der heimischen Wirtschaft auf die Grundstoffindustrie in sinnvoller Weise zum Abschluß gebracht. Hatte man noch 1945 in Wiener und steirischen Kreisen die Demontage der Linzer Hüttenbetriebe erwogen, so war die VÖEST bereits zu Beginn der 50er Jahre der eigentliche Motor der Linzer Wirtschaft und größter Exporteur der Republik. Weltgeltung erlangte das Unternehmen dann durch die Einführung der LD-Metallurgie im Jahre 1953.

Durch die wirtschaftlichen Erfolge der Linzer Industrie, gleich, ob privat oder verstaatlicht, entstand im oberösterreichischen Zentralraum die nach Wien wichtigste wirtschaftliche Agglomeration der Republik. Gleichzeitig kamen damit aber neue Probleme auf die Landeshauptstadt zu, die man bis dahin in dieser Form nicht gekannt hatte, namentlich eine hohe Belastung der Umwelt. Zwar galten rauchende Schlote noch lange als Zeichen wirtschaftlicher Prosperität, dennoch erhoben sich aber schon in der unmittelbaren Nachkriegszeit warnende Stimmen, allen voran Koref selbst, die auf negative Auswirkungen der von der Großindustrie verursachten Umweltbelastung auf die Gesundheit der Bevölkerung hinwiesen. Die Stadt Linz trachtete daher bereits an der Schwelle zu den 50er Jahren solcher Gefährdung entgegenzuwirken: hier wäre die Gründung der städtischen Klimastelle ebenso zu nennen, wie der Großindustrie erteilte Umweltauflagen oder die Ausweitung der Grünflächen (wofür die Neuerrichtung des Botanischen Gartens ein schönes Beispiel ist). Auch der bereits 1945 in Aussicht genommene Bau des Stadions wurde viel eher unter dem Gesichtspunkt des Breitensports und damit dem Erhalt der Volksgesundheit gesehen, denn unter jenem des Spitzensports.

Linz, die geteilte Stadt

Neben der Wohnungsnot hob sich Linz noch durch eine weitere Besonderheit von den anderen Landeshauptstädten ab: Linz war, sieht man vom Sonderfall Wien ab, die einzige geteilte Großstadt Österreichs. Die Teilung Österreichs in Besatzungszonen hatten die Hauptalliierten bereits 1944 beschlossen, über die endgültige Zoneneinteilung wurde aber erst nach Kriegsende Einigung erzielt; jetzt wurde das von US-Truppen befreite Mühlviertel der sowjetischen Besatzungszone zugeschlagen. Für Linz hatte dieser Zonentausch die fatale Folge, daß Urfahr, erst 1919 eingemeindet, ab nun in der Sowjetzone lag und, über Weisung der Besatzungsmacht, damit wieder als selbständige Stadt bestand. Um eine Spaltung des Landes zu verhindern, errichteten die Oberösterreicher noch im Sommer 1945 eine sogenannte Zivilverwaltung Mühlviertel mit Sitz in Urfahr, die von Anfang an von den politischen Parteien getragen wurde;

Ernst Koref eröffnet das Stadion (28. 6. 1952).

Neupflanzungen im Botanischen Garten (um 1954).

an der Spitze dieser Behörde stand, als Staatsbeauftragter für das Mühlviertel, Johann Blöchl (ÖVP). Diese Konstruktion wurde sowohl von den Sowjets als auch von der Regierung Renner anerkannt. Der Staatsbeauftragte übte eine einem Landeshauptmann vergleichbare Funktion aus

Zonengrenze Donau: Bis Juni 1953 kontrollierten die Sowjets die Ausweise der Passanten.

und war gleichzeitig Mitglied der oberösterreichischen Landesregierung, mit der er auch sein politisches Handeln abstimmte. Für die Stadt Urfahr setzte die Besatzungsmacht selbst einen Bürgermeister ein, den Sozialdemokraten Ferdinand Markl.

53 Ferdinand Markl

(1898 – 1960)

Ferdinand Markl wurde in Josefstadt/Böhmen geboren, kam aber bald nach Wien, wo er Volks- und Bürgerschule besuchte, anschließend Friseur lernte. 1924 übersiedelte Markl nach Linz und machte sich hier selbständig. Zeitlebens war Markl in der Landesinnung des Friseurgewerbes tätig, sein besonderes Anliegen war die Förderung des gewerblichen Nachwuchses.

Im Jahre 1918 schloß sich Markl der Sozialdemokratie und der Gewerkschaftsbewegung an, aufgrund seiner politischen Tätigkeit wurde er 1934 inhaftiert. 1943 wurde Markl zum Kriegsdienst eingezogen, bereits 1945 konnte er aus der Kriegsgefangenschaft heimkehren. Über Ersuchen von Ernst Koref übernahm Ferdinand Markl mit 1. August 1945 das Amt des Bürgermeisters der Stadt Urfahr, das er in der Folge bis zur Wiedereingliederung Urfahrs nach Linz im Herbst 1955 ausübte; gleichzeitig gehörte er der Linzer Stadtregierung an. In seiner Funktion als Bürgermeister einer Stadt wider Willen bewies Markl großes diplomatisches Geschick im Verkehr mit den Sowjets.

Am Beginn von Markls Karriere als Bürgermeister von Urfahr, einer Stadt wider Willen, verfügte seine Stadt über keine eigene Stadtverwaltung, war in den meisten Belangen der städtischen Ver- und Entsorgung auf Linz ausgerichtet, hatte kaum eigene Einnahmen und litt darüber hinaus unter allen Linzer Kriegsfolgen mit Ausnahme der Wohnungsnot; und auch diese vergleichsweise bessere Lage hatte ihre Ursache im Zonentausch, da sich bei dessen Bekanntwerden viele Urfahraner nach Linz absetzten. In der Folge mußte für Urfahr eine eigene Kommunalverwaltung aufgebaut werden, die, mit stillschweigender Duldung durch die Sowjets, de facto aber nur eine Außenstelle der Linzer Stadtverwaltung war und von dort auch bezahlt wurde. Markl selbst gehörte seit der ersten Gemeinderatswahl als Stadtrat der Linzer Stadtregierung an. Damit war für die Stadt eine dem Land vergleichbare Lösung gefunden. Sowohl die Zivilverwaltung für das Mühlviertel als auch die Stadtverwaltung für Urfahr mußten während der ganzen Zeit ihrer ungewollten Tätigkeit großes diplomatisches Geschick an den Tag legen: es galt, eine geordnete Verwaltung auf die Beine zu bringen und dabei sowohl die Interessen des Landes und der Stadt zu berücksichtigen, als auch auf die Empfindlichkeit der Besatzungsmacht Rücksicht zu nehmen. Wiewohl Markl und Blöchl ihre Aufgaben mit großem Geschick lösten, blieben Urfahr und das gesamte Mühlviertel in den Jahren bis 1953/1955 weit hinter der Entwicklung des Landes und der Landeshauptstadt zurück, vor allem die Wirtschaft stagnierte auf niedrigem Niveau.

Eine besondere Folge der Teilung der Landeshauptstadt, die täglich tausende Menschen betraf, waren die Ausweiskontrollen beim Überschreiten der Nibelungenbrücke. Zählten die Sowjets akribisch die Unzahl von erforderlichen Stempeln in den Ausweisen, so unterzogen die Amerikaner jeden Passanten einer ziemlich entwürdigenden Entlausung. Verständlicherweise kannte daher der Jubel der Bevölkerung kaum Grenzen, als die Sowjets am 3. Juni 1953 die Zonenkontrollen aufhoben. Die Menschen tanzten auf der Straße, unter ihnen auch Heinrich Gleißner mit Elmira Koref, der Frau des Bürgermeisters – wie vielleicht kaum ein Ereignis sonst dokumentiert dieser Walzer auf der Nibelungenbrücke nicht nur das politische Klima im Land, sondern auch das zwischen Koref und Gleißner herrschende persönliche Einvernehmen.

Wirtschaftswunder und Kommunalpolitik: Individualverkehr, Fernverkehrswege

Knapp zwei Jahre später erreichte die österreichische Diplomatie mit dem Staatsvertrag von Wien vom 15. Mai 1955 den Abzug der Alliierten und die volle Souveränität Österreichs. Damit war auch die de jure noch immer geteilte Landeshauptstadt Linz wieder vereinigt. Im selben Jahr verabschiedete der Bundesgesetzgeber das Wohnbauförderungsgesetz, das gerade auch für Linz große Möglichkeiten bot. Hochbauvorhaben blieben damit die wichtigste Bautätigkeit in Linz, der Tiefbau gewann aber zunehmend an Bedeutung, vor allem zufolge des von der steigenden Motorisierung erzwungenen Straßenbaus. Die Stadt trug dem Rechnung durch den 1957 beschlossenen Generalverkehrsplan, der nicht zuletzt auf Planungen aus der NS-Zeit zurückgriff und überwiegend ein Plan zur Förderung und Führung des Individualverkehrs war, den Erfordernissen des öffentlichen Verkehrs hingegen nur wenig entsprach. Die beschlossene Struktur der Linzer Verkehrsführung legte langfristig die Ströme des Individualverkehrs fest, darunter das System der innerstädtischen Achsen östlich und westlich der Landstraße, den Ausbau der A7 inklusive der dritten Donaubrücke sowie andere Vorhaben. Schon zur Mitte der 50er Jahre sah man also eine beachtliche Zunahme der Motorisierung voraus, die tatsächliche Entwicklung übertraf dann aber alle Erwartungen. Dieser Gewinn an privater Mobilität war in Folge auch eine der Ursachen für die rege Siedlungstätigkeit an den Stadträndern.

Neben der Regelung des Verkehrsflusses innerhalb der Stadt selbst war vor allem der Ausbau der Fernverkehrswege ein Gebot der Stunde.

Der Walzer auf der Brücke. Heinrich Gleißner und Elmira Koref feiern mit der Bevölkerung die Aufhebung der Zonenkontrollen durch die Sowjets (3. 6. 1953).

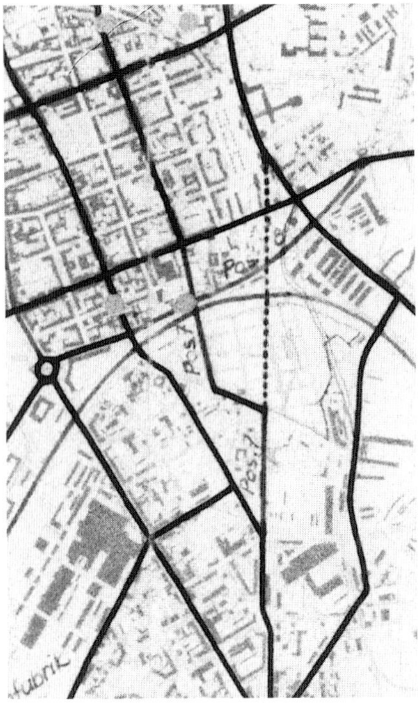

Der Pkw als Maß des Städtebaus: Im Generalverkehrsplan von 1957 war u. a. ein Durchstich durch den Barbarafriedhof zu Gunsten des Individualverkehrs in Aussicht genommen (strichlierte Linie im Bild oben).

Bereits im 19. Jahrhundert gab es Bestrebungen, in Linz einen Donauhafen zu errichten als Ersatz der unzureichenden Donauländen, in den 20er Jahren lagen solche Konzepte dann der Stadterweiterung im Bereiche des heutigen Parkbades zu Grunde. Zur selben Zeit ging man in Deutschland an den Bau des Rhein-Main-Donau-Kanals, ein Vorhaben, das nach dem „Anschluß" auf Österreich ausgedehnt wurde; im Zuge des Ausbaus

Der Hauptplatz, die gute Stube der Stadt, als Parkplatz (S. 56 und 57).

Hafen Linz (um 1955).

der Linzer Großindustrie sollte hier ein bedeutender Donauhafen entstehen. Wie viele andere Vorhaben der NS-Zeit blieb auch dieses in den Anfängen stecken, der Linzer Hafen war 1945 ein Torso. Auch hier schlossen Bund, Land und Stadt noch in den 40er Jahren an die vorliegenden Planungen an, binnen weniger Jahre entstand in Linz der größte Hafen an der österreichischen Donau und damit eine leistungsfähige Drehscheibe des Güterfernverkehrs.

Kulturelles Leben in Linz

Bei den bisher beschriebenen kommunalpolitischen Feldern waren die Linzer Stadtväter nach 1945 häufig gezwungen, an die vom NS-Regime geschaffenen Tatsachen anzuknüpfen, im Bereiche der Kultur reichten die Wurzeln aber viel weiter in die Vergangenheit zurück. Fundamente der neuen Kulturpolitik waren das kulturelle Erbe des Liberalismus des 19. Jahrhunderts, vor allem aber die von humanistischem Willen und vom Streben nach dem „Neuen Menschen“ getragene Kulturarbeit der Sozialdemokratie der 20er Jahre. Städtische Kulturpolitik im Liberalismus war grundsätzlich auf die Förderung der recht zahlreichen Kulturvereine beschränkt, eine Tradition, welche die sozialdemokratische Stadtregierung zwischen 1919 und 1934 schon alleine aus finanziellen Gründen weiterführte; daneben entstand aber sehr wohl eine eigenständige sozialdemokratische Kulturbewegung, die ihren Ausdruck nicht zuletzt in einer spezifischen proletarischen Festkultur fand. Während der Ständestaat die bestehenden Strukturen weitgehend beließ, zerschlug der Nationalsozialismus das so vielfältige Vereinsleben, die städtische Kulturpolitik wurde den Zielen des Regimes völlig unterworfen und Teil der kommunalen Bürokratie. Dabei hatte Hitler selbst der Stadt seiner Jugend eine besondere Rolle zugedacht, Linz sollte die Metropole der oberen Donau werden und damit Wien übertreffen: hier sollte beispielsweise ein Führermuseum entstehen, für dessen kommende Ausstattung bereits während des Krieges in ganz Europa ungeheure Kunstschätze zusammengeraubt wurden; ferner noch ein Opernhaus, eine Konzerthalle und viele weitere Einrichtungen. Abgesehen vom sogenannten Reichs-Bruckner-Orchester blieben diese Vorhaben auf dem Papier.

Nach dem Zusammenbruch der Gewaltherrschaft wurde dann zwar von Ernst Koref die zentralistische Verwaltung beibehalten, die gesamte städtische Kulturarbeit stand aber im Dienste humanistischer Ideale und der demokratischen Ordnung. Nach dem Willen der Stadtväter kam der Kunst, vor dem Hintergrund des rasanten Aufstiegs der Großindustrie und des daraus folgenden Umbaus der städtischen Gesellschaft, die Aufgabe des kulturellen Gegengewichts zur industriellen Arbeitswelt zu.

Als Beispiele für das kulturelle Engagement der Stadt in der unmittelbaren Nachkriegszeit seien hier erwähnt: die auf Tradition und Moderne ausgerichtete Ausstellungspolitik, der Aufbau der Kunstschule, der Ankauf der als Grundstock der Neuen Galerie dienenden Sammlung Gurlitt (1947/48) sowie die Gründung der von Stadt und Arbeiterkammer gemeinsam getragenen Volkshochschule (1947). Am Beginn der 50er Jahre wurde dann das Schwergewicht auf eher traditionelle Bereiche verschoben, darunter Musikdirektion und Musikschule, zur Mitte des Jahrzehnts auf Sanierung des Schlosses und des Alten Doms.

Koref, dem Kultur und Bildung geradezu Herzensanliegen waren, führte den 1945 eingeschlagenen Weg während seiner gesamten Amtsführung konsequent weiter, Kultur- und Bildungspolitik waren zentrale Aspekte der Linzer Kommunalpolitik. Die auf lange Sicht gesehenen wichtigsten Früchte der Aufbauarbeit des großen Bildungs- und Kom-

Konzert im Turnsaal: Eröffnung des Brucknerfestes 1949 im Turnsaal der Diesterwegschule.

munalpolitikers brachten schließlich seine Nachfolger ein, es sei hier nur an die Errichtung der Hochschule für Sozial- und Wirtschaftswissenschaften oder den Bau des Brucknerhauses erinnert. Zur selben Zeit, zur Mitte der 60er Jahre, zeichneten sich in der internationalen Kulturszene weitreichende Veränderungen ab, der traditionelle Kulturbegriff trat zurück zugunsten neuer Formen wie Alltagskultur oder Arbeiterkultur, die neuen Begriffe hießen Kultur für alle, Öffnung, Teilhabe am Kulturgeschehen; diese neuen Formen und Begriffe sollten dann gerade in Linz besondere Bedeutung erlangen.

Die Ära Koref: ein Resümee

Nach 17jähriger Amtsführung trat Ernst Koref 1962 vom Amt des Bürgermeisters der Landeshauptstadt zurück. Wie wenige Männer vor ihm hat er die Linzer Kommunalpolitik geprägt, ihm war es vor allem zu danken, daß nach 1945, trotz der damals obwaltenden Umstände, Linzer Kommunalpolitik mehr war als nur bloße Verwaltung des Mangels. Koref, ein der politischen Mitte zuneigender Humanist und Intellektueller von großer politischer Weitsicht, ließ keine Gelegenheit ungenutzt, um auf den „Sonderfall Linz“ hinzuweisen, womit er vor allem das im unorganischen Wachstum der Stadt während der NS-Herrschaft begründete Wohnungselend meinte. Und solche Gelegenheiten boten sich ihm in seinen verschiedenen politischen Aufgaben reichlich. Korefs politischer Stil, der auf Ausgleich und Verständigung mit dem politischen Gegner bedacht war, stieß allerdings bei seinen politischen Freunden nicht immer auf Verständnis, was aber auf einem anderen Blatt steht. Insbesondere dürfte man dort sein harmonisches Verhältnis zu Heinrich Gleißner, dem vor 1938 erbitterten politischen Feind der Sozialdemokraten, nur widerwillig akzeptiert haben: die beiden Persönlichkeiten waren stets kongeniale politische Gegner und Partner. Das sprichwörtliche oberösterreichische Klima gründete sich nicht zuletzt in dem außergewöhnlichen Verhältnis zwischen Landhaus und Rathaus und war unzweifelhaft eine wichtige Grundlage für den erfolgreichen Wiederaufbau von Stadt und Land und damit des (ober)österreichischen Wirtschaftswunders.

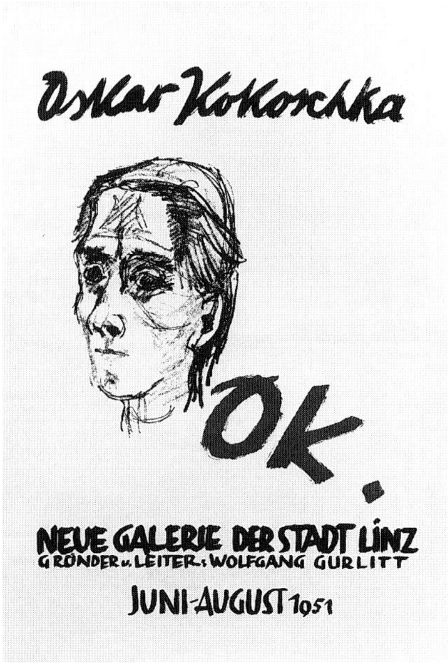

Die Nachfolger: Aigner und Grill

Korefs Nachfolge im Amt des Bürgermeisters trat Edmund Aigner an. Damit war zwar eine Ära in der Geschichte der Landeshauptstadt zu Ende gegangen, Leitlinien und Ziele der Linzer Kommunalpolitik blieben aber offenkundig bruchlos erhalten. Wohl aber änderten sich nationale

61 Edmund Aigner
(1900 – 1968)

Edmund Aigner entstammte einer Lehrerfamilie. Da er früh Vollwaise wurde, trat er mit 14 in den Postdienst ein. Nach dem Ende des Ersten Weltkriegs schloß sich Aigner der Sozialdemokratie und den Freien Gewerkschaften an, 1920 bis 1934 war er Landessekretär der Postgewerkschaft in Linz, 1932 bis 1934 Abgeordneter zum oberösterreichischen Landtag. 1930 heiratete er seine Frau Herma. In der Zeit des Ständestaates wie auch während der NS-Herrschaft erfuhr Aigner politische Verfolgung, 1941 wurde er zur Wehrmacht eingezogen.

Nach der Entlassung aus der sowjetischen Kriegsgefangenschaft wurde Aigner als Abgeordneter in den Nationalrat entsandt, am 24. September 1962 wählte ihn der Linzer Gemeinderat zum Bürgermeister der Landeshauptstadt. Das Amt übte er bis zu seinem Tod aus.

Edmund Aigner setzte Korefs Aufbauwerk fort, er widmete sich insbesondere der Fortführung des Wohnbauprogramms sowie der Ausstattung bestehender Wohnsiedlungen mit der erforderlichen Infrastruktur, darunter Ver- und Entsorgungseinrichtungen und Schulen. In der Zeit seiner Amtsführung wurde die Hochschule für Sozial- und Wirtschaftswissenschaften eröffnet sowie der Bau des Brucknerhauses und der Sporthalle beschlossen. Am 3. Mai 1968 riß der Tod Aigner mitten aus dem Schaffen.

wie internationale Rahmenbedingungen: auf der internationalen Bühne ging die unmittelbare Nachkriegszeit zu Ende, was sich nicht zuletzt im deutlich abgeflachten Wirtschaftswachstum in der zweiten Hälfte des Jahrzehnts ausdrückte; in Österreich brach die von den beiden Großparteien getragene Koalition des Wiederaufbaus endgültig zusammen, die Zeit der Alleinregierungen begann. Linz stand zu dieser Zeit im In- und Ausland wie keine andere Stadt der Republik für das heimische Wirtschaftswunder. In Linz selbst trug dieser steile wirtschaftliche Aufstieg einen Namen: VÖEST. Selbstverständlich gab es auch in den 60er Jahren nur eine österreichische Industrie; die verstaatlichten Unternehmen waren aber deren weltweite Aushängeschilder, allen voran die VÖEST. Und Linz als Sitz des Unternehmens hatte nun der Obersteiermark, dem historischen Zentrum der österreichischen Eisen- und Stahlindustrie, den Rang abgelaufen. So stolz aber die Stadt und ihre Bürger auf ihren wirtschaftlichen Erfolg waren, so bemüht war man, das Image der reinen Industriemetropole durch Ausweitung des Bildungs- und Kulturangebotes zu mildern. Zwei Begriffe stehen für diese Anstrengungen: Universität und Brucknerhaus.

Der Weg zu Universität und Brucknerhaus

Seit der Mitte des 19. Jahrhunderts wurden immer wieder Pläne vorgelegt, in Linz eine Universität zu errichten. In der Monarchie scheiterten diese Pläne regelmäßig bereits im Ansatz, in der Ersten Republik war an solche Planungen erst gar nicht zu denken, in der Zeit der NS-Herrschaft kam man über eine Fakultät für Architektur in Wilhering nicht hinaus. Während des ersten Nachkriegsjahrzehnts wurden dann verschiedenste Überlegungen für eine Linzer Hochschule laut, darunter die Überstellung der Montanistischen Hochschule von Leoben oder der Hochschule für Bodenkultur von Wien nach Linz. Letztlich gab man 1957 alle diese Konzepte auf zugunsten einer Hochschule für Sozial- und Wirtschaftswissenschaften. Es bedurfte noch weiterer fünf Jahre von Planungen und Verhandlungen sowie massiver finanzieller Beteiligung des Landes Oberösterreich und der Stadt Linz, bis 1962 endlich der alte Wunsch der Landeshauptstadt in Erfüllung ging und Linz in den Rang einer Universitätsstadt erhoben wurde. Die Hochschule für Sozial- und Wirtschaftswissenschaften, seit 1975 Johannes Kepler Universität, nahm im Herbst 1966 den Studienbetrieb auf, 1968 wurde sie um eine technisch-naturwissenschaftliche Fakultät erweitert.

Als besonderen Mangel empfand man nach dem Ende des Zweiten Weltkriegs in Linz das Fehlen geeigneter Veranstaltungssäle, Südbahnhofhalle und Volksgartensaal waren im Krieg zerstört worden. Die Stadt behalf sich mit Notlösungen, so wurden Konzerte in der Diesterwegschule oder in der Straßenbahnremise Kleinmünchen gegeben. Eine alle Ansprüche zufriedenstellende Lösung gelang erst mit dem, von Stadt und Land gleichermaßen über viele Jahre angestrebten und letztlich auch gemeinsam getragenen Bau des Brucknerhauses. Das Haus, das ob seiner gelungenen Architektur auch international Beachtung fand, ist seit der Eröffnung im Jahre 1974 nicht nur Heimstätte der Linzer Klangkörper und der jährlichen Brucknerfeste, sondern gibt auch Raum für verschiedenste Veranstaltungen. Träger des Hauses ist die stadteigene Veranstaltungsgesellschaft LIVA, in der 1971 bislang von der kommunalen Verwaltung wahrgenommene Aufgaben verselbständigt wurden.

Diese Ausgliederung der LIVA aus der städtischen Verwaltung stand im Kontext einer in der zweiten Hälfte der 60er Jahre durchgeführten Strukturanpassung der Linzer Kommunalverwaltung. Die Stadt hatte nach 1945 hohe Belastungen zur Finanzierung von Wiederaufbau und

Ausbau der Infrastruktur übernommen. Viele der damit durch die Kommune (meist im Zusammenwirken mit dem Land) getragenen Vorhaben waren an sich solche des Bundes, die dieser aber nicht leisten konnte oder wollte. Mitte der 60er Jahre zeichnete sich dann zufolge der eingegangenen Verpflichtungen sowie der deutlichen Verlangsamung des wirtschaftlichen Wachstums eine Gefährdung des städtischen Haushalts ab, was die Stadtväter dazu bewog, verschiedene bislang von der Kommune wahrgenommene Aufgaben aus der städtischen Verwaltung auszugliedern und eigenen Kapitalgesellschaften zu übertragen. Ein bekanntes, wirtschaftlich erfolgreiches Beispiel dieser Strategie ist die SBL, die ihre Geschäftstätigkeit als Träger moderner Städtetechnik im Jahre 1970 aufnahm. Mit dieser Form, städtische Dienstleistungen durch eigene, im Eigentum der Stadt stehende Kapitalgesellschaften anzubieten,

Hochschule für Sozial- und Wirtschaftswissenschaften (um 1970).

64 Theodor Grill
(1902 – 1986)

Theodor Grill wurde in Bad Ischl als Sohn eines Postbeamten geboren; bald danach übersiedelte die Familie nach Linz. Bereits mit 12 Jahren schloß sich Grill der Sozialdemokratie an, 1923 trat er in den Dienst des Linzer Magistrats, 1929 heiratete er seine Frau Gertrude.

Unmittelbar nach dem Februaraufstand floh Grill in die Schweiz, kehrte aber bald nach Österreich zurück. Er wurde in Wien verhaftet und, gemeinsam mit Bruno Kreisky u. a., im berühmten Sozialistenprozeß 1936 verurteilt und eingekerkert. Nach der Haftentlassung ging Grill erneut ins Ausland.

Nach seiner Rückkehr 1947 fand er sogleich wieder Aufnahme in den Magistratsdienst, bis 1955 war er Korefs Sekretär; dieser war es auch, der Grill in die Kommunalpolitik berief. In beiden Aufgaben, als Beamter wie auch als Kommunalpolitiker, hatte Grill an allen städtischen Vorhaben seit 1947 wesentlichen Anteil. Nach Aigners Ableben wurde Grill dessen Nachfolger als Bürgermeister von Linz, trat aber nach nur einjähriger Amtstätigkeit zurück, um einen Generationswechsel innerhalb der sozialdemokratischen Linzer Kommunalpolitiker zu ermöglichen.

eilte Linz der Entwicklung weit voraus, die hier gefundene Form kommunaler Unternehmungen wurde im In- und Ausland lange Zeit kaum wahrgenommen; erst in letzter Zeit findet dieses Beispiel Nachahmung.

Eine ganz andere Entwicklung war das in den 60er Jahren einsetzende Anwachsen der Randgemeinden zu Trabantenstädten. Damit kam auch hierzulande eine Entwicklung in Gang, die in anderen Teilen Europas bereits seit geraumer Zeit zu beobachten war. Zwar verlief dieser Prozeß in Österreich schwächer als in anderen Ländern, dennoch wurde damit auch hier das Wachstum der Kernstädte deutlich verlangsamt oder kam ganz zum Stillstand.

Ausgelöst wurde dieses Drängen der Bevölkerung an die Stadtränder nicht zuletzt durch die zunehmende Motorisierung: einerseits erhöhte sich die Mobilität weiter Kreise der Bevölkerung, wodurch Wohnen am Stadtrand an Attraktivität gewann, andererseits wurden die unter dem Individualverkehr leidenden Kernstädte zunehmend unwirtlicher. Im

Eröffnung der Bindermichlschule durch Ernst Koref (9. 10. 1961, heute Ernst-Koref-Schule).

Falle von Linz trat dann noch der sich stetig ausdehnende Arbeitsmarkt hinzu (1970 standen hier bereits 140.000 Arbeitsplätze zur Verfügung!), das Angebot an relativ gut bezahlter Arbeit stimulierte Einpendeln und Zuzug in den oberösterreichischen Zentralraum.

Hillinger oder Linz und sein Volksbürgermeister

In der zweiten Hälfte der 60er Jahre, das markanteste Datum ist wohl das Jahr 1968, kam in der nördlichen Hemisphäre eine Entwicklung in Gang, die eine neue Epoche einleitete: in den USA formierte sich der Widerstand gegen den Vietnamkrieg, in Paris ging die Ära De Gaulle zu Ende, in Deutschland gelangte Willi Brandt an die Regierung. Neben solch politischen Veränderungen bildeten sich auch ganz neue Bewegungen heraus, als deren wichtigste man vielleicht die Umweltbewegung ansehen kann; der Begriff von den Grenzen des Wachstums wurde geprägt. Während es im Westen damit zu einem Aufbruch in allen gesellschaftlichen Bereichen kam, wälzten im Osten die sowjetischen Panzer den Prager Frühling nieder.

Wohnbau der 60er Jahre:
Wohnsiedlung Ferihumerstraße (Bild oben) und Wohnsiedlung Muldenstraße (heute ein grünes Stadtviertel).

Das Geschehen in Österreich verlief, gemessen an der Dramatik der internationalen Vorgänge, moderat: nach vierjähriger Alleinregierung der ÖVP unter Bundeskanzler Josef Klaus trat die Sozialdemokratie mit Bruno Kreisky an der Spitze die alleinige Regierungsverantwortung an. In der Folge erfuhr auch die heimische Gesellschaft einen tiefgreifenden

Das Nordico: Heimstätte eines der beiden städtischen Museen.
Im Zuge der Sanierung wurde der vordere Trakt abgerissen (Bild oben zeigt das Nordico vor der Sanierung).

Wandel. Wenn es damit am Beginn der 70er Jahre auf der Ebene des Bundes zu einer Neuorientierung der politischen Verhältnisse kam, so vollzog sich in Linz am Ende der 60er Jahre ein Generationenwechsel innerhalb der sozialdemokratischen Kommunalpolitiker; Franz Hillinger, von den Linzern liebevoll „Propeller-Franz“ genannt, steht für diesen Generationenwechsel.

Industrie, Kunst, Städtebau

Um 1970 war Linz die Industriemetropole Österreichs; die Stadt bot das Bild einer weltoffenen europäischen Stadt, die geprägt war durch das Nebeneinander von barocker Bürgerstadt und neuzeitlicher Großindustrie. Nirgendwo sonst in der Republik war die ursächliche Verbindung einer Stadt zur Arbeitswelt so offensichtlich. Hier wurde daher der gesellschaftliche Wandel der 70er Jahre in besonderer Weise sichtbar: es war der Ehrgeiz der Stadtväter, Linz zu einer Kulturstadt eines neuen Verständnisses mit besonderer Prägung zu gestalten. Man verstand den kulturellen Raum nicht mehr nur als Ort der Erbauung, Kunst und (Erwerbs)Arbeit standen einander nicht länger gegenüber, die Arbeitswelt selbst wurde zum Thema der Kunst. Die Stadt, die sich stolz das Stahlherz Österreichs nannte, widmete dem hier alles beherrschenden Metall Symphonien und Ausstellungen, die Kunst ging in die Betriebe.

Diese Modernisierung setzte sich fort bis in die 80er Jahre, Forum Metall, Klangwolke und Ars Electronica seien hier als Beispiele dieses Aufbruchs genannt. Ein Aufbruch, der sich auch in der Stadttopographie manifestierte: wie schon erwähnt, ging 1974 der alte Wunsch der Landeshauptstadt nach einem angemessenen Konzerthaus mit der Eröffnung des Brucknerhauses in Erfüllung, das Stadtmuseum bekam im restaurierten Nordico ein neues Haus, am Ausklang der Amtstätigkeit Franz Hillingers fanden Jugendkultur und Avantgarde im Posthof eine Heimstätte.

Auf dem Feld von Kunst und Kultur konnte Hillinger einerseits vieles ernten, was seine Vorgänger auf den Weg gebracht hatten, andererseits wurde die Szene von der Aufbruchstimmung des Jahrzehnts getragen. Daneben packte er aber auch Probleme an, die anzugehen man sich bisher gescheut hatte: den Neubau eines zentralen Verwaltungsgebäudes für die bis dahin auf eine Unzahl von Orten verteilte Stadtverwaltung, das Neue Rathaus, und den Neubau des in seinen Grundzügen noch aus dem 19. Jahrhundert stammenden Allgemeinen Krankenhauses (AKh). Bei diesem Projekt, wie auch bei der Erweiterung des Posthofes und anderen Vorhaben, beschritt die Stadt einen neuen Weg bei Planung und Ausführung (nicht zuletzt aufgrund des Debakels, das man in der Bundeshauptstadt beim Neubau des AKh erlebt hatte): nicht mehr die Stadt-

Stahl als Werkstoff der Kunst (Plastik Gsöllpointner – VOEST-Brücke).

8A

Franz Hillinger
(1921 – 1993)

Franz Hillinger wurde in Linz geboren, besuchte hier Volks- und Hauptschule. Schon als Zwölfjähriger schloß er sich der Sozialdemokratie an. Nach einer Lehre als Handelsangestellter trat er 1939 in den Magistratsdienst, dem er bis zum Ende seiner beruflichen Laufbahn angehörte. Ab 1940 leistete er Kriegsdienst, aus der folgenden Kriegsgefangenschaft kehrte er 1947 zurück. 1942 heiratete Hillinger seine Frau Emmi.

Nach der Heimkehr aus der Kriegsgefangenschaft nahm er sogleich seine politische Tätigkeit wieder auf, ab 1956 gehörte er der Stadtregierung an, am 17. November 1969 wurde Hillinger zum Bürgermeister gewählt. Er galt als der Volksbürgermeister schlechthin, die Linzer nannten ihren „Oberlinzer" wenig respekt-, aber umso liebevoller „Propeller-Franz".

Unter seiner Amtszeit gehörte die ehemals drückende Linzer Wohnungsnot weitgehend der Vergangenheit an, es entstand eine Fülle von Sozialeinrichtungen für die gesamte Bevölkerung, insbesondere für Kinder, Jugendliche und Senioren. Große Aufmerksamkeit widmete Hillinger, selbst begeisterter Sportler und Sportfunktionär, dem Ausbau der Linzer Sportstätten, darunter Sporthalle, Eishalle und Bezirkssportanlage Lißfeld. In seine Amtszeit fiel auch die Erhebung der Hochschule für Sozial- und Wirtschaftswissenschaften zur Universität und der Bau des Brucknerhauses; Brucknerfestspiele und Ars Electronica wurden gegründet, Jugendkultur und Avantgarde erhielten im Posthof, das Stadtmuseum im Nordico Heimstätten. Kommunalpolitischen Weitblick bewies Hillinger durch die Errichtung des Amtes für Umweltschutz sowie die Ausgliederung verschiedener städtischer Ver- und Entsorgungs- und Veranstaltungsbetriebe und deren Zusammenlegung zu SBL und LIVA.

Nach 14jähriger Amtsführung zog sich Franz Hillinger im Jänner 1984 aus der Kommunalpolitik zurück.

Städtebauliche Leistungen der Ära Hillinger:

Brucknerhaus (S. 69),

AKh, Neues Rathaus (S. 70).

verwaltung übernahm Projektierung und Überwachung dieser Arbeiten, sondern die SBL. Dieser Lösung war ein voller Erfolg beschieden. Weniger spektakulär als in den Großprojekten AKh und Neues Rathaus, dennoch aber deutlich sichtbar prägte Hillinger, selbst ein begeisterter Sportler, die Stadt im Bereich von Sport und Körperkultur: Sporthalle,

Eishalle, Bezirkssportanlage Lißfeld und nicht weniger als 15 Turnsäle entstanden während seiner Amtszeit, das Parkbad wurde neu gestaltet.

Die 70er Jahre waren, wie bereits erwähnt, das Jahrzehnt der beginnenden Umweltbewegung: 1972 erschien in den USA die bahnbrechende Studie über die Grenzen des (globalen) Wachstums, 1973 führten die arabischen Ölproduzenten der ganzen (westlichen) Welt deren Abhängigkeit von Erdöl vor Augen, 1978 sprachen sich die Österreicher gegen die Erzeugung von Atomstrom in ihrem Land aus. Die neue Ökologiebewegung wurde vor allem von der Jugend der westlichen Industriestaaten getragen, gewann aber zunehmend Einfluß auf die Entscheidungsträger in Politik, Gewerkschaften und Wirtschaft. Andererseits ging aber gerade auch von Gewerkschaften und Wirtschaft immer wieder Widerstand gegen die Umweltbewegung aus mit dem Argument, Umweltschutz und Wirtschaftswachstum seien grundsätzlich nicht vereinbar, Umweltschutz gefährde daher Arbeitsplätze. Auch die Landeshauptstadt machte hier keine Ausnahme. Noch heute wird Franz Hillinger zitiert mit seinem Wort, in der Sahara staube es auch. Und dennoch wurden gerade unter seiner Amtszeit erste, entscheidende Schritte in Richtung kommunaler Umweltschutz gesetzt, wenngleich die Entwicklung aus der Rückschau betrachtet häufig recht widersprüchlich verlief.

Vielleicht am wenigsten beachtet wurde in einer breiteren Öffentlichkeit die Aufwertung der kommunalen Umweltbürokratie. Seit den

Das sanierte Parkbad.

Posthof: Zeitkultur am Hafen.
Die zeitgenössische Kultur erhielt 1984 eine Heimstätte, der Erweiterungsbau (oben) wurde 1990 fertiggestellt.

frühen 50er Jahren leistete die städtische Klimastelle Pionierarbeit auf dem Feld der Luftschadstoffmessung; die dort gewonnenen Erkenntnisse lagen dann schon früh manch behördlicher Betriebsgenehmigung für Großanlagen zu Grunde. Im Jahr 1974 wurde die Klimastelle zur Abteilung Umwelthygiene aufgewertet, die in der Folge bereits an Genehmigungsverfahren für Anlagen der mittelständischen Industrie mitwirkte, am Ende seiner Amtszeit richtete Hillinger schließlich das Amt für Umweltschutz ein.

Kommunale Infrastruktur: Fernwärme, Stadtentwässerung, öffentlicher Verkehr

Etwa zur Mitte der 70er Jahre begannen die kommunalen Gesellschaften SBL und ESG Großprojekte, die nicht zuletzt unter dem Gesichtspunkt des Umweltschutzes zu sehen sind. Hier wären als Beispiele zu nennen: Umstellung von Kokerei- auf Erdgas, Einsatz von Fernwärme (darunter Nutzung von Abwärme der Großindustrie), Ausbau der Stadtentwässerung (Regionalkläranlage), Ausbau des öffentlichen Verkehrs. Gerade auf diesem Feld gab es aber auch schmerzliche Rückschläge. So bekannte sich Linz grundsätzlich zu seiner Straßenbahn, während in vergleichbaren Städten die Tramway aus dem Stadtbild verschwand. Die Entwicklung verlief aber wie eine klassische Pilgerreise, zwei Schritten nach vorne folgte einer zurück: zwar wurde die Linie 1 im Norden bis zur Universität verlängert, im Süden hingegen fiel das Teilstück Kleinmünchen-Ebelsberg dem Ausbau der Bundesstraße 1 zum Opfer, in der Innenstadt wurde die Linie M aufgelassen. Die ESG, der wichtigste kommunale Anbieter von Energie und Verkehr, hatte somit den Willen der Stadt zum Ausbau des öffentlichen Personennahverkehrs dokumentiert,

Ausbau der Straßenbahn gegen den herrschenden Zeitgeist: Verlängerung der Linie 1 nach Auhof (1975, im Bild) und Auwiesen (1983).

Ausbau der regionalen Infrastruktur: Regionalkläranlage Asten, eine der größten Anlagen ihrer Art in Europa.

gleichwohl war aber auch klar geworden, daß die Bevorzugung des öffentlichen Verkehrs nur dann möglich war, wenn es zu keinem Interessenskonflikt mit dem Individualverkehr kam; im Zweifelsfall wurde diesem noch immer der Vorrang eingeräumt.

Die in der Ära Kreisky in Österreich einsetzende gesellschaftliche Umgestaltung machte auch vor der Industrie nicht halt, wenngleich hier vor allem die Organisationsformen Veränderungen unterlagen. Seit der Verstaatlichung 1946/47 war die heimische Industrielandschaft geprägt durch einen für westliche Verhältnisse ungewöhnlich hohen Anteil an verstaatlichten Unternehmungen. Um diese Verstaatlichte gab es seit den späten 40er Jahren ständig Streit zwischen den Großparteien, der aber in der zweiten Hälfte der 60er Jahre an Schärfe verlor. Es kam zu einer Neuorganisation der gesamten Unternehmensgruppe, die Unternehmungen wurden branchenweise zusammengefaßt, zu ihrer Führung eine Holding errichtet, die sogenannte ÖIG, später ÖIAG. Ein Schwerpunkt des

Opfer des Zeitgeistes: Marktplatz, Straßenbahn und Florianerbahn (rechts) mußten in Ebelsberg dem Individualverkehr weichen.

Vorhabens war die Zusammenführung der Stahlkonzerne VÖEST und Alpine-Montan. So wenig diese Fusion unter Fachleuten umstritten war, so schwierig gestaltete sie sich in der Praxis, wobei in Linz die Wellen besonders hoch schlugen, plante doch die Bundesregierung die Verlegung des Firmensitzes und damit der Generaldirektion nach Wien. Letztlich gelang es, den oberösterreichischen Standpunkt durchzusetzen, der Sitz des mit Jahresbeginn 1973 zur VÖEST-Alpine fusionierten Montanriesen blieb Linz. Damit war die Landeshauptstadt nun Sitz des mit Abstand größten österreichischen Unternehmens.

Der neue VA-Konzern litt allerdings an übernommenen Erblasten sowie an betriebswirtschaftlich nicht zu begründenden Eingriffen des Eigentümers, sah doch die Bundesregierung in der Verstaatlichten ein Instrument zur Steuerung des heimischen Arbeitsmarkts. Zu diesen hausgemachten Problemen kamen noch die zyklisch, dennoch aber immer unerwartet auftretenden Schwankungen des internationalen Stahlmarkts und die völlige Fehleinschätzung des kommenden Weltstahlverbrauchs durch die gesamte Branche. Nicht zuletzt aufgrund solcher Fehlprognosen investierte der VA-Konzern während der 70er Jahre große Summen in den steirischen Werken; die Großinvestitionen in den Linzer Betrieben hingegen dienten vor allem der Steigerung der Qualität der Hüttenprodukte, so vor allem der Hochofen A (seinerzeit die größte Industriebaustelle der Republik) und das LD-Stahlwerk III. Bemerkenswert an diesen neuen Anlagen war, daß das Unternehmen bereits beachtliche Anstrengungen auf der Umweltseite unternahm, Anstrengungen, die die in der ausländischen Montanindustrie damals üblichen Standards sichtlich übertrafen. Es zeichnete sich hier somit eine Entwicklung ab, die in den 80er Jahren von außergewöhnlicher Relevanz werden sollte: die in Linz so ungewöhnlich enge Zusammenarbeit zwischen (kommunaler) Politik und Industrie in Fragen des Umweltschutzes.

Schanovsky:
Neue Schwerpunkte in der Kommunalpolitik

Im Jahre 1984 zog sich Franz Hillinger aus der Kommunalpolitik zurück, Hugo Schanovsky, ein Mann von hoher literarischer Schaffenskraft, der 1977 mit dem Berufstitel Professor ausgezeichnet wurde, trat an die Spitze der Landeshauptstadt. Damit war eine Persönlichkeit in das Amt des Bürgermeisters von Linz berufen, die wie kaum jemand sonst den Übergang zu einer neuen Generation von Kommunalpolitikern förderte. Schanovsky selbst gehört als Angehöriger des Geburtsjahrgangs 1927 noch der Vorkriegsgeneration an, unter seiner Führung wurden aber Kommunalpolitiker der Geburtsjahrgänge nach dem Zweiten Weltkrieg in die Spitzen der Stadtverwaltung berufen.

Kommunalpolitik auf neuen Wegen: das Linzer Programm von 1985

Diese neue Generation hatte ihre politische Sozialisation in den 60er Jahren, im wesentlichen aber in der Ära Kreisky erfahren. Viele von ihnen stammten aus bescheidenen Verhältnissen, manche waren selbst aber Absolventen hoher Schulen, insbesondere der Universität Linz; damit standen sie mit ihrer eigenen Biographie für die Emanzipation der Arbeiterklasse im Rahmen der bürgerlichen Demokratie der Zweiten Republik. Geprägt wurden sie vor allem durch die in Österreich seit der Mitte der 60er Jahre von Wissenschaft und Politik erstmals thematisierte eigene Zeitgeschichte, gleichzeitig nahmen sie teil an der in der österreichischen Jugendszene (namentlich auch im studentischen Milieu) einsetzenden Rezeption der von der internationalen Wissenschaft bereits vorhergesehenen globalen Krisen und Umwälzungen. Begriffe von weltweiter Bedeutung wie Grenzen des Wachstums oder Informationsgesellschaft waren diesen jungen Leute von vornherein ebenso vertraut wie das in Österreich noch von Koref geprägte, von Kreisky dann verwirklichte Wort von der offenen Sozialdemokratie. Tabuthemen, die ihre politischen Väter noch anfochten, hatten für sie jeden politischen Schrecken verloren, ideologische Scheuklappen waren ihnen ebenso fremd wie Berührungsängste gegenüber dem politischen Gegner; dieser galt als Konkurrent und Partner, schroffe Ablehnung erfuhren nur politische Extreme, in Sonderheit der Rechtsradikalismus. In ihrem Politikverständnis verbanden sie die traditionellen Positionen der (Linzer) Sozialdemokratie mit den Herausforderungen der eigenen Epoche. Als Ziel aller (Kommunal)Politik galt ein Höchstmaß an allgemeiner Wohlfahrt auf der Grundlage eines in jeder Beziehung demokratischen und sozialen Gemeinwesens; als Wege zur Erreichung dieses Ziels wurden insbesondere fortdauerndes Werben nach Akzeptanz für die eigenen Positionen gesehen, sowohl in der Bevölkerung als auch bei den politischen Konkurrenten, und ständiges Suchen politischer Mehrheiten für die Umsetzung dieser Ziele.

Unmittelbar nach Schanovskys Amtsantritt begannen die Linzer Sozialdemokraten mit den Arbeiten an einem Programm zur Linzer Kommunalpolitik; im Frühjahr 1985 wurde dieses „Kommunalprogramm der SPÖ Linz-Stadt zur Gemeinderatswahl 1985“, kurz Linzer Programm genannt, beschlossen. Das Papier trug schon deutlich die Handschrift der kommenden Generation.

LINZER PROGRAMM

Kommunalprogramm der SPÖ Linz-Stadt zur Gemeinderatswahl 1985

Seit ihrem Entstehen am Ausgang des 19. Jahrhunderts gaben sich die österreichischen Massenparteien Parteiprogramme, in welchen sie die gesellschaftlichen Rahmenbedingungen sowie ihre weltanschaulichen Positionen und politischen Ziele beschrieben. Als grundsätzlich langfristige Standortbestimmungen der Gesamtpartei nahmen diese Programme aber nur wenig Bezug auf lokale Bedingungen, unter denen Ortsverbände in den Kommunen politische Arbeit zu leisten hatten. Und die von den Ortsverbänden etwa vor Wahlen vorgelegten Papiere programmatischen Inhalts wiesen wiederum kaum je über den unmittelbaren Anlaß hinaus; grundsätzlich begnügte man sich damit, zu einzelnen, gerade aktuellen Problemen der eigenen Stadt Stellung zu nehmen.

Auch Linz machte hier keine Ausnahme, auch hier fand Kommunalpolitik praktisch keinen Niederschlag in einer programmatischen Schrift, die eine solche Bezeichnung verdient hätte. Dieses Bild änderte sich dann allerdings entscheidend, als die Linzer Sozialdemokratie vor den Gemeinderatswahlen des Jahres 1985 das sogenannte Linzer Programm vorlegte. Das Papier bedeutete sowohl einen quantitativen als auch qualitativen Sprung: erstmals in der Zweiten Republik legte ein Ortsverband einer politischen (Groß)Partei ein breit angelegtes, theoretisch reflektiertes Grundsatzpapier zur Kommunalpolitik vor.

Die Kommunalpolitik der Linzer Sozialdemokraten war zwar (wenigstens seit dem Jahre 1945) stets auf lange Sicht angelegt, sie entsprang aber weniger strategischer Planung denn Zwängen der Zeitläufte und/oder der Bindung der in Politik und Verwaltung handelnden Personen an ideologische und moralische Prinzipien; herausragender Vertreter dieser Form von Kommunalpolitik war wohl Ernst Koref. Mit dem Linzer Programm lag 1985 aber eine Schrift vor, welche die kommende Linzer Kommunalpolitik als langfristige, strategische Aufgabe verstand.

Ausgehend von den politischen Leitlinien des Parteiprogramms der Gesamtpartei griff die Linzer SPÖ ohne jede ideologische Scheuklappe und ohne jede Angst vor (Partei)Tabus Strömungen und Forderungen der Zeit und des Zeitgeistes auf, reflektierte sie mit den Mitteln wissenschaftlicher Fachdisziplinen und stellte sie sodann in den Zusammenhang kommender Kommunalpolitik. Dabei verstanden es die Autoren – es waren dies Kommunalpolitiker der politischen Enkelgeneration von Ernst Koref – gleichzeitig auch zentrale Positionen aus der Ideenwelt anderer gesellschaftlicher Gruppierungen wie etwa des Katholizimus oder der Umweltbewegung bruchlos dem eigenen Ideengebäude einzufügen: zu denken wäre hier an das Subsidiaritätsprinzip oder an Forderungen zum Schutze der Umwelt; solche Anliegen standen damit gleichberechtigt neben alten sozialdemokratischen. Inhaltlich spannte das Linzer Programm den Bogen in insgesamt zehn Kapiteln von (kommunaler) Wirtschafts- und Sozialpolitik über Fragen der Umwelt- und Verkehrspolitik, der Förderung von Kultur und Sport bis hin zu prononcierten Frauenfragen; wobei manche Bereiche, darunter insbesondere auch Frauen in Politik und Gesellschaft, nicht nur in einem eigenen Abschnitt untersucht, sondern darüber hinaus durchgängig thematisiert wurden. Das Linzer Programm sprach somit die beherrschenden Themen der Zeit an. Ein spezifisches Linzer Anliegen wurde allerdings in besonderer Weise vorgetragen: unter der Forderung „Linz muß die sauberste Industriestadt Österreichs werden" führten die Linzer Sozialdemokraten den Wahlkampf für die Gemeinderatswahl 1985.

Aufgrund seiner thematischen Breite und theoretischen Tiefe konnte dieses Programm keinesfalls abgeschlossen sein, vielmehr forderte es zu steter kritischer Überprüfung der eigenen Position und zu Anpassung an veränderte Rahmenbedingungen heraus; gleichzeitig setzte es Fristen für die Durchführung verschiedener konkreter Vorhaben, darunter beispielsweise zehn Jahre für verschiedene Vorhaben des Umweltschutzes in Anlagen der Großindustrie und für Lärmschutzbauten innerhalb der Gemeindegrenzen.

Das Linzer Programm des Jahres 1985 stand somit am Beginn einer Entwicklung, die bereits wenige Jahre später zu grundlegenden Programmen für die Bereiche kommunale Sozial-, Wirtschafts-, Verkehrspolitik und andere führte.

Das Linzer Programm war ein qualitativer Sprung, wurde doch bisher in Österreich (und selten im Ausland) ein solches Grundsatzpapier kaum je formuliert, jedenfalls nicht in solcher Breite und theoretischer Tiefe, man hatte sich zumeist damit begnügt, zu einzelnen Feldern der Kommunalpolitik recht pragmatisch Stellung zu nehmen. Langfristig angelegte Kommunalpolitik hatte man in Linz, wie in vergleichbaren Städten, schon immer gekannt; sie entsprang aber weniger strategischer politischer Planung, sondern Sachzwängen, der Bindung der handelnden Politiker und städtischen Beamten an ideologische und moralische Prinzipien oder einfach lange dauernder Amtsführung; dieses Argument (lange Amtsführung) galt innerhalb der kommunalen Verwaltung in besonderer Weise. Dazu kam, daß nach dem Zweiten Weltkrieg neben Juristen und Technikern für die Übernahme neuer Aufgaben zunehmend auch Absolventen anderer akademischer Disziplinen eingestellt wurden. Die damit neu gewonnene wissenschaftliche Kompetenz innerhalb der Verwaltung wirkte dann wiederum auf die Politik zurück, nicht zuletzt auch auf die Autoren des Linzer Programms.

Das Programm war eine Arbeit aus einem Guß, lange Entwicklungslinien der Linzer Kommunalpolitik und Herausforderungen der Zeit wurden aufgegriffen, mit den Methoden wissenschaftlicher Fachdisziplinen vor dem Hintergrund sozialdemokratischer Grundwerte theoretisch reflektiert und in den Zusammenhang der zu erwartenden Entwicklung gestellt. Daher forderte dieses Programm auch zu fortwährender Überprüfung der eigenen Positionen und Anpassung an die jeweilige konkrete Entwicklung heraus. Das Linzer Programm des Jahres 1985 stand somit am Beginn eines Prozesses, der bereits wenige Jahre später zu grundlegenden Programmen für nahezu alle Bereiche der kommunalen Politik in der Landeshauptstadt führte.

Linz: sauberste Industriestadt Österreichs

Eine entscheidende Forderung des Linzer Programms war im Herbst 1985 Angelpunkt der damaligen Wahlauseinandersetzung: Linz sollte zur saubersten Industriestadt Österreichs werden, was in diesem Zusammenhang eine entscheidende Verringerung der Belastung der Linzer Luft mit Schadstoffen in einem mit etwa 15 bis 20 Jahre angenommenen Zeitraum hieß. Auch wohlmeinende Zeitgenossen hielten seinerzeit ein solches Ziel für überzogen, in manchen Kreisen wurde es schlicht als Utopie belächelt oder gar als Vernichtung von Arbeitsplätzen verteufelt. Und als im Spätherbst des selben Jahres der VA-Konzern in die größte Krise seiner Unternehmensgeschichte stürzte (und damit Schockwellen weit über den engeren Bereich der verstaatlichten Industrie hinaus auslöste), galt das ambitionierte Linzer Umweltprogramm der breiten Öf-

82 Hugo Schanovsky
(geb. 1927)

Hugo Schanovsky stammt aus einer Arbeiterfamilie in Steyr. Die Mittelschule besuchte er in Linz, wo er 1946 nach Kriegsdienstleistung und Kriegsgefangenschaft maturierte. 1947 trat er in die Pensionsversicherungsanstalt der Arbeiter ein, 1960 heiratete er seine Frau Dorothea. Unmittelbar nach seiner Heimkehr aus der Kriegsgefangenschaft schloß er sich der Sozialdemokratie an und wirkte insbesondere als Bildungsfunktionär. Hugo Schanovsky trat seit seiner Jugend als Schriftsteller hervor, sein reiches literarisches Schaffen umfaßt annähernd 30 Lyrik- und Prosabände.

Seine politische Karriere führte Schanovsky 1967 in den Linzer Gemeinderat, ab 1969 gehörte er der Stadtregierung an, im Jänner 1984 wurde er zum Bürgermeister der Landeshauptstadt gewählt. Unter seiner Führung legte die Linzer Sozialdemokratie 1985 ein zukunftsweisendes kommunalpolitisches Programm vor, dessen Schwerpunkte Verbesserung der Umweltsituation in Linz, städtische Kulturarbeit und Sicherung des Friedens waren. Schanovsky war es, der mit der Forderung „Linz muß die sauberste Industriestadt Österreichs werden" der Kommunalpolitik der folgenden Jahre den Weg wies. Während seiner Amtstätigkeit wurde dann eine Fülle von umweltrelevanten Vorhaben formuliert und in Gang gebracht, darunter Investitionen der Linzer Großindustrie in Milliardenhöhe. Auch in den Bereichen Kultur- und Friedenspolitik setzte die Landeshauptstadt unter Schanovskys Amtsführung Zeichen, die Stadt erklärte sich zur Friedensstadt, der Posthof stieg zu einem international beachteten Veranstaltungszentrum der Avantgarde auf.

Nach vier Jahren Amtsführung zog sich Hugo Schanovsky im Jänner 1988 vom Amt des Bürgermeisters der Landeshauptstadt zurück.

fentlichkeit bereits als gescheitert. Es trat aber das genaue Gegenteil ein, nicht nur wurde dieses Vorhaben, das eben in erster Linie ein Programm zur Senkung der Luftschadstoffe war, ein voller Erfolg: Es zeigte sich nun, daß die von der Stadt durchgesetzten Maßnahmen des Umweltschutzes auch hochwertige Arbeitsplätze in Industrie und Gewerbe hervorbrachten und sicherten. Noch in Schanovskys Amtszeit verringerte sich die Belastung der Linzer Luft um rund die Hälfte; Motor dieses Erfolgs war Josef Ackerl, der weit über Linz hinaus bekannte erste Umweltstadtrat einer Landeshauptstadt. Und als willkommener Nebeneffekt erfuhr die Linzer Großindustrie, und nicht nur diese, einen regelrechten technologischen Durchbruch. Gleichzeitig kam es auch, nicht zuletzt bedingt durch Umstrukturierung und Verringerung des Mitarbeiterstandes der Großindustrie, zu einer deutlichen Akzentverschiebung innerhalb der Linzer (Volks)Wirtschaft.

Hugo Schanovsky trat im Jänner 1988 nach nur vier Jahren als Bürgermeister der Landeshauptstadt zurück, Franz Dobusch folgte ihm im Amt nach. In dieser vergleichsweise kurzen Zeit hat Schanovsky nicht nur die Stadt auf den Weg in eine ökologisch gesicherte Zukunft gebracht, er hat auch der neuen Generation von Kommunalpolitikern mit Franz Dobusch an der Spitze diesen Weg aufgezeigt.

Auf dem Weg ins 21. Jahrhundert

Schon unter Schanovskys Amtsführung hatten Kommunalpolitiker und Stadtverwaltung damit begonnen, auf dem Linzer Programm fußende Detailprogramme, vor allem für die Bereiche Wirtschaft und Soziales, zu erstellen. Unter Franz Dobusch führte man diese Arbeiten verstärkt fort, wobei nun auch der Charakter der kommunalen Verwaltung zur Diskussion stand. Programmatisches Ziel war es, von der noch immer hoheitlichen Verwaltung zu bürgerorientierter Dienstleistung zu gelangen; dabei stützte man sich nicht zuletzt auf internationale Vorbilder.

Vor allem aber trieb man die schon laufenden Vorhaben im Bereiche des Umweltschutzes voran. Gerade hier gelangen dann auch beachtliche Erfolge, Linz wurde im europäischen Umfeld zu einem Vorreiter auf dem Gebiet kommunaler Umweltaktivitäten. Gleichzeitig rezipierte die Landeshauptstadt, als eine der ersten europäischen Städte überhaupt, die seit etwa Mitte der 80er Jahre im Rahmen der Vereinten Nationen unter dem Begriff „Nachhaltige Entwicklung“ geführte Diskussion und stellte ihre gesamte Umweltpolitik auf dieses neue Konzept ab.

Als eine weitere Konsequenz ging Linz zusammen mit anderen europäischen Städten ein Klimabündnis ein (Gründung 1992), dessen Ziel die Verwirklichung der von den UN geforderten Maßnahmen zum Schutz der Atmosphäre ist. Ein besonderer Bestandteil dieses Klimabündnisses, an dem inzwischen mehrere hundert europäische Städte und Stadtregionen mitarbeiten, ist auch das globale Engagement der teilnehmenden Kommunen; so leistet man etwa Ureinwohnern des Amazonasbeckens Hilfe zum Schutze des brasilianischen Regenwaldes.

Sanierung der Linzer Luft

Schneller als ursprünglich geplant gelang die Sanierung der Linzer Luft. Bis 1990, in einem Zeitraum von nur fünf Jahren, konnte die Belastung um mehr als die Hälfte reduziert werden, bis zur Mitte der 90er Jahre sodann auf weniger als ein Drittel des Ausgangswertes. Möglich wurde dies durch eine Fülle von Maßnahmen im unmittelbaren Wirkungsbereich der Stadt selbst, darunter die Reinigung der Rauchgase des Kraftwerks Linz Mitte, die Umstellung ganzer Stadtviertel von Hausbrand auf Fernwärme und andere mehr. Den Ausschlag für den Erfolg gaben aber die in enger Zusammenarbeit mit den kommunalen Behörden durchgeführten Umweltinvestitionen der Großindustrie, was nicht zuletzt aufgrund der wirtschaftlichen Erholung der Konzerne möglich wurde. Heute entspricht die Güte der Linzer Luft im Stadtzentrum jener in den Vorstädten vergleichbarer europäischer Regionalstädte, sie ist damit besser als in anderen österreichischen Ballungsräumen. Der an Tagen mit Inversionswetterlagen so gefürchtete Linzer Smog gehört der Vergangenheit an.

Sanfte Stadterneuerung

Neben den Vorhaben zum Schutz der Umwelt wurden Jahrzehnte zurück reichende Maßnahmen der Stadtverwaltung konsequent weiter geführt und, in Hinblick auf das Jubiläum des 500. Jahrestages der Erhebung zur Landeshauptstadt im Jahr 1990, noch beträchtlich ausgeweitet. Schon in den 50er Jahren wandte die Stadt Mittel zur Erhaltung alter Gebäudefassaden auf, großflächige Sanierung historischer Bausubstanz war allerdings noch weithin unbekannt. In den 70er Jahren setzte dann in der internationalen Fachwelt ein Umdenkprozeß ein, den die Stadt Linz sogleich mit vollzog; statt Abriß hieß der zentrale Begriff ab nun sanfte Stadterneuerung. Die Bausubstanz ganzer Stadtviertel wurde erst wissenschaftlich untersucht, anschließend saniert. Träger solcher Arbeiten waren entweder die Kommunalverwaltung selbst oder wissenschaftliche Einrichtungen, darunter auch das der Stadt nahestehende, renommierte Linzer Planungsinstitut. Der politische Wille der Stadt war es, in Zukunft nicht nur spätmittelalterliche Bürgerhäuser und barocke Adelspalais zu neuem Glanz zu erwecken, sondern auch die Architektur des 19. und 20. Jahrhunderts. Gleichzeitig wurde dem nach wie vor ungebrochenen Bedarf an Wohnraum durch die Errichtung großzügiger Wohnanlagen Rechnung getragen, die Wohnbauleistung erreichte mehr als 1000 Wohnungen jährlich.

Der Gestaltungsbeirat

Um die Auswirkungen der Vorhaben auf das künftige Erscheinungsbild der Stadt abschätzen zu können, rief man im Zusammenwirken mit der Architektenkammer einen aus international bekannten Architekten und anderen Fachleuten zusammengesetzten Gestaltungsbeirat ins Le-

Das Linzer AKh, das beliebteste Klinikum des Landes (Ausbaustand 1996).

ben, der seither bei wichtigen (Neu)Bauvorhaben privater Investoren ab der Planungsphase beratend und steuernd eingreift; die Kommune selbst schreibt für ihre eigenen Vorhaben seit dem Ausgang der 80er Jahre verstärkt Wettbewerbe aus. Politik und städtische Verwaltung sahen also Stadterneuerung und -erweiterung aus einem höheren Blickwinkel, nicht nur sollten sich alt und neu harmonisch ineinander fügen, nicht minder wichtig erschien es, auch allen anderen Forderungen des städtischen Lebens zu genügen. Ein solches Anliegen lag seit langem auf dem Tisch: Linz brauchte eine repräsentative Mehrzweckhalle. Mit dem Design Center gab sich die Stadt eine solche Stätte und damit den Kern eines neuen urbanen Zentrums. Diese Ausstellungshalle, deren Grundfläche so groß wie der Linzer Hauptplatz ist, steht als ein außergewöhnliches Zeugnis der Möglichkeiten der Architektur des ausgehenden 20. Jahrhunderts in der Tradition der Kristallpaläste des 19. Jahrhunderts. Zusammen mit den in seiner unmittelbaren Nachbarschaft neu errichteten Objekten ist das Design Center viel mehr als der eher bescheiden klingende Name vermuten läßt: Hier ist in Zusammenarbeit von Kommune und privaten Investoren eine neue städtebauliche Dominante entstanden, die nunmehr das Erscheinungsbild der Landeshauptstadt entscheidend mitprägt.

Ökologie der Stadtlandschaft

Vorhaben wie Design Center und Neugestaltung des Südbahnhofviertels, die nur durch enges Zusammenwirken von Kommunalpolitik, Stadtverwaltung, privaten Eigentümern und Bevölkerung möglich wurden, erfreuten sich natürlich regen öffentlichen Interesses, weniger Beachtung wurde hingegen anderen Leistungen der städtischen Einrichtungen zuteil, wiewohl von dort häufig wichtige Anregungen ausgingen. So leistete die Naturkundliche Station grundlegende Arbeiten zur Erforschung der Ökologie der Linzer Stadtlandschaft; Beiträge, die nicht nur international wissenschaftliche Anerkennung fanden, sondern in der Stadt selbst seit den späten 80er Jahren umgesetzt werden, so auch bei der Erhaltung des städtischen Grüngürtels oder der Renaturierung städtischer Gerinne.

Bauwerke, breite Grüngürtel, gute Luft sind wie eine Visitenkarte für eine Stadt, sie formen in ihren Besuchern einen ersten, vielleicht bleibenden Eindruck. Ihre Bewohner nehmen die Stadt meist aber ganz anders wahr als ein Besucher; für sie ist ihre Stadt Mittelpunkt ihres Lebens, für das sie Sicherheit erwarten. Nun ist Sicherheit zwar ein recht komplexer, schwer faßbarer Begriff, manche unverzichtbare Voraussetzungen sind aber dennoch leicht auszumachen: an soziale Sicherheit ist hier wohl in erster Linie zu denken. Soziale Sicherheit beginnt mit Kindergartenplätzen in ausreichender Anzahl, der Chance zu guter Ausbildung, sicheren Arbeitsplätzen, und endet letztlich bei Sicherheit im Alter. Gerade diese Aspekte urbanen Lebens formulierte die sozialdemokratische Kommunalpolitik um 1990; in rascher Folge wurden nun auf dem Linzer Programm von 1985 aufbauende Programme zur Sozial-, Wirtschafts- und Verkehrspolitik sowie zu andern Politikfeldern vorgelegt.

Kommunale Sozialpolitik: Kinder und Senioren

Die in den Wirtschafts- und Sozialprogrammen beschriebenen Aufgaben wurden sogleich in Angriff genommen, manche davon sind heute bereits gelöst. So ist die Landeshauptstadt in der Lage, allen Dreijährigen Kindergartenplätze in unmittelbarer Nachbarschaft des Wohnorts anzubieten; dabei arbeitet die Stadt eng mit anderen, vor allem kirchlichen Trägern zusammen. Dieser garantierte Kindergartenplatz ist eine kommunale Leistung, die wahrscheinlich nur wenige Parallelen findet. Vergleichbare Anstrengungen unternahm die Stadt bei der Betreuung der älteren Mitbürger: so wurden nicht weniger als vier Seniorenheime neu

Kinderfreundliches Linz.

Seniorenzentrum Dauphinestraße.

errichtet, vor allem aber die kommunalen Hilfs- und Pflegedienste stark ausgebaut. Allerdings gestaltet sich die Lage aufgrund der demographischen Entwicklung zunehmend schwieriger, steigt doch der Anteil der Senioren an der Gesamtbevölkerung ständig.

Kommunale Sozialpolitik: Minderheiten, Randgruppen, Gesundheit

Auch in anderen Bereichen der Sozialpolitik ist die Landeshauptstadt führend: Linz war die erste Stadt Österreichs, die ein Aidszentrum errichtete, jüngst wurde ein Ausländerbeirat geschaffen, Nichtseßhaften stehen ausreichend Heimplätze zur Verfügung. Beredten Ausdruck findet dieses soziale Engagement der Stadt in nüchternen Budgetzahlen, im vergangenen Jahrzehnt stieg der Sozialetat von etwa 0,6 Milliarden auf mehr als 1,7 Milliarden Schilling (in 1996). Damit hat die kommunale Sozialpolitik allerdings auch die Grenze des Leistbaren erreicht. Verschärft wird das in den Zeiten eines rüden, neoliberalen Kapitalismus ohnehin rauher werdende soziale Klima noch zusätzlich durch die bei Bund und Land zunehmend stärker hervortretende Tendenz, angesichts dortiger leerer Kassen staatliche Aufgaben, gerade auch im Bereich der sozialen Fürsorge, auf die Kommunen abzuwälzen, ohne für finanziellen Ausgleich zu sorgen. Hier ziehen somit für eine kommende sozialdemokratisch orientierte kommunale Sozialpolitik neue Herausforderungen herauf.

Als gesonderten Bereich sozialer Sicherheit wird man wohl die medizinische Versorgung betrachten. Der bereits unter Franz Hillinger begonnene Neubau des AKh wurde zügig fortgesetzt, heute fehlt nur noch die vierte (und letzte) Ausbauetappe, das Klinikum erfreut sich hohen Ansehens in der Bevölkerung. Wobei der Kommune durch straffe Ökonomisierung noch ein besonderer Erfolg gelungen ist, der Kostenanstieg des AKh konnte in den vergangenen Jahren stark eingebremst werden.

Es darf allerdings nicht übersehen werden, daß hier nur vorhandene ökonomische Potentiale ausgeschöpft wurden, die strukturellen Defizite des Gesundheitssystems blieben leider ebenso unverändert erhalten wie die moderne, der Gesundheit nur wenig förderliche Lebensweise. Daher setzt die Stadt hier mit ihrem Engagement für den Breitensport an, im vergangenen Jahrzehnt wurden annähernd 100 Sportstätten saniert (darunter auch das Stadion) oder neu errichtet, sodaß der Bevölkerung der Landeshauptstadt heute Sportstätten flächendeckend in ausreichender Anzahl zur Verfügung stehen.

Herausforderungen ganz anderer Größenordnungen taten sich der Linzer Kommunalpolitik im Bereich der (Volks)Wirtschaft auf. Bei der Formulierung des kommunalen Wirtschaftsprogramms zum Ende der 80er Jahre hatte die europäische Nachkriegsordnung noch Bestand, un-

1989, Jahr der sanften Revolutionen in Europa

mittelbar nach der Beschlußfassung im Linzer Gemeinderat (Juni 1989) brach dann aber die kommunistische Herrschaft über Mittel- und Osteuropa zusammen, die Völker schüttelten in überwiegend friedlichen Revolutionen die totalitären Regime ab; Höhepunkte dieser dramatischen Umwälzungen waren die deutsche Wiedervereinigung (1990) und der Zusammenbruch der Sowjetunion (1991). Linz, wie ganz Westeuropa, stand jetzt einer völlig veränderten geopolitischen Situation gegenüber, es galt, auf diese Neuordnung der politischen Verhältnisse in Mittel- und Osteuropa angemessen zu reagieren, insbesondere auch auf dem Feld der Wirtschaftspolitik: die Reformstaaten drängten seit den frühen 90er Jahren in EG (EU) und NATO, gleichzeitig zeichnete sich der Beitritt Österreichs zur EG (EU) ab. Die Landeshauptstadt mußte sich nun als Mittelpunkt des oberösterreichischen Zentralraums, eines Raums mit rund 500.000 Einwohnern, im Kontext europäischer Stadtregionen und in Konkurrenz zu diesen definieren.

Kommunale Wirtschaftspolitik im neuen geopolitischen Umfeld

Wirtschaftspolitik ist heute vor allem Standortpolitik, man denke nur an das Schlagwort Globalisierung. Nun ist Standortpolitik ein außergewöhnlich weitläufiger Begriff, die Lage im internationalen Verkehrsnetz geht hier ebenso ein, wie Bildungs- und Ausbildungsstätten, Arbeitskräftepotential und sozialer Friede sowie Kultur- und Freizeitmöglichkeiten. All diese Rahmenbedingungen sind in der Landeshauptstadt in nahezu hervorragender Weise erfüllt; verkehrsgeographisch hat sich die Situation seit der Fertigstellung des Rhein-Main-Donaukanals (1992) und der damit gegebenen Anbindung an die bedeutenden Wirtschaftsräume von Nürnberg bis Rotterdam/Antwerpen sogar noch verbessert. Linz, größter Hafen an der oberen Donau, kann durch diese europäische Großwasserstraße zusätzliche Wachstumseffekte erwarten. Eine weitere, vielfach zu wenig wahrgenommene Voraussetzung für die Standortwahl internationaler Investoren sind behördliche Genehmigungsverfahren. Auch hier sind die Leistungen der Linzer Kommunalverwaltung beachtlich. So konnte zum Beispiel das aufwendige Genehmigungsverfahren für die sogenannte HBL-Anlage von Hoffmann La Roche (eine Zwei-Milliarden-Investition der Großchemie) binnen weniger Monate abgewickelt werden; und zwar mit voller Beteiligung der Linzer Bürgerschaft, die durch die Stadtverwaltung stets mit einbezogen wird.

Als positive Standortfaktoren werden, wie bereits angedeutet, im internationalen Vergleich auch Kultur- und Freizeitmöglichkeiten gewertet. Die Linzer Kommunalpolitik hat hier schon früh Akzente gesetzt, die der Landeshauptstadt ein in Europa unverwechselbares Profil gaben: Brucknerfest, Klangwolke und Ars Electronica sind heute Fixpunkte des

Gelungene Stadterneuerung von Urfahr-Ost:
vor der Sanierung (Bild oben),
heutige Ansicht (Bild unten).

europäischen Veranstaltungskalenders. Und mit der Errichtung des AEC, des Museums der Zukunft, hat die Landeshauptstadt eine jahrzehntelange, gute Tradition fortgesetzt (für die Brucknerhaus, Posthof etc. als Beispiele stehen) und wiederum eine Einrichtung geschaffen, die als Programm in die Zukunft weist.

Linz auf Kurs ins 21. Jahrhundert

Wir haben nun unseren kursorischen Überblick über die Geschichte der Landeshauptstadt Linz während des seit dem Ende des Zweiten Weltkriegs vergangenen halben Jahrhunderts abgeschlossen. So knapp dieser Streifzug durch mehr als 50 Jahre Stadtgeschichte auch immer sein mag, sollte doch der Aufstieg der Stadt aus den Schrecken des Kriegs zu einem modernen, wirtschaftlich und kulturell prosperierenden Zentrum Mitteleuropas sichtbar geworden sein. Am Vorabend des 21. Jahrhunderts steht Europa an der Schwelle zu tiefgreifenden Veränderungen: man darf mit Berechtigung einerseits die wirtschaftliche und politische Einigung des Kontinents erwarten, auf der anderen Seite das stärkere Hervortreten der (historischen) Regionen. Das kommende Europa wird also ein Europa (konkurrierender) Regionen, genauer Stadtregionen sein. Der oberösterreichische Zentralraum ist eine solche Region, Linz sein natürlicher, leistungsstarker Mittelpunkt. Und unter der Führung der Linzer Sozialdemokratie ist die Landeshauptstadt als Stadt der Arbeit und Kultur auf dem richtigen Kurs in dieses kommende Europa des 21. Jahrhunderts.

Linz pflegt Wirtschaftskontakte: Dr. Helmut Sohmen, ein Sohn der Stadt Linz, einer der größten Reeder der Welt, bietet der Stadt Linz seine internationalen Verbindungen an. Im Bild bei der Verleihung des Großen Goldenen Ehrenzeichens der Stadt Linz durch Bürgermeister Dr. Franz Dobusch.

Verleihung der Würde des Ehrenbürgers der Stadt Linz an Bischof Maximilian Aichern und LH Dr. Josef Ratzenböck: Gesten, die wie kaum andere sonst das herzliche Verhältnis der Stadt zu Land und Kirche ausdrücken. Ratzenböck und Dobusch führten die einst von Gleißner und Koref begründete Tradition der guten Zusammenarbeit von Stadt und Land fort, Aichern gilt als das soziale Gewissen der Stadt und des Landes.

„MEIN ZIEL IST ES, EINE SOZIALE STADT ZU SCHAFFEN“

Ein Gespräch mit Bürgermeister Dr. Franz Dobusch

Bürgermeister Franz Dobusch im Gespräch mit Helmut Fiereder und Siegfried Kristöfl.

Frage: Herr Bürgermeister, Sie sind nun bald zehn Jahre im Amt. Seither sind Sie verantwortlich für die Planung und Gestaltung der Stadt Linz. Es hat sich viel getan. Welche Entwicklung – in großen Zügen – läßt sich erkennen?

Dobusch: Am Anfang standen vor allem Reparaturmaßnahmen. Wir, meine Partei und ich, traten an, um Linz zur saubersten Industriestadt Österreichs zu machen. Das ist gelungen, obwohl am Beginn sehr viele darüber gelacht haben und von der Aussichtslosigkeit des Bemühens überzeugt waren. Die Umwelt wurde also sozusagen repariert. Im eigentlich städtischen Bereich wurde sehr viel revitalisiert. Plätze wurden gestaltet, Fußgängerzonen erweitert, Althäuser saniert, Parks geschaffen etc. Diese Reaktionen sind nun weitgehend abgeschlossen. Wir können jetzt aktiv gestalten. Wir können an einer sanften Stadterneuerung arbeiten.

Was heißt „sanfte Stadterneuerung“?

„Sanfte Stadterneuerung“ ist ein Schlagwort der 90er Jahre so wie „nachhaltige Stadtentwicklung“. Für mich heißt das – kurz ausgedrückt – vor allem eine bewußte Verbesserung der Lebensqualität in dieser Stadt für alle Bürgerinnen und Bürger.

Laut einer Bürgerbefragung im Jahre 1995 sind die Linzerinnen und Linzer im hohen Maße zufrieden mit den Lebensverhältnissen in dieser Stadt. Können Sie sich zurücklehnen und ausruhen?

Diese Bürgerbefragung war ein großes Experiment. An 30.000 Haushalte habe ich einen Fragebogen schicken lassen, mehr als 60 % sind zurückgekommen. Es ging mir dabei aber nicht nur um die Bestätigung unserer Politik. Wir haben die Befragung gemacht, um Probleme der Bevölkerung kennenzulernen – welche Themen unter den Nägeln brennen. Mein Ziel ist es, die Lebensqualität der Stadt weiter zu verbessern.

Was verstehen Sie unter Lebensqualität?

Lebensqualität verstehe ich wirklich im umfassendsten Sinn. Sie beginnt bei der Verbesserung der Umweltsituation: Leben in einer sauberen

Luft, in einer lärmarmen Umgebung, mit wohnungsnahem Grün. Städtische Lebensqualität meint aber auch urbane Architektur, eine vitale Innenstadt, ein breites Kulturangebot, eine Atmosphäre der Offenheit, eine Gesellschaft mit Freiräumen...

Ist Lebensqualität reserviert für die City?

Ganz und gar nicht! In allen Stadtteilen sind die Ansprüche der Bewohner auf die beste Infrastruktur zu erfüllen: das beginnt beim Nahversorger und hört bei der ärztlichen Betreuung auf, dazwischen liegen Sportmöglichkeiten, die Volkshäuser, Schulen, Kindergärten etc. und – ganz wichtig – sichere Arbeitsplätze!

All das klingt gut! Sind das aber nicht bloß schöne Schlagworte?

Ich kann zu allen bisher erwähnten Punkten konkrete Maßnahmen nennen, die in den letzten Jahren erarbeitet und umgesetzt wurden. Für besonders erwähnenswert halte ich das städtische Angebot an sozialen Dienstleistungen und Einrichtungen. Zum Beispiel für Kinder. Jedes dreijährige Kind in dieser Stadt hat einen Platz in einem Kindergarten. Und nicht nur irgendwo, sondern in der Nähe seiner Wohnung.

Aber nicht alle Kindergärten sind städtische Kindergärten.

Das ist richtig, ist auch ganz und gar nicht notwendig. Wir haben die besten Kontakte mit anderen Gruppierungen und Vereinen, die sich im Sozialbereich engagieren und mit denen wir eng zusammenarbeiten – wie die Caritas, das Rote Kreuz, der Arbeitersamariterbund oder die Volkshilfe, um nur die größten zu nennen. Nur so kann ein dichtes soziales Netz entstehen. Es ist eine zentrale Position der Sozialdemokraten und die ethische Basis meiner Politik, die Qualität einer Gesellschaft an ihrem Umgang mit ihren schwächsten Mitgliedern zu messen. Außerdem ist die Zusammenarbeit aller fähigen Kräfte ganz wichtig für die positive Entwicklung einer Stadt.

Meinen Sie damit auch die Zusammenarbeit mit den anderen politischen Fraktionen?

Als Bürgermeister ist es meine Aufgabe, mich um die Einbindung aller Fraktionen zu kümmern. Und der sogenannte Konsenskoeffizient zeigt, daß es in weitgehendem Maße gelingt. Für alle größeren städtischen Projekte, vom Design Center bis zum AEC, gab es einmütige Beschlüsse.

Wie würden Sie Ihren eigenen Führungsstil beschreiben?

Ich meine, einen gruppendynamisch orientierten Führungsstil zu haben – und bin konfliktfähig. Kritik muß ich als Bürgermeister und Politiker einstecken können. Es darf in unserer Stadt, in unserer Gesellschaft nicht möglich sein, daß man seine Gegner mit der Macht der Institution bedroht, wie die Freiheitlichen es tun. Sie möchten die städtischen Subventionen für die Kulturarbeit des Theater Phönix streichen, nur weil es ihren Parteivorsitzenden kritisiert.

Kommen wir wieder zurück zu den von Ihnen aufgezählten und teilweise außerordentlichen Leistungen, die die Stadt Linz für ihre Bewohner aufbringt. Wie kann man sich das leisten?

Die Prämisse unserer Finanzpolitik ist eindeutig: Wir machen keine Schulden, um den Personal- oder Sachaufwand zu decken. Wir nehmen Kredite nur auf, um Investitionen zu tätigen. Das ist ein ganz wesentliches Grundprinzip, das wir auch in den nächsten Jahren einhalten werden. Dafür ist es notwendig, eine sehr dynamische Auffassung von der Stadt als Arbeitgeber zu haben und auch eine klare Vorstellung von einer schlanken Stadtverwaltung.

Können Sie das mit Zahlen präzisieren?

In den letzten 20 Jahren wurden über 1000 Dienstposten in der Verwaltung der Stadt Linz eingespart. Neu geschaffen wurden hingegen über 2000 neue Posten im Dienstleistungs- und Servicebereich: in Kindergärten, in Horten, im Gesundheitswesen etc. Die Investitionen der Stadt betragen jährlich über eine Milliarde Schilling. Dabei ist der antizyklische Effekt mitzubedenken. Durch die Bauten der Stadt Linz entstehen Arbeitsplätze. Unsere Investitionen sind ganz wichtige Förderungen von Beschäftigung.

Ja, gebaut wird sehr viel in dieser Stadt...

Mein Ziel ist es, daß wir eine soziale Stadt schaffen, in diesem Sinn sollen wir die Stadt fertig bauen.

Kann man das?

Selbstverständlich kann man nur die aktuellen Bedürfnisse der Bevölkerung befriedigen. Darum geht es. Durch das Ausstellungszentrum haben wir einen Mangel in der Stadt für Jahrzehnte behoben, damit sind wir „fertig“. Im Schulbereich werden die neugeschaffenen Dinge wahrscheinlich nicht so lange halten. Außerdem meine ich mit „fertig bauen“ nur den technischen Aspekt, nicht die geistige Weiterentwicklung; die ist nie zu Ende und soll auf alle Fälle auch durch nichts verbaut werden...

Danke für das Gespräch.

KOMMUNALPOLITIK DER GEGENWART

ARS
ELECTRONICA
CENTER

Die sozialdemokratische Gemeindevertretung von Linz 1997

Von links nach rechts, oben: GR Wolfgang Prammer, GR Karl Gall, GR Dietmar Neger, GR Erwin Sampt, GR Helfried Hinterleitner, GR Friedrich Feichtinger, GR Adolf Ametsreiter, GR Siegmund Hartmaier, GR Mag. Johann Mayr, GR Karl Richtsteiger, GR Manfred Fadl, GR Manfred Gundolf. – Mitte: Vzbgm. Adolf Schauberger, GR Horst Enderle, GR Jürgen Peschek, GR Roland Klaushofer, GR Walter Giritzer, Bgm. Dr. Franz Dobusch, GR Wolfgang Schimböck, GR Ing. Karl Reisinger, GR Erika Rockenschaub, Vzbgm. Hans Nöstlinger, GR Herbert Terbuch. – Sitzend: GR Dr. Kordula Schmidt, GR Luise Litschmann, GR Hedwig Weingartner, StR Dr. Ingrid Holzhammer, GR Bettina Stadlbauer, StR Dr. Christiana Dolezal, GR Krista Feichtenschlager.
Nicht im Bild GR Dr. Ernst Reif.

EINLEITUNG

Wir haben nun unseren Überblick über die Entwicklung der Landeshauptstadt Linz bis in die 90er Jahre abgeschlossen, jetzt wollen wir uns dem vergangenen Jahrzehnt im Detail zuwenden. Dabei werden wir von der bisher geübten Form abweichen und die kommunalpolitischen Leistungen dieser zehn Jahre in sechs Beiträgen nach Themen zusammenfassen: der Bogen spannt sich von Arbeit und Soziales über Fragen des Umweltschutzes bis hin zu Sport und Kultur.

Es wurde bereits darauf hingewiesen, daß die Linzer Sozialdemokratie 1985 im Linzer Programm eine Standortbestimmung vorlegte, in der die Leitlinien der Linzer Kommunalpolitik bis 1995 vorgezeichnet wurden. Kaum ausgeführt haben wir aber ein Charakteristikum der politischen Landschaft von Linz: hiesige Kommunalpolitiker handeln grundsätzlich als Team. Das Interesse der vorliegenden Darstellung gilt in erster Linie natürlich der Arbeit der Sozialdemokraten in Gemeinderat und Stadtregierung, Teamarbeit und – daraus meist folgend – politischer Konsens greift aber weit über die Sozialdemokratie hinaus. Es bestand in Linz zwischen den demokratisch legitimierten Parteien stets Einigkeit über den Charakter der Demokratie: diese wurde als ein fortwährender Prozeß des Strebens nach politischen Mehrheiten in Konkurrenz zu und im Konsens mit politischen Mitbewerbern

verstanden. Dabei suchten die politischen Parteien immer auch Einverständnis mit relevanten gesellschaftlichen Gruppen außerhalb der Politik wie Interessensvertretungen oder Kirchen. Dieses Verständnis von Politik soll auch in Zukunft signifikant für das politische Klima der Landeshauptstadt sein.

Das Streben nach breiter Zusammenarbeit findet besonderen Ausdruck in der kommunalen Sozialpolitik. Hier sei nur auf die Bereitstellung von Kindergartenplätzen verwiesen: Linz kann heute allen Kindern über drei Jahren einen Kindergartenplatz in nächster Nähe des Wohnorts anbieten. Dies gelingt nur in Zusammenarbeit mit privaten, meist kirchlichen Trägern und den Kinderfreunden. Und was für die Familienpolitik gilt, gilt analog in anderen Bereichen der Sozialpolitik. Das hohe Niveau der kommunalen Sozialpolitik in Linz erklärt sich somit vor allem aus der engen Zusammenarbeit der Kommune mit privaten Trägern von Sozialeinrichtungen wie Caritas, Volkshilfe, Verein Miteinander, Wohnplattform und vielen anderen mehr.

Viel Raum geben wir auch der Kommunalverwaltung und ihren gemeinwirtschaftlichen Betrieben. Die Stadt Linz konnte im vergangenen Jahrzehnt ihre Verwaltung reformieren, es gelang deren Umbau zu einem modernen Dienstleistungsbetrieb. Diese Verwaltungsreform fand bereits international Anerkennung, so erst jüngst durch eine Auszeichnung der Fachhochschule Speyer. Für die Bevölkerung nicht minder wichtig als diese Reform sind auch die Leistungen der Betriebe der Stadt Linz, wobei hier sowohl eigene Dienststellen der Kommunalverwaltung wie der Wirtschaftshof angesprochen sind, als auch ESG und SBL und das von der Kommune geführte AKh oder die Seniorenheime. In diesen Einrichtungen und Betrieben stehen nicht weniger als 9000 Menschen im Dienste der Linzer Bevölkerung.

Weitere Schwerpunkte der vorliegenden Darstellung sind die im kommenden Jahrzehnt zu realisierenden Projekte der Stadt, darunter der Ausbau des öffentlichen Verkehrs (vor allem des schienengebundenen Nahverkehrs), Wohnbauvorhaben wie die Errichtung der Solar-City in Pichling und der Ausbau der A7, namentlich deren Einhausung im Bereich Bindermichl. Solche Vorhaben im Wert von vielen Milliarden Schilling sind im Sinne des Erhalts städtischer Lebensqualität zwingend erforderlich, ihre Durchführung wird aber die politische und finanzielle Kraft der Stadt allein überfordern. Es sind daher Bund und Land aufgerufen, der Stadt Linz bei der Bewältigung dieser Aufgaben beizustehen. Dieser Teil des Buches beschäftigt sich also mit der Gegenwart und mit der nahen Zukunft von Linz. Eine abschließende Beurteilung der 80er und 90er Jahre kann logischerweise hier keinesfalls endgültig erfolgen. Es handelt sich viel mehr um eine Momentaufnahme, welche die handelnden Personen in ihrem Bemühen zeigt, für Linz das Richtige zu tun.

Helmut Fiereder

WIRTSCHAFT IN LINZ

Industrialisierung in Linz

Zwar zählte Linz schon in der Monarchie zu den zehn größten Städten des Reichs, hielt aber keinem Vergleich mit Städten wie Prag, Krakau oder Triest stand. Die Linzer Wirtschaft wurde geprägt durch die Funktion der Stadt als Landeshauptstadt eines habsburgischen Erblandes: Linz war in erster Linie Verwaltungs- und Garnisonsstadt, an der Industrialisierung des 19. Jahrhunderts hatte die Stadt in geringerem Maße Anteil als vergleichbare Städte Österreichs. An diesem Bild änderte sich auch während der Ersten Republik nur wenig. Während der NS-Gewaltherrschaft erlebte Linz dann aber einen Industrialisierungsschub. Die Reichswerke, ein staatlicher Montankonzern, errichteten die Hütte Linz, andere deutsche Unternehmen weitere Betriebe der Grundstoffindustrie, darunter die Stickstoffwerke. Bis zur Mitte der 80er Jahre wurde die Landeshauptstadt dann von Eisen und Stahl und Großchemie geprägt. Im letzten Jahrzehnt kam es zu einem Strukturwandel, die Linzer Wirtschaft hat sich inzwischen sichtbar in Richtung moderner Dienstleistungsgesellschaft entwickelt.

Basis des österreichischen Wirtschaftswunders: Verstaatlichung und Marshall-Plan

Unternehmen mit deutschen Eigentümern fielen in Österreich (gemäß dem Potsdamer Abkommen) der jeweiligen Besatzungsmacht unter dem Begriff „deutsches Eigentum" als Kriegsbeute zu, in Oberösterreich somit den USA. Noch im Sommer 1945 faßte die Besatzungsmacht die Linzer Hüttenbetriebe unter der Bezeichnung VÖEST zusammen; von der vorgesehenen Einbindung der Stickstoffwerke in die Hütte wurde Abstand genommen, sie blieben als selbständige Gesellschaft erhalten. Im Sommer 1946 übertrugen die USA alle von ihnen beschlagnahmten Werke der Republik Österreich als Treuhänder, wenige Tage später wurden diese Betriebe durch den Bundesgesetzgeber (mit Zustimmung der Westalliierten) im ersten Verstaatlichungsgesetz verstaatlicht. Die VÖEST als wichtigstes Unternehmen der nationalisierten österreichischen Industrie stieg in den 50er Jahren durch Großinvestitionen im Rahmen des Marshall-Plans, vor allem aber durch die 1949 gelungene Entwicklung des LD-Verfahrens zu einem Unternehmen von Weltgeltung auf. Im Jahre 1972 fusionierte die Regierung Kreisky VÖEST und Alpine-Montan zur VOEST-Alpine (VA). Diese Fusion war in Linz nicht unum-

40.000 Menschen, Belegschaft der VA-Betriebe, Politik und Bevölkerung demonstrierten 1986 vor dem Hintergrund des drohenden Zusammenbruchs des VA-Konzerns für den Fortbestand des Unternehmens und den Erhalt der Arbeitsplätze. Es war dies die größte Demonstration in der Geschichte der Landeshauptstadt seit 1945. (Bild unten, 3. v. re. der damalige Bundeskanzler Fred Sinowatz.)

Krise und Sanierung der verstaatlichten Großindustrie

stritten, sah man in Oberösterreich hierin doch einen Rettungsversuch für die damals schon kränkelnde steirische Montanindustrie. Der neue Montankonzern, dem die anderen verstaatlichten Unternehmungen der Eisen- und Stahlindustrie als Töchter angegliedert wurden, konnte sich bis zum Ende des Jahrzehnts gut behaupten, geriet dann aber zunehmend in die roten Zahlen; eine Entwicklung, die zum Jahresende 1985 im allseits bekannten VA-Desaster mündete. Der Konzern konnte zwar diese tiefste Krise der Unternehmensgeschichte meistern, aber nur durch massive Hilfen des Eigentümers und um den Preis schmerzlicher Anpassung; vor allem hieß dies eine dramatische Verringerung der Zahl der Mitarbeiter von rund 25.000 auf etwa 14.000 (am Standort Linz).

Da nahezu gleichzeitig auch die seit 1973 unter dem Firmennamen Chemie Linz arbeitende Großchemie in eine Krise geraten war und ebenfalls mehrere tausend Mitarbeiter abbauen mußte, konnten Erschütterungen der gesamten österreichischen Volkswirtschaft nicht ausbleiben, die in Linz ehemals so beherrschende Stellung der verstaatlichten Industrie gehörte der Vergangenheit an. Die von dieser Krise der „Verstaatlichten" ausgelösten Schockwellen zwangen aber auch die Politik, insbesondere die Sozialdemokratie, zu einem entscheidenden Kurswechsel: schrittweise wurden die seit 1970 unter dem Dach der Holdinggesellschaft ÖIAG zusammengefaßten verstaatlichten Unternehmen neu strukturiert, anschließend (teil)privatisiert.

Die Richtigkeit dieses grundlegenden Wandels der (sozialdemokratischen) Wirtschaftspolitik zeigte sich bald, heute sind die meisten der Unternehmen wieder in der Gewinnzone, sie können sich auf ihren Märkten gut behaupten: So zählen die von der VA-Stahl Linz gewalzten Stahlbleche, darunter vor allem Karosseriebleche für die Automobilbranche, zu den besten der Welt; die der VA-Technologiegruppe angehörende VA-Industrieanlagenbau (VAI) ist im Bereich der Eisen- und Stahlmetallurgie weltweit führend, so ist das COREX-Verfahren (eine neue Technologie zur Erzeugung von Roheisen, die im 21. Jahrhundert wahrscheinlich den klassischen Hochofen ablösen wird) bereits auf den Märkten eingeführt. Der Standort der früheren Chemie Linz ist heute mit mehr als 40 Unternehmen einer der größten Industrieparks Österreichs. Der Kern des früheren Unternehmens ist nach wie vor in den angestammten Bereichen Agrarchemie und Melamin erfolgreich tätig, daneben haben sich hier internationale Chemiekonzerne mit der Erzeugung ganz neuer Produkte niedergelassen, wie zum Beispiel der Schweizer Chemieriese Hoffmann La Roche mit der gerade vor der Fertigstellung stehenden HBL-Anlage zur Herstellung eines neuen Grundstoffes für die pharmazeutische Industrie.

Als besonders erfreulich muß aus der Sicht der ganzen Region auch der hohe Umweltstandard der Unternehmen gelten, so ist die Hütte Linz nicht nur eine der modernsten Eisenhütten Europas, sondern auch das Werk mit der wahrscheinlich weltweit besten Überwachung der dortigen Emissionen; gleiches gilt für die chemische Industrie. Unternehmen, Stadt Linz und Land Oberösterreich konnten damit gemeinsam die Sanierung der Linzer Luft in weniger als einem Jahrzehnt erreichen.

Besonderen Anteil an der Sanierung der Linzer Luft hatte die Großindustrie: so konnten die Staubemissionen der VA-Betriebe bis 1995 um 6500 Tonnen/Jahr (rund 80 Prozent) gesenkt werden (im Bild die VA-Sinteranlage mit der neuen Entstaubung); insgesamt sank die Gesamtbelastung der Linzer Luft mit Staub binnen eines Jahrzehnts um 75 Prozent.

Ein eindrucksvoller Ausschnitt vom Linzer VOEST-Gelände.
Gasometer und Kokerei (oben links), Kraftwerk (oben rechts), in der Bildmitte der zweite Gasometer, das LD III, die Hochofengruppe (im Vordergrund rechts der A-Ofen) und die Sinteranlage. Unten Mitte die Linde-Sauerstoffanlage und rechts das Warmwalzwerk und das ehemalige LD I.

Die Krise der verstaatlichten Großindustrie des Jahres 1985 erschütterte die Linzer (Volks)Wirtschaft bis in ihre Grundfesten. Beredten Ausdruck fand diese Entwicklung in einem dramatischen Verlust an industriellen Arbeitsplätzen: binnen weniger Jahre gingen alleine in der Grundstoffindustrie rund 17.000 Arbeitsplätze verloren, was etwa zehn Prozent aller Arbeitsplätze oder rund einem Viertel der Industriearbeitsplätze der Landeshauptstadt entsprach. Gleichzeitig bedeutete diese Krise aber eine Chance zur Neuorientierung der Linzer Wirtschaft in Richtung moderner Dienstleistungsgesellschaft. Daß dies dann überraschend schnell gelingen konnte, war einerseits der guten Infrastruktur der Stadt

VA-Stahl Linz, LD-Stahlwerk III, eines der modernsten Stahlwerke der Welt.

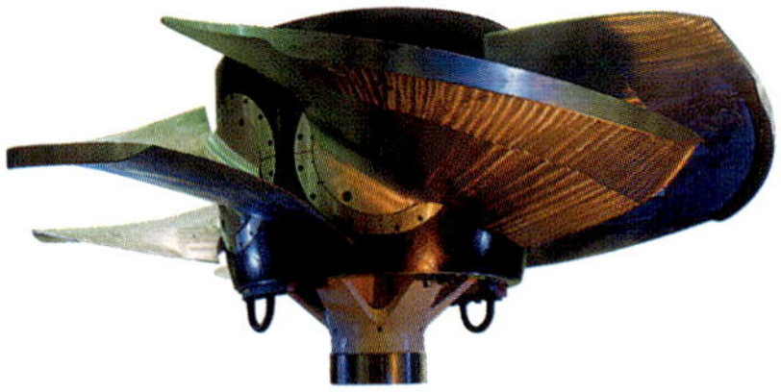

Turbinenbau, ein Standbein der VA-MCE.

Bild rechts: VOEST-Bleche, seit Jahrzehnten ein Synonym für Qualität aus Österreich.

Eisenhüttentechnologie aus Linz: Stranggußanlage (Bild oben) und COREX-Anlagen, errichtet von der VAI, eine Tochter des größten Technologiekonzerns Österreichs, der VA-Tech, mit Sitz in Linz.

zu danken, wesentlich aber eine gemeinschaftliche Leistung, sowohl der Linzer Wirtschaft als auch der Gebietskörperschaften, insbesondere der Kommune selbst. Der Weg aus der Krise soll im folgenden nun kurz nachgezeichnet werden.

Neben der die Wirtschaftslandschaft dominierenden verstaatlichten Großindustrie konnten sich in der Stadtregion Linz bis zur Mitte der 80er Jahre leistungsfähige mittelständische Industrieunternehmen entwickeln, die meist dem (Schwer)Maschinenbau zuzurechnen waren, darunter Unternehmen von Weltgeltung (Plasser und Theurer, Fehrer, Ro-

Chemie-Park Linz, die größte Agglomeration der chemischen Industrie in Österreich.

Die ODDA-Mehrnährstoff-Düngeranlage,
das Rückgrat der AGROLINZ Melamin GmbH.

Die neue Salpetersäureanlage. Sie trug zur Linzer Luftverbesserung entscheidend bei.

Plasser & Theurer:
Bahnbaumaschinen für den Weltmarkt.

senbauer, Ebner und andere). Der oberösterreichische Zentralraum zeichnete sich damit vor anderen österreichischen Wirtschaftsräumen durch eine deutlich erkennbare Häufung von produzierenden Unternehmen in nahe verwandten Geschäftsfeldern aus. Neben diesen bestanden Unternehmen anderer, meist traditioneller Branchen, darunter Betriebe der Textil-, der Nahrungs- und Genußmittelindustrie etc., ein leistungsfähiges Gewerbe (einschließlich persönlicher Dienste) sowie bedeutende überregionale Einrichtungen der Bundesbetriebe Bahn und Post; viele dieser Unternehmen reichten weit ins 19. Jahrhundert zurück.

Außerdem wurden in Linz noch landwirtschaftliche Betriebe geführt (und werden noch heute betrieben), diesen kam aber nur geringe wirtschaftliche Bedeutung zu, wohl aber für die Nahversorgung und große im Sinne des Umwelt- und Landschaftsschutzes.

Stadtbauern in Linz: von 111 Betrieben gelten etwa die Hälfte als Bergbauern. Im Bild von links der Aichberger-, der Oberweingartner- und der Kaar-Bauer im Stadtteil St. Magdalena.

Die Linzer Wirtschaft wurde somit eindeutig vom sogenannten sekundären Sektor dominiert, weniger entwickelt war hingegen der gesamte tertiäre Sektor, der Dienstleistungsbereich. So spielte zum Beispiel der Tourismus, eine in anderen Regionen Österreichs vorherrschende Branche, in der Barockstadt Linz nur eine marginale Rolle; nicht anders stand es um die modernen Formen industrienaher Dienstleistungen, auch diese waren in Linz von viel geringerer Bedeutung als in anderen österreichischen Ballungsräumen. Mit Berechtigung stellten einschlägige wissenschaftliche Untersuchungen hier übereinstimmend ein ausgeprägtes strukturelles Defizit der Linzer Wirtschaft fest.

Unzweifelhafte Stärken der Linzer (Volks)Wirtschaft zur Mitte der 80er Jahre waren somit: Die verkehrsgeographische Lage am Schnittpunkt europäischer Hauptverkehrswege (wenngleich der Eiserne Vorhang damals noch bestand), die gute kommunale Infrastruktur, so etwa die Ausstattung mit Schulen und Kulturstätten; ein großes Potential an qualifizierten, meist überdurchschnittlich mobilen Arbeitskräften (vor allem Facharbeiter und mittlere technische Führungskräfte), nicht zuletzt der hohe Freizeitwert der näheren Umgebung. Dazu kamen noch die bekannten allgemeinen Vorzüge der österreichischen Volkswirtschaft wie das ausgezeichnete soziale Klima. Diese Stärken waren dann während der Krise der verstaatlichten Großindustrie auch eine tragfähige Basis für die Neuorientierung der Linzer Wirtschaft. Einen erheblichen Beitrag zu diesem Prozeß leistete die Stadt selbst.

Seit dem 19. Jahrhundert ist Linz, nach Wien, der wichtigste Standort der Bundesbetriebe (Bild oben die alte Hauptpost, Bild unten und Bild S. 112 das neue Post-Verteilungszentrum beim Hauptbahnhof Linz).

Schon in ihrem kommunalpolitischen Programm des Jahres 1985 hatten die Sozialdemokraten, getreu ihrer Tradition, der Wirtschaft breiten Raum gewidmet. Dabei stand allerdings eine Analyse des kapitalistischen Systems in der ersten Hälfte der 80er Jahre im Vordergrund; ein ganzes Bündel möglicher, konkreter wirtschaftspolitischer Schritte der Kommune wurde zwar angedeutet, jedoch zumeist noch nicht näher ausgeführt. Die Auswüchse des neoliberalen Kapitalismus angelsächsischer Prägung wurden scharf verurteilt, wenngleich man den Begriff Thatcherismus vermied. Priorität gaben die Autoren der Sicherung der Arbeitsplätze, wobei sie wiederum die Problemfelder Jugendarbeitslosigkeit und Langzeitarbeitslosigkeit, insbesondere von älteren Arbeitnehmern und Frauen, klar ansprachen. Damit wurde die drohende Perspektive einer Zwei-Drittel-Gesellschaft als völlig inakzeptabel zurückgewiesen, gleichzeitig aber der anstehende Strukturwandel, vor allem im Bereich der Grundstoffindustrie, richtig vorhergesehen und auch ausdrücklich gefordert; die Stadt durfte diesen jedoch nicht passiv erleiden, vielmehr hatte sie ihn aktiv mitzugestalten. Die Kommune war aufgerufen, ihren Beitrag zu leisten, den anstehenden Strukturwandel in sozial verträgliche Bahnen zu lenken. Als Wege zu diesem Ziel wurden engere Verbindungen zwischen Wissenschaft und Wirtschaft ebenso genannt, wie neue Aktivitäten der verstaatlichten Industrie (die VA-Krise stand noch bevor), die Ansiedlung neuer Unternehmen und die Schaffung von Technologiezentren und Industrieparks. Die Rolle der Stadt selbst wurde in dem Text allerdings überwiegend in den Bereichen der kommunalen Finanzen sowie bestimmter Dienstleistungen gesehen, eigene wirtschaftliche Aktivitäten, auch in der Gestalt der kommunalen Unternehmen, traten hingegen etwas in den Hintergrund.

Das kommunale Wirtschaftsprogramm von 1989

Wenige Monate nach der Vorlage des kommunalpolitischen Programms brach die Krise des VA-Konzerns mit voller Wucht aus. Auf die damit dramatisch veränderte wirtschaftliche Lage reagierte die Kommunalpolitik vorerst durch Verstärkung der eigenen wirtschaftlichen Kompetenz, so wurden die wirtschaftspolitischen Agenden in einem eigenen Amt für Wirtschaft und Betriebsansiedlung zusammengefaßt. Sodann griffen Kommunalpolitik und Stadtverwaltung die schon vorliegenden Konzepte auf und entwickelten sie zu einem im Jahre 1989 vorgelegten Wirtschaftsprogramm weiter, dem ersten seit 1945.

Im Zielkatalog des nunmehrigen kommunalen Wirtschaftsprogramms hatte die Sicherung des Wirtschaftsstandortes und damit der Arbeitsplätze (damals 175.000) Vorrang. Gefordert wurden Modernisierung und Umstrukturierung der Linzer Wirtschaft, worunter man namentlich das weitere Vordringen in den Bereich industrienaher Dienstleistungen verstand, sowie von der Stadt geförderte Betriebsansiedlungen; als unabdingbare Voraussetzung für solche Neuansiedlungen wurden allerdings strenge Umweltverträglichkeitsprüfungen angemahnt. Da zum Ende der 80er Jahre der Wettlauf der europäischen Regionen um internationale Investoren lange schon im vollen Gange war, galt es, die Vorteile des Standortes Linz im Zuge einer auf internationaler Ebene durchgeführten Image- und Akquisitionskampagne bekannt zu machen. Ferner sollten Wissenschaft, Forschung und Ausbildung verstärkt an die Wirtschaft herangeführt werden. Voraussetzung der angestrebten Standortsicherung war die Steigerung der Standortqualität auf allen Ebenen; hier wurde der Ausbau des öffentlichen Verkehrs und der Fußgängerzonen ebenso erwähnt, wie der Ausbau der Universität und der Kunsthochschule sowie der außerbetrieblichen Berufsaus- und -weiterbildung.

Die Austria-Tabak-Werke, ein Linzer Traditionsbetrieb.

Sodann wurde eine Fülle konkreter Vorschläge zur Stärkung der Wirtschaftskraft der Landeshauptstadt genannt, beginnend mit sogleich realisierbaren Vorhaben, sogenannten Impulsprojekten, und Projekten, für deren Umsetzung ein etwas fernerer zeitlicher Horizont angesetzt wurde. Ausdrücklich erwähnt wurden jetzt auch die im Eigentum der Stadt stehenden Unternehmen ESG und SBL; diese hatten, zur Sicherung preisgünstiger Versorgung der Bevölkerung, im Eigentum der Stadt zu verbleiben, einer Privatisierung wurde eine glatte Absage erteilt. Selbstverständlich waren die Unternehmen aber nach betriebswirtschaftlichen Kriterien zu führen; eine Forderung, die gleichermaßen für die kommunale Verwaltung erhoben wurde. Damit war für den eigenen Wirkungsbereich die endgültige Abkehr von Hoheitsverwaltung alten Stils zum Programm erhoben; die Stadt strebte eine schlanke, an den Bedürfnissen von Bevölkerung und Wirtschaft orientierte Verwaltung im Sinne moderner Dienstleistung an.

Ziele des Wirtschaftsprogramms von 1989

Die im Wirtschaftsprogramm von 1989 angeführten Maßnahmen umspannten somit in jeder Beziehung einen weiten Bogen, Wissenschaft und Forschung waren ebenso berührt wie Fragen des Tourismus oder des Verhältnisses von Privat- und Gemeinwirtschaft, bereits in Angriff genommene Vorhaben standen neben erst langfristig zu realisierenden. Schon alleine zufolge der Menge der angesprochenen Bereiche war klar, daß in vielen Bereichen noch weitergehende, auch wissenschaftliche Vorarbeiten erforderlich waren und daß die Umsetzung des Programms nur im Zusammenwirken aller Beteiligten gelingen konnte, neben den Organen der Stadt und der Linzer Bevölkerung waren Bund und Land ebenso gefordert wie die Sozialpartner. Kommunalpolitiker und Beamte waren sich sehr wohl bewußt, daß man am Beginn eines sich über viele Jahre erstreckenden Kraftakts stand. Und da es das Credo der Verantwortlichen war (und ist), die Bürgerinnen und Bürger in jedem Fall zur Teilnahme am städtischen Leben und an kommunalen Aufgaben zu bewegen, wurden die Vorhaben durch eine breit angelegte Informationskampagne öffentlich gemacht.

Bevor wir die wirtschaftliche Entwicklung der Landeshauptstadt während des letzten Jahrzehnts an konkreten Beispielen nachzeichnen, wollen wir uns noch kurz den Bereichen Technologische Infrastruktur, Verkehr und Soziales zuwenden. Gesehen aus dem Blickwinkel der Standortdiskussion haben diese Politikfelder klassische Standortfaktoren zum Inhalt; sie fanden daher auch, wie schon ausgeführt, im kommunalen Wirtschaftsprogramm von 1989 breite Erwähnung.

Geschäftspassage am Hauptplatz in einem renovierten Altstadthaus.

Der Bauernmarkt Teufelstraße am Bindermichl (oben).
Neugestaltete Spittelwiese mit Taubenmarktarkade (unten).

Es gibt auch noch Schuster in der Innenstadt.

Der Eingang zum Bergschlößl, nach seiner Sanierung Sitz der LIMAK.

Johannes Kepler,
Namenspatron der Universität Linz.

Unter dem Terminus technologische Infrastruktur werden heute Forschung & Entwicklung, Ausbildung, Wissenstransfer und andere zusammengefaßt, aber auch die betreibenden Einrichtungen, Forschungsstätten etc.; der Begriff umfaßt somit sowohl Tätigkeiten als auch Einrichtungen. Die technologische Infrastruktur des oberösterreichischen Zentralraums war seit der Gründung der Universität Linz gut, namentlich seit der Errichtung der Technisch-Naturwissenschaftlichen Fakultät, sie bedurfte aber (und bedarf) der Erweiterung. Und zwar sowohl bei den wissenschaftlichen und betrieblichen Einrichtungen als auch auf dem Feld der Vermittlung zwischen den Partnern Forschung, Ausbildung und Wirtschaft. Das Wirtschaftsprogramm setzte daher hier Schwerpunkte, angesprochen wurden namentlich: der Ausbau der Technisch-Naturwissenschaftlichen Fakultät (sowohl hinsichtlich Ausstattung als auch durch Einführung neuer Studienrichtungen) sowie die Verbindung zwischen universitärer Forschung und wirtschaftlicher Anwendung; die Gründung von Fachhochschulen und einer internationalen Managementakademie (LIMAK); daneben sollten die Ausbildungsstätten und -wege unterhalb des akademischen Niveaus keineswegs zu kurz kommen, so war auch an die Stärkung der außerbetrieblichen Ausbildung, etwa durch WIFI oder BFI gedacht. Neben Forschung und Ausbildung (im weiten Sinn des Wortes) zählen durchaus auch Kongreßzentren zur technologischen Infrastruktur. Die erklärte Absicht der Stadt, ein Kon-

Handel und Dienstleistung im Stadtzentrum (im Bild oben der Grabenhof) und an der Peripherie (Freistädter Straße, unten).

Eingesessene Handelsbetriebe – im Bild: die Einrichtungshäuser Leiner (oben) und Braunsberger (Mitte) sowie der Nahversorger Pro-Kaufland (unten) – investieren im Vertrauen auf ihren Standortvorteil in Linz.

greß- und Ausstellungszentrum zu errichten, diente somit auch der Stärkung der technologischen Infrastruktur, wiewohl das Design Center in erster Linie doch unter dem Gesichtspunkt der Stärkung des Konferenz- und Städtetourismus gesehen wurde.

Regionale Verkehrspolitik

Die Fa. Spedpack in der Lederergasse, ein Beispiel für die vielen erfolgreichen Linzer Speditions- und Transportbetriebe. Außerdem wurde das Betriebsgelände zu einem Zentrum für 12 Betriebe des technischen, medizintechnischen, kaufmännischen und Dienstleistungsbereiches arrondiert – ein gelungener Beitrag zur Sicherung und Schaffung von Arbeitsplätzen in Linz.

Verkehrspolitik gilt grundsätzlich als Aufgabe des Gesamtstaates, der Einfluß der Länder und Gemeinden ist in diesem Feld naturgemäß begrenzt. Nichtsdestotrotz kann eine Kommune vom Range der Stadt Linz sehr wohl auch eigenständige Verkehrspolitik betreiben, wobei häufig auch unmittelbar die Interessen des Landes berührt werden; beide Gebietskörperschaften vertraten daher ihre Interessen in aller Regel gemeinsam gegenüber dem Bund, was angesichts des traditionell guten Einvernehmens zwischen Landhaus und Rathaus noch kaum je ein Problem darstellte. Solche gemeinsamen Vorstöße in Sachen Verkehrspolitik haben meist das überregionale Verkehrsnetz zum Inhalt, unbeschadet der Frage des konkret angesprochenen Verkehrssystems; in jedem Fall ist der Ausbau des hochrangigen Verkehrsnetzes, gleichgültig ob Straße, Schiene oder Wasserstraße, ein bedeutender Standortfaktor. Von kaum minderer Bedeutung ist aber auch das regionale und kommunale Verkehrsnetz, insbesondere das Straßennetz; auch hier sind Bund, Land und Stadt in gleicher Weise gefordert. Eigenständige Verkehrspolitik betreibt die Stadt vor allem auf dem Gebiet des öffentlichen Personennahverkehrs, aber beispielsweise auch zur innerstädtischen Verkehrsberuhi-

Bau des Nebingerknotens an der A7 1996.

gung. In jedem Sinn ist Verkehrspolitik eine bedeutende Facette der Wirtschaftspolitik, nicht zuletzt wegen der von der Realisierung von Verkehrsbauwerken ausgehenden wirtschaftlichen Impulse. An diesen partizipiert in erster Linie die Bauwirtschaft, immer noch eine der Schlüsselbranchen der Wirtschaft des oberösterreichischen Zentralraumes. Und da die Stadt bestrebt ist, solche Investitionen in Zeiten abgeflachter Konjunktur zu realisieren, wirken diese Vorhaben auch antizyklisch.

Das kommunale Sozialprogramm von 1990

Ein Standortfaktor besonderer Qualität ist unbestritten das innerhalb einer Volkswirtschaft herrschende soziale Klima. Nun ist es jüngst in Mode gekommen, den in Westeuropa nach dem Zweiten Weltkrieg unter dem Vorzeichen der sozialen Marktwirtschaft errichteten Sozialstaat als leistungsfeindlich und standortgefährdend darzustellen. Auch in Österreich verwendet so mancher erstaunlich viel Energie darauf, den hierzulande (noch) herrschenden sozialen Konsens zwischen den Sozialpartnern, der in Gestalt der institutionalisierten Sozialpartnerschaft die vielleicht markanteste Ausprägung in ganz Europa erreicht hat, in Frage zu stellen. Unter dem Schlagwort Standortsicherung bei Globalisierung der Märkte gelingt der zynische Spagat zwischen Sozialabbau und Sicherung der Arbeitsplätze: der Sozialstaat, so wird argumentiert, gefährde den Standort; Abbau von sozialer Sicherheit wird daher gefordert, erst der dann bei geringen sozialen Standards gesicherte Standort sichere auch Beschäftigung. Die Sozialdemokratie hingegen hat ihr politisches Handeln stets in der Überzeugung begründet, Sozialpolitik und Wirtschaftspolitik seien die zwei Seiten ein und derselben Medaille. Neben der gesamtstaatlichen Ebene war traditionell immer die Gemeinde jener Ort, an dem Sozialpolitik manifest wurde. Diese Ansicht fand im kommunalpolitischen Programm der Linzer Sozialdemokratie des Jahres 1985 beredten Ausdruck. Von den dort festgehaltenen programmatischen Leitgedanken ausgehend wurde in der zweiten Hälfte der 80er Jahre ein kommunales Sozialprogramm formuliert, das in der Tat ein adäquates sozialpolitisches Gegenstück zum gleichzeitig erarbeiteten Wirtschaftsprogramm darstellte. Dieses Sozialprogramm, das ab 1990 Zug um Zug umgesetzt wurde, bedeutete nicht nur eine soziale Offensive im Bereich der Landeshauptstadt, es setzte auch große Mittel in Bewegung, die zumeist unmittelbar in die örtliche Wirtschaft flossen; als Beispiele seien hier nur die in den vergangenen fünf Jahren errichteten drei Seniorenheime erwähnt, für die ein Investitionsvolumen von rund einer Dreiviertel Milliarde Schilling auf den Weg gebracht wurde. Was also oben

Impulsprojekte des Wirtschaftsprogramms von 1989: Design Center

für die Rückwirkungen von Verkehrsbauwerken auf die regionale Wirtschaft schon gesagt wurde, gilt in genau gleicher Weise auch für den Bereich Soziales.

Betrachten wir nun den von der Landeshauptstadt nach 1989 eingeschlagenen Pfad der wirtschaftlichen Entwicklung an einigen ausgewählten Beispielen näher.

Wie erwähnt nannte das Wirtschaftsprogramm aus 1989 kommunale Impulsprojekte, deren Realisierung sofort in Angriff genommen werden sollte: das Ausstellungs- und Kongreßzentrum Design Center sowie ein sogenannter Hochtechnologieknoten. Es waren diese Vorhaben aber sowohl ihrem Charakter und ihrer städtebaulichen und finanziellen Dimension, als auch dem beschiedenen Erfolg nach grundverschieden. Das Design Center war eine anfangs heftig umstrittene Großinvestition mit einem Volumen von fast einer Milliarde Schilling, die binnen kurzer Frist einen ganzen Stadtteil aus seiner Randlage heraus führte und zu einem weit über die Grenzen der Republik hinaus beachteten urbanen Zentrum erhob; heute ist es Anziehungspunkt für Konferenz- und Ausstellungstourismus und mit ein Grund für die erfreuliche Entwicklung im Linzer Städtetourismus auf mehr als eine halbe Million Gästenächtigungen im Jahre 1995, was einer Verdoppelung binnen zehn Jahren entspricht.

Das 4-Stern-Hotel Prielmayerhof der Familie Zehetner wurde mutig erweitert und behindertengerecht ausgestattet.

Der in Aussicht genommene Hochtechnologieknoten (eine etwas irreführende Bezeichnung) scheiterte hingegen bereits im Ansatz. Gedacht war an ein von der Stadt gemeinsam mit Partnern aus Großindustrie und Forschung zu errichtendes Bearbeitungszentrum für spanabhebende Metallbearbeitung (meist Eisen und Stahl) zur Fertigung kleinerer, komplexer einzelner Werkstücke oder Kleinserien. Die mit Spezialwerkzeugmaschinen im Wert von rund 100 Millionen Schilling auszustattende Anlage sollte Klein- und Mittelbetrieben des Großraums Linz entgeltlich für die Fertigung überlassen werden. Den Nutzern des Hochtechnologieknotens, so glaubte man bei der Stadt, stünde damit der Weg in neue Märkte offen. Auf den ersten Blick schien die Idee bestechend, das Vorhaben scheiterte aber, da weder finanzstarke Partner für die Errichtung zu gewinnen waren, noch die als Kunden ins Auge gefaßten Klein- und Mittelbetriebe Bereitschaft zeigten, die Einrichtung anzunehmen.

Galten die Impulsprojekte dem Wirtschaftsprogramm als binnen kurzer Zeit zu realisierend, so war für andere Vorhaben kein Termin genannt oder die Terminierung blieb unbestimmt. Solche Zurückhaltung ist leicht erklärlich, beachtet man die Bandbreite der vorgestellten Vorhaben. Wie erwähnt, gab das Programm eine Fülle von Anregungen an

Die neue Fremdenverkehrszentrale am Urfahraner Marktgelände unterstützt den Aufschwung des Städtetourismus in Linz.

Das qualitative Hotelbettenangebot konnte in den letzten Jahren verdoppelt werden (links oben Ibis, links unten Spitz und an der Donau das neue MAXX-Hotel).

Dritte ab. So war der Ausbau der Universität, die Errichtung neuer Studiengänge (beispielsweise die Studienrichtung Mechatronik) oder von Fachhochschulen Sache des Bundes; die Stadt konnte sich an solchen Vorhaben bestenfalls finanziell beteiligen. Nicht anders lagen die Dinge bei großen Verkehrsbauwerken. Tatsächlich nutzte die Stadt ihre (beschränkten) Möglichkeiten, so ist der Ausbau der Linzer Universität wie die Errichtung von Verkehrsbauwerken (siehe die neuen Anschlußstellen an die A7) nicht zuletzt ihrem finanziellen Engagement zu danken.

Ausbau der Universität

Anders lagen die Dinge im eigenen Wirkungsbereich, hier hatte die Kommunalpolitik theoretisch einen relativ weiten Gestaltungsraum, in der Praxis stieß man aber oft schnell an Grenzen des im Rahmen kommunalen Handelns Machbaren; man war somit gut beraten, Vorsicht bei der Setzung von Terminen zu üben.

Kommunale Verwaltung als Dienstleistung

So war es ein gelegentlich recht dorniges Unterfangen, von der traditionellen Hoheitsverwaltung Abschied zu nehmen. Dennoch ist es in überraschend kurzer Zeit gelungen, in gerade auch für die Wirtschaft ganz zentralen Bereichen aus der kommunalen Verwaltung ein modernes Dienstleistungszentrum zu formen; hier liegt wahrscheinlich eine der wichtigsten Leistungen einer Verwaltungsreform, die, von einer breiten Öffentlichkeit ziemlich unbeachtet, von der städtischen Bürokratie der Landeshauptstadt vollzogen wurde. Am Beispiel der Genehmigung der derzeit im Bau befindlichen HBL-Anlage von Hoffmann La Roche soll dies dokumentiert werden. Roche beschloß nach jahrelanger, erfolgreicher Zusammenarbeit mit der Linzer Chemie, hier die erwähnte Anlage für die Produktion der Ausgangssubstanz eines neuen Heilmittels zu errichten; eine Investition im Volumen von mehr als zwei Milliarden Schilling, die 200 neue, hochwertige Arbeitsplätze schaffen wird. Der Stadt als Genehmigungsbehörde ist es im Genehmigungsverfahren dabei gelungen, das Verfahren binnen weniger Monate nach (damals in Österreich noch gar nicht eingeführtem) EU-Recht abzuwickeln, was angesichts der außergewöhnlich komplizierten Materie beachtlich ist. Darüber hinaus brachten es Verwaltung und Politik (voran Erich Haider) zuwege, eine engagierte Bürgerbewegung in das Genehmigungsverfahren in beispielhafter Weise einzubinden. Dabei brachte diese (die Bürgerbewegung) auch Anregungen ein, welche die Abwicklung solcher Verfahren betrafen, was die Stadt in der Folge durch die Auszeichnung der Bürgerinitiative mit der Umweltmedaille würdigte. Das vorgestellte Beispiel, eines von vielen möglichen, zeigt die kommunale Bürokratie der Landeshauptstadt als eine zügig arbeitende, Konfliktpotentiale mindernde Behörde, auch und gerade in Genehmigungsverfahren von industriellen

Hoffmann La Roche, HBL-Anlage: mit einem Investitionsaufwand von mehr als zwei Milliarden Schilling entstehen 1997 200 hochwertige Arbeitsplätze am Chemiegelände.

Großanlagen. In Behördenverfahren also, bei welchen anderswo Konflikte mit engagierten Bürgerbewegungen oft als unvermeidlich erscheinen. Daß solche Effizienz im Behördenverfahren heute auf nationaler wie internationaler Ebene ein nicht zu unterschätzender Standortvorteil ist, mag man daraus erkennen, daß sich vergleichbare Verfahren bei anderen Gebietskörperschaften (im In- und Ausland) gelegentlich über Jahre hinziehen und sich dabei nicht selten auch so manches Gewitter entlädt. Und es darf wohl begründet vermutet werden, daß sich internationale Investoren wenig für die Vorstellung begeistern können, lange behördliche Verfahrensdauer oder (bei gutem Willen oft vermeidbare) Konflikte mit Bürgerbewegungen hinnehmen zu müssen.

Gewerbeparks: Zentren des gewerblich-industriellen Mittelstands

Entsprechend den im Wirtschaftsprogramm von 1989 erarbeiteten Konzepten bemühte sich die Stadt seit den ausgehenden 80er Jahren auf der internationalen Bühne um Ansiedlung von Unternehmen auf dem Standort Linz. Diese Anstrengungen blieben vergeblich, wie eine schon zu Beginn der 90er Jahre durchgeführte Analyse der Fehlschläge ergab, bevorzugte das außereuropäische internationale Kapital eindeutig Standorte innerhalb der EG, Standorte außerhalb der damaligen Zwölfergemeinschaft waren von vornherein so gut wie chancenlos. Damit war das Konzept gescheitert, das Big Business für den Standort Linz zu gewinnen. Vor dem Hintergrund der Fakten schwenkte man nun auf eine neue Linie ein, man suchte nicht mehr nach dem großen Kapital, sondern sprach den gewerblichen Mittelstand in der Stadtregion Linz selbst an sowie mögliche Investoren in nächster geographischer Umgebung, vor allem im wirtschaftlich so dynamischen süddeutschen Raum. Mit diesem Werben um den gewerblich/industriellen Mittelstand vollzogen Kommunalpolitik und Stadtverwaltung auch einen Bruch mit ihrer bisherigen Praxis, die nur zu oft eindeutig die Großindustrie bevorzugt hatte und folglich mitunter auch gegenüber der Abwanderung mittelständischer Unternehmen aus Linz recht gleichgültig gewesen war.

Der Staplererzeuger Linde im Gewerbepark Franzosenhausweg – eine den Linzer Wirtschaftsstandort absichernde 100-Millionen-Schilling-Investition.

Die neue Strategie hatte Erfolg, wie das Beispiel Gewerbepark Franzosenhausweg zeigt: von Null beginnend gelang es in nur fünf Jahren, hier eine bunte Gewerbelandschaft mit heute fast 40 Unternehmen der

Betriebspark Franzosenhausweg: eine gelungene Betriebsansiedlung der 90er Jahre.

Gewerbepark Franzosenhausweg, direkt an der A7 gelegen. Seit Ende der 80er Jahre werden hier Betriebe angesiedelt.

unterschiedlichsten Branchen zu etablieren, wo tausend Arbeitnehmer Beschäftigung finden. Knapp die Hälfte dieser Betriebe zog von außen zu, die anderen verlegten ihre Betriebsstätten innerhalb von Linz; damit konnten einerseits Arbeitsplätze in der Stadt gehalten werden, die ansonsten abgewandert wären, andererseits wurden tatsächlich neue Arbeitsplätze gewonnen. Gründe für den so erfreulichen Erfolg des Gewerbeparks gibt es viele, wesentlich war wohl auch die gute Vorarbeit: so wurde etwa die Infrastruktur für das Gewerbegelände bis hin zur Linienführung des öffentlichen Verkehrs von vornherein in alle Planungen miteinbezogen. Die hier im Franzosenhausweg gewonnenen Erfahrungen werden nun bei dem im Rahmen der Stadterweiterung in Pichling geplanten Gewerbepark genutzt. Das dort als Gewerbepark vorgesehene Gelände befand sich bisher in einer Randlage; nun wird die Stadterweiterung im Rahmen der Solar-City als Wegbereiter dienen und diese Ungunst der Lage beseitigen. Beabsichtigt ist die Ansiedlung wertschöpfender Klein- und Mittelbetriebe in einem Zeithorizont bis etwa zum Jahre 2005.

Das neu erwachende Interesse von Kommunalpolitik und Stadtverwaltung an Klein- und Mittelbetrieben hatte sich schon zur Mitte der 80er Jahre angedeutet, wenngleich es dann doch noch einiger Erfahrung

Siemens-Zentrale Linz (Arch. Prof. Holzbauer), ein vom Gestaltungsbeirat empfohlenes Projekt.

bedurfte, bis sich diese neue Sicht tatsächlich durchsetzen konnte. Erste Beispiele der neuen Haltung waren die Errichtung neuer Gewerbezentren seit Ende der 80er Jahre. Solche Zentren sollten Betrieben mit nur wenigen Mitarbeitern attraktive Standorte zu günstigen Konditionen bieten. Im Rahmen des LIG, einer Gründung der Wirtschaftskammer, für die bereits bestehende Gründerzentren im Ausland als Vorbild dienten, sollten junge, insbesondere im Bereich industrienaher Dienstleistungen tätige Unternehmen ihre Startchance bekommen. Dem Gründerzentrum war an sich Erfolg beschieden, es zeigte sich aber, daß die dort einmal etablierten Unternehmen dort auch bleiben; das ursprüngliche Konzept war hin-

gegen davon ausgegangen, daß sie nach ihrer Markteinführung aus dem Zentrum ausscheiden sollten. Somit hat sich das LIG inzwischen in einen Gewerbehof traditioneller Art verwandelt. Solche Gewerbezentren sind zwar grundsätzlich anders konzipiert als Gründerzentren, stehen diesen aber doch alleine schon aufgrund vergleichbarer Betriebsgrößen nahe. Ein frühes Beispiel ist das um 1990 von der Stadt gemeinsam mit Suter und Suter als Partner errichtete Gewerbezentrum Paul-Hahn-Straße.

Noch einen weiteren neuen Begriff machten sich in Linz um 1990 Politik und Verwaltung zu eigen, aus der Wissenschaft wurde der Terminus innovatives Milieu übernommen. Zugrunde lag dem Begriff ursprünglich die Überzeugung, daß Innovation durch enge soziale Kontakte begünstigt werde, wobei vor allem an räumliche Nähe gedacht war (siehe das Beispiel LIG). Inzwischen hat sich gezeigt, daß er durchaus in viel weiterem Sinn anzuwenden ist. So konnten sich aufgrund des in der Stadtverwaltung herrschenden freundlichen Klimas, wesentlich im Gefolge der Vorhaben zur Sanierung der Linzer Luft, Unternehmen aus dem Bereich Umwelttechnologie und -technik erfreulich entwickeln. Und wenngleich die meisten dieser Unternehmen bisher die Größe kleiner Gewerbebetriebe kaum überschreiten, sind sie doch ein dynamisches Element der heutigen wirtschaftlichen Landschaft der Landeshauptstadt; hier entwickelt sich eine Branche mit neuen Produkten, deren Chancen auf den Märkten als überdurchschnittlich hoch eingeschätzt werden: so rechnet die OECD bis weit über die Jahrhundertwende hinaus mit Wachstumsraten von fünf Prozent jährlich, britische Untersuchungen sagen sogar acht Prozent voraus.

Die auf dem Wachstumsmarkt Umwelt agierenden Kleinbetriebe sind ein kleines, wenn auch erfreuliches Element innerhalb der auf diesem

Gewerbezentrum Paul-Hahn-Straße, von der Stadt mit einem privaten Investor errichtet.

Die neuen Verwaltungszentren der kommunalen Betriebe: ESG-Center (Bild oben, derzeit im Bau) und das neue SBL-Gebäude (an der Gruberstraße).

Gemeinwirtschaft in Linz: SBL

Markt agierenden Linzer Unternehmen, neben der Großindustrie sind hier vor allem noch die gemeindeeigenen Gesellschaften ESG und SBL sowie der kommunale Wirtschaftshof tätig. Wie bereits erwähnt, ging das Wirtschaftsprogramm aus 1989 ausdrücklich auf diese Unternehmen ein (auf den Wirtschaftshof nur zwischen den Zeilen), als Instrumente der Stadt zur Sicherung notwendiger Leistungen wie Trinkwasserversorgung, Stadtentwässerung, Müllentsorgung, Versorgung mit leitungsgebundener Energie oder öffentlichem Verkehr. Die Geschichte der Betriebe reicht weit ins 19. Jahrhundert zurück, sie waren es, welche die heute so selbstverständlichen städtetechnischen Ver- und Entsorgungssysteme aufbauten. Hält man sich die in den Städten noch zur Mitte des 19. Jahrhunderts herrschenden hygienischen Zustände vor Augen, dann kann man mit Fug und Recht sagen, daß die Vorgänger der heutigen Unternehmen Vorläufer unserer modernen Umwelttechnik waren. Dieser Tradition sind die Gesellschaften treu geblieben, so trug ihr Engagement wesentlich zur Sanierung der Linzer Luft bei. Da Bevölkerung und Wirtschaft der Landeshauptstadt (und einer Reihe von Umlandgemeinden) täglich die Leistungen der kommunalen Unternehmen in Anspruch nehmen und die Stadt damit erheblichen wirtschaftlichen Einfluß geltend machen kann, sollen die Gesellschaften nun ausführlicher dargestellt werden.

Die SBL (Stadtbetriebe Linz), als das kleinere der stadteigenen Unternehmen, zählt rund eintausend Mitarbeiter und erreicht einen Umsatz von 1,9 Milliarden Schilling (1996). Die Stadt Linz gründete die Gesellschaft zum Ende der 60er Jahre und übertrug ihr eine Reihe von bis dahin von der Stadtverwaltung unmittelbar wahrgenommenen Aufgaben, darunter die Trias der klassischen Städtetechnik Gas- und Wasserversorgung sowie Stadtentwässerung. Auf andere von der SBL wahrgenommene Aufgaben werden wir noch zurückkommen, hier soll kurz auf diese klassischen Leistungen eingegangen werden. Als Mittelpunkt des oberösterreichischen Zentralraums ist die Stadt Linz bemüht, vorausplanende Kommunalpolitik gemeinsam mit den Umlandgemeinden zu leisten. In diesem Sinne arbeitet daher die SBL als regionales Ver- und Entsorgungsunternehmen, sie versorgt große Teile des Zentralraums einerseits mit Wasser und Erdgas und übernimmt andererseits die Stadtentwässerung. So reinigt die Regionalkläranlage Asten (mit einer Leistung von einer Million Einwohnergleichwerten eine der größten ihrer Art in Europa) die Abwässer von 23 Gemeinden. Zusammen mit dem zu- und ableitenden Kanalsystem wurde die Großanlage in mehreren Bauetappen seit der Mitte der 70er Jahre nach orographischen Gesichtspunkten errichtet und fortwährend auf den Stand der Technik gebracht (Klärung heute 98 Pro-

Wasserwerk und Wasserschutzgebiet Scharlinz; ein großes Naherholungsgebiet im Süden von Linz.

zent); damit stellt die Anlage (ohne Kanalsystem) derzeit einen Wert von nahezu zwei Milliarden Schilling dar.

Gemeinwirtschaft in Linz: ESG

Zum Ende des vorigen Jahrhunderts gründeten Linzer Bürger die Elektrizitäts- und Straßenbahngesellschaft (ESG), erst in der Zweiten Republik ging die Gesellschaft vollständig in den Besitz der Stadt über. Heute erzielt das Unternehmen mit annähernd 2000 Mitarbeitern etwa 3,4 Milliarden Schilling Umsatz (1996). In ihren traditionellen Geschäftsfeldern agiert die ESG, gleich der SBL, als regionales Versorgungsunternehmen, so werden neben Linz mehr als 80 Gemeinden (oder ein Drittel der Bevölkerung Oberösterreichs) mit elektrischer Energie versorgt, Linzer Umlandgemeinden sind in das Liniennetz der Verkehrsbetriebe eingebunden. Eine Zäsur in der Unternehmensgeschichte war das Jahr 1970: die ESG tat den Schritt in den Fernwärmemarkt, als eines der ersten Elektrizitäts-Versorgungsunternehmen (EVU) Österreichs nahm sie mit dem Fernheizkraftwerk Linz-Mitte ein kalorisches Kraftwerk mit einer Kraft-Wärme-Kopplung in Betrieb. Mit dem Anlaufen des Fernheizkraftwerks Linz-Süd im Jahre 1993 steigerte die ESG nicht nur ihre Eigenerzeugung von elektrischem Strom auf etwa 80 Prozent der an ihre Kunden abgegebenen Menge, sie kann nunmehr ein Viertel des Linzer Bedarfs an Raumwärme in Form von Fernwärme zur Verfügung stellen. Die damit mögliche (von

ESG-Fernheizkraftwerk Linz Süd, Europas modernstes Gaskraftwerk.

ESG-Fernheizkraftwerk Linz Mitte.

der Stadt geförderte) Umstellung von Einzelheizungen auf Fernwärme ist ein entscheidender Beitrag zur Befreiung ganzer Stadtviertel von dem früher oft quälenden, durch Hausbrand verursachten Wintersmog. Darüber hinaus hat die ESG großen Anteil an der Sanierung der Linzer Luft, als sie im vergangenen Jahrzehnt mehr als eine Milliarde Schilling in den Umweltschutz investierte, vor allem in die Rauchgasreinigung ihrer kalorischen Kraftwerke. Und da der Wirkungsgrad der Fernheizkraftwerke bis zu 85 Prozent erreichen kann, trägt das Unternehmen auch entscheidend mit dazu bei, daß die Stadt Linz die im Rahmen des Klimabündnisses europäischer Städte übernommene Verpflichtung zur Reduktion der Emissionen des Treibhausgases CO_2 tatsächlich einhalten kann.

Gemeinwirtschaft in Linz: der städtische Wirtschaftshof

ESG und SBL sind Kapital-Gesellschaften im alleinigen Eigentum der Stadt Linz, die dritte Einrichtung mit der die Stadt selbst wirtschaftliche Tätigkeit entfaltet, ist der in der Kommunalverwaltung geführte städtische Wirtschaftshof, dessen Aufgabe die Entsorgung des städtischen Mülls ist. Wie Kanalisation und Trinkwasserversorgung zählt auch die geordnete Müllabfuhr zu den Errungenschaften des ausgehenden 19. Jahrhunderts (in Linz seit 1882). Für ein Jahrhundert blieb es allerdings bei Müllabfuhr und -deponierung, als Erfolg verstand man die Steigerung der Abfuhrmengen. Erst in den 80er Jahren wurde angesichts der geradezu in den Himmel wachsenden Müllberge die gesamte Abfallwirtschaft thematisiert, man dachte um und ging daran, Müll zu trennen. Die von der Landeshauptstadt inzwischen erzielten Erfolge sind an sich erfreulich, die deponierte Linzer Müllmenge sank von 44.000 t im Jahre 1991 auf 34.500 t in 1995. Linz ist die erste Großstadt Österreichs, in der biogener Müll ausschließlich über eigene Biotonnen, 11.500 im gesamten Stadtgebiet, entsorgt wird. Diesen Müll (12.000 t in 1995) übernimmt die SBL in einer eigenen Großanlage zur Verrottung. Vollständig aus dem Linzer Hausmüll verschwunden ist inzwischen auch Altglas, Papier etwa zur Hälfte, Kunststoffe zu rund einem Drittel. Gesammelt werden diese Stoffe teilweise nach einem Hol-, teilweise nach einem Bringsystem; darüber hinaus können Altstoffe aller Art in vier Altstoffsammelzentren abgeliefert werden. Der überwiegende Großteil der anfallenden Altstoffe wird schon heute wiederaufbereitet, somit dem Wirtschaftskreislauf erneut zugeführt. Trotz der unzweifelhaften Erfolge bei Mülltrennung steigt der Anfall von Müll jedoch weiter, gefordert ist heute daher Müllvermeidung; Mülltrennung und -wiederaufbereitung sind nur der zweitbeste Weg. Bedauerlicherweise sind bei Müllvermeidung der Kommune aber enge Grenzen gesetzt, nur im eigenen Wirkungsbereich sind nachhaltige Erfolge möglich, beispielsweise auf Jahrmärkten durch die Einführung von Pfandbechern, oder im AKh, wo es gelungen ist, die anfallende Müllmenge von 3 kg/Bett/Tag auf unter 1 kg/Bett/Tag zu senken.

SBL-Biorotte, Innenansicht.

Tarifpolitik der gemeinwirtschaftlichen Betriebe in Linz

SBL, ESG und Wirtschaftshof zählen im engeren Sinn des Wortes zur Gemeinwirtschaft, die von ihnen erbrachten Leistungen nehmen die Bürger unmittelbar in Anspruch; die Stadt als Eigentümer greift hier über die Tarifgestaltung direkt in Wirtschaft und private Haushalte ein. Dabei sind sozial vertretbare Tarife erklärtes politisches Ziel der Linzer Kommunalpolitik, ein Ziel, das nicht zuletzt aufgrund der strengen betriebswirtschaftlichen Führung der gemeinwirtschaftlichen Unternehmen und Betriebe in der Tat auch erreicht wird:

Drei neue Betriebsanlagen im VOEST-Gelände: Die städtische Kompostanlage (gelbes Dach), das neue Logistikzentrum (weiß) und im Vordergrund das vier Milliarden teure Kaltwalzwerk der VA-Stahl AG.

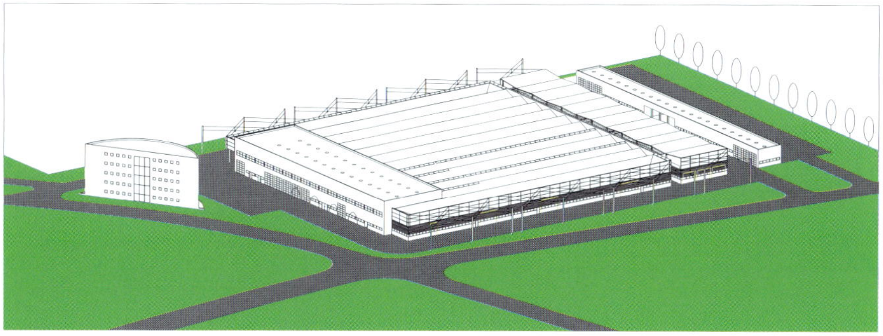

Modell des neuen Wirtschaftshofes der Stadt Linz in der Industriezeile (Schachermayerstraße, Fertigstellung 1998).

Zwei Altstoffsammelzentren der Stadt Linz in Urfahr (rechts) und in Kleinmünchen (unten).

Stadtverwaltung als Großbetrieb

Betrachten wir nun noch eine gerne übersehene wirtschaftliche Dimension der Landeshauptstadt, die Stadtverwaltung selbst. Mit rund 6400 Bediensteten ist der Magistrat einer der größten Dienstgeber, nicht nur in Linz, sondern in Oberösterreich insgesamt; dementsprechend betrugen die reinen Personalkosten in 1996 etwa 2,7 Milliarden Schilling oder 39,4 Prozent des städtischen Haushalts von knapp 6,9 Milliarden. Auf den ersten Blick mag der Personaletat der Stadt Linz damit hoch erscheinen, betrachtet man den Stellenplan jedoch näher, zeigt sich, daß ein erheblicher Anteil der Mitarbeiterinnen und Mitarbeiter im Bereich der sozialen Dienste tätig ist. Die Stadt Linz ist wahrscheinlich der größte Anbieter personenbezogener Dienstleistungen des Bundeslandes, ihre Einrichtungen werden von der Bevölkerung des gesamten Zentralraums in Anspruch genommen. Zu bedenken ist noch, daß Linz im Gegensatz zu anderen Landeshauptstädten ein eigenes Klinikum unterhält. Der Charakter einer Serviceeinrichtung liegt auch dem Leitbild der Linzer Kommunalverwaltung zu Grunde: ihrem Selbstverständnis nach richtet sie ihr Handeln an den Bedürfnissen von Bevölkerung und Wirtschaft aus, was offensichtlich gut gelingt, wie einer erst jüngst durchgeführten Untersuchung zu entnehmen ist. Als Beispiel mag das von der Stadt geführte AKh dienen: dieses mit 1057 Betten und mehr als 2300 Mitarbeitern (darunter 257 Ärzte) zweitgrößte Klinikum Oberösterreichs gilt als das beliebteste Krankenhaus des Landes.

Die Stadtverwaltung: soziale Dienste statt Hoheitsverwaltung

Bemerkenswert ist auch die von der Stadtverwaltung selbst seit vielen Jahren konsequent betriebene Personal- und Strukturplanung, erst solche langfristige Planung macht die von der Öffentlichkeit heute zu recht geforderte bürgernahe, effiziente Bürokratie möglich. Stellenplan und Verwaltungsgliederung spiegeln dieses Streben nach schlanker Verwaltung wider. Seit 1974 wurden 2763 Dienstposten neu geschaffen, die meisten davon im Bereich der sozialen Dienste, 1336 Stellen konnten eingespart werden, zumeist in der Hoheitsverwaltung. Die notwendige Vermehrung der Dienstposten im Sozialbereich soll ein Beispiel illustrieren: alleine das im Oktober 1995 übergebene Seniorenheim Ing.-Stern-Straße mit 126 Plätzen erfordert 55 neue Dienstposten. Gleiches gilt für die Verwaltungsgliederung, die früher 49 Ämter wurden auf 41 verringert, wobei für neue Aufgaben (darunter Umweltschutz) neue Ämter errichtet wurden.

Als einen besonderen Aspekt des kommunalen Personalwesens mag man auch die von der Stadt geleistete berufliche Ausbildung verstehen. Um drohender Jugendarbeitslosigkeit entgegen zu wirken, bildet die Stadt gemeinsam mit ihren Betrieben schon jetzt 740 Jugendliche aus, 1997 werden im Bereich der Kommunalverwaltung weitere 121 Ausbildungsplätze, darunter 30 Lehrstellen für Jugendliche geschaffen. Die Bedeutung dieses Angebots von Ausbildungsplätzen illustriert das folgende Beispiel: Ende September 1996 suchten in Oberösterreich 1393 Jugendliche eine Lehrstelle, es wurden aber nur 447 angeboten.

Ein weiteres, zukunftsweisendes Vorhaben der Stadt soll noch Erwähnung finden: in Hinblick auf die Informationsgesellschaft des 21. Jahrhunderts verfolgt die Stadt das Projekt digital city linz. Über Internet sollen Bevölkerung, Wirtschaft und andere die Dienstleistungen der Stadtverwaltung unbürokratisch und rund um die Uhr in Anspruch nehmen können. Diese Form des Zugangs zu den kommunalen Dienststellen wird derzeit bereits mit gutem Erfolg in Amsterdam erprobt. Mit Hilfe von EU-Mitteln sind jetzt fünf weitere europäische Städte (darunter Linz) im Begriff, einen solchen Service auf regionaler Ebene aufzubauen; diese Dienste sollen in der Folge dann international vernetzt werden.

Schließen wir unsere kurze Betrachtung der wirtschaftlichen Tätigkeit der Stadtverwaltung und der stadteigenen Betriebe mit einer erfreulichen Erfolgsmeldung: schon heute erfüllt die Stadt Linz die von vielen anderen Gebietskörperschaften eher gefürchteten Maastricht-Kriterien. Es ist dies redlich verdienter Lohn des geschilderten, fortwährenden Bestrebens, die eigene Administration im Sinne schlanker Strukturen zu gestalten.

Linz, Stadt der 180.000 Arbeitsplätze

Wir haben in unserem Überblick die wirtschaftliche Landschaft im Umfeld der Stadt Linz kurz beleuchtet sowie die eigenen wirtschaftlichen Leistungen der Landeshauptstadt. Schon eine solch knappe Skizze zeigt die Wirtschaftskraft der Stadt, die als Mittelpunkt des oberösterreichischen Zentralraums heute rund 180.000 Arbeitsplätze anbietet. Nimmt man 1985, das Jahr des Beginns der Krise der verstaatlichten Großindustrie als Zäsur, so hat sich seither die Anzahl der Arbeitsplätze um wenigstens 8500 erhöht; wobei der Prozeß der Umstrukturierung der gesamten Linzer Wirtschaft in Richtung moderne Dienstleistung noch gesondert zu beachten ist. Linz zeigt sich somit als dynamisches Zentrum des Wirtschaftsraums der Republik mit dem langfristig wahrscheinlich höchsten Wachstumspotential, Stadt und Umland bilden sich bereits zu einer mitteleuropäischen Regionalstadt weiter. Daß diese Entwicklung auch Risiken birgt, mag man aus dem täglichen Verkehrsgeschehen ersehen: pro Werktag streben etwa 160.000 Menschen in die Landeshauptstadt, die meisten von ihnen mit dem privaten Pkw.

Schließen wir unseren knappen Überblick über Wirtschaft in Linz und die eigenen wirtschaftlichen Anstrengungen der Landeshauptstadt mit einem kurzen Ausblick. Europa befindet sich seit 1989 in einem revolutionären Transformationsprozeß, der Zusammenbruch der kommunistischen Diktaturen in Mittel- und Osteuropa hat die europäische Landkarte neu gezeichnet (was Deutschland die friedliche Wiedervereinigung brachte, an anderen Orten Europas aber die Rückkehr des Kriegs) und den Weg frei gemacht für Demokratie und soziale Marktwirtschaft in den heutigen Reformstaaten. Und auch für Österreich machte erst der Niedergang der Sowjetunion den Weg frei in die damalige EG. Das heutige EU-Europa der 15 ist mit großer Wahrscheinlichkeit nur ein Zwischenstadium, schon in Kürze wird die Kommission mit den Reformstaaten und anderen Beitrittskandidaten in Beitrittsverhandlungen eintreten. Mit der sich somit abzeichnenden Erweiterung der EU wird eine weitere Regionalisierung des Kontinents Hand in Hand gehen, in Zukunft werden nicht mehr die Volkswirtschaften der heutigen Staaten einander konkurrieren, sondern regionale Volkswirtschaften, die sich schon jetzt über die derzeit noch bestehenden Staats- oder Verwaltungsgrenzen hinweg herausbilden. Auch für den oberösterreichischen Zentralraum mit Linz als Mittelpunkt zeichnet sich solch eine Entwicklung ab. Daß der Zentralraum gute Chancen vorfinden wird, darf durchaus angenommen werden; wobei nicht zuletzt die seit vielen Jahrzehnten unter sozialdemokratischer Führung stehende Kommunalpolitik dafür die Voraussetzung geschaffen hat und weiterhin auch schaffen wird.

Siegfried Kristöfl

LINZ. DER MENSCH IM MITTELPUNKT

Eine Stadt gewinnt ihr Profil durch ihre Architektur. Ihr Körper besteht aus den öffentlichen Gebäuden, den Wohnbauten und den privaten Häusern. Sie wächst und häutet sich. Verkehrswege ziehen sich wie Adern, Straßen, manchmal wie tiefe Falten durch die Bezirke. Das sind Äußerlichkeiten. Ihr Inneres, ihr Pulsen, das sind die Menschen, die hier leben. Das sind die vielen Beziehungen, die diese Menschen untereinander eingehen und mit der Stadt verbinden – Arbeitsplatz, Wohnort, Erholungsstätte – kurz: das soziale Gefüge. Um eine Stadtgesellschaft zu entfalten, bedarf es einer funktionierenden Infrastruktur. Seit es demokratische Wahlen gibt, ist in Linz dafür die sozialdemokratische Partei verantwortlich, die eine klare Position für ihre Politik hat: „Der Mensch steht im Mittelpunkt." Sie garantiert Freiräume für den Einzelnen und soziales Verantwortungsbewußtsein für das Gemeinwesen.

Linz. Eine Stadt für alle

Ein mutiges Zeichen. Das im Bedenkjahr 1988 errichtete antifaschistische Denkmal am Bernaschekplatz.

Nach dem Rücktritt von Bürgermeister Hugo Schanovsky gab es einen Generationswechsel in der Stadtregierung – sowohl in der SPÖ, als auch in der ÖVP. Im Jänner 1988 trat Franz Dobusch Schanovskys Nachfolge an. Es war der Beginn eines Bedenkjahres, fünfzig Jahre nach dem Anschluß Österreichs an das Deutsche Reich. In seiner Antrittsrede erteilte Franz Dobusch – der erste Bürgermeister aus der Nachkriegsgeneration – jeglicher faschistischen und diktatorischen Gesinnung eine Absage. Er erklärte seinen Willen, sich für die Stärkung der Linzer Wirtschaft einzusetzen, um Arbeitsplätze zu erhalten und zu vermehren, und legte ein klares Bekenntnis zum Umweltschutz ab. Zum damaligen Zeitpunkt diskutierte man die Art der Sondermüllentsorgung in der Stadt. Dobusch zeigte sich als Vater zweier kleiner Kinder durchaus sorgenvoll. Ebenso persönlich sprach er zu sozialen Themen. Er betonte z. B., daß „die wohl vornehmste Aufgabe für uns Jüngere darin besteht, den Lebensabend der älteren Generation, die in den letzten Jahrzehnten unser schönes Linz aufgebaut hat, zu sichern." Und direkt wechselte er in der Rede vom „rüstigen Pensionisten" zum Thema „Sport".

Seither hat sich viel geändert. Das Bild vom „rüstigen Pensionisten"

Das Seniorenzentrum Ing.-Stern-Straße im Franckviertel. Das Siegerprojekt von Arch. Schimek stellt einen städtebaulichen Akzent und einen modernen Knoten im sozialen Netz von Linz dar.

Städtische Seniorenbetreuung klingt nur bürokratisch, ist es aber nicht.

blieb in der Gesellschaft weiterhin aufrecht und attraktiv. Nur hat sich der gesamte Umgang mit älteren Menschen geändert. Wissenschafter sprechen mittlerweile von einem dritten und vierten Alter, in dem Männer und Frauen leben können. Das dritte Alter ist das „Altwerden", das vierte das „Altsein". Ersteres will jeder, zweiteres niemand.

Auch die Aufgaben für die Kinder und Jugendlichen, vor allem für deren Betreuung, müssen von der Kommune immer stärker wahrgenommen werden.

Auf diese neuen Aspekte reagierte man mit einer Sozialoffensive. Nur kurze Zeit nach dem Amtsantritt von Franz Dobusch begann eine Erhebungs- und Diskussionsphase, und 1990 präsentierte der Bürgermeister mit seiner Stadträtin Ingrid Holzhammer erstmals ein Sozialprogramm mit dem Slogan „Linz. Eine Stadt für alle".

Darin sind die theoretischen Leitlinien der städtischen Sozialpolitik enthalten. Die Kommunalpolitik der 90er Jahre bekam neue Schwerpunkte: die Lebensbedingungen für Ältere, Kinder und Familien, Jugendliche und sozial Benachteiligte sollten verbessert werden. Der sichtbare Aufschwung, den Linz erlebte, sollte allen Bevölkerungsgruppen zugute kommen. Alle Linzerinnen und Linzer sollten eine höhere Le-

Stadträtin Holzhammer und Bürgermeister Dobusch beim Probesitzen im Hof des neuen Seniorenheimes Glimpfingerstraße am Spallerhof.

bensqualität genießen. Sollten, sollte, sollten – so hieß es im Sozialprogramm. Sind, ist, tun es – kann man heute, Mitte der 90er Jahre sagen. Das Budgetvolumen für den Bereich „Soziales“ stieg seither von 816 Millionen im Jahr 1990 auf 1762 Millionen im Jahr 1997.

Schon ein Jahr früher – 1989 – hatte man den „Aktivpaß Linz“ beschlossen. Er erleichtert seither einkommensschwachen Personen die Benützung von öffentlichen Verkehrseinrichtungen und den Besuch von kulturellen Veranstaltungen und Freizeiteinrichtungen der Stadt.

1996 – in Zeiten des vielzitierten Sparpaketes – reagierte die Gemeinde noch einmal und unterstützt seither Studenten mit verbilligten Fahrkarten für das Liniennetz der ESG.

Linz – das soziale Netz

Ein soziales Netz spannt sich über Linz und seine Bevölkerung. Ein Netz, das hält, wenn man fällt, gleichzeitig aber nicht so eng ist, daß man in seiner Eigenverantwortung behindert ist. Der Anspruch auf Sozialhilfe – egal ob offen ausgezahlt oder indirekt geleistet, z. B. in Form der Kostenübernahme in Pflegeheimen – ist größtenteils durch staatliche Gesetzgebung bestimmt. Trotzdem kann eine Kommune einiges tun. Die Zuständigkeit für die sozialen Dienste etwa liegt bei den Gemeinden. Die Stadt Linz wird in diesem Sinn zum Sozialhilfeträger für seine Bewohnerinnen und Bewohner. Als soziale Dienste gelten z. B. die Hauskrankenpflege, Essen auf Rädern, die mobile Altenbetreuung, die Heimunterbringung oder diverse Beratungsdienste.

Der Bedarf nach diesen Diensten steigt ständig an. Die Gründe dafür liegen im gesellschaftlichen Wandel. Den Wandel, den jeder aus eigener Erfahrung kennt und im Grunde selber lebt. Die Familien werden kleiner. Ein Pflegefall kann von den Familienangehörigen kaum mehr aus eigenen Kräften betreut werden. Nachbarschaftsbeziehungen bröckeln. Kleine Handreichungen und Hilfestellungen, wie sie vor Jahrzehnten noch üblich waren, sind nicht mehr selbstverständlich. Dieser Prozeß der Individualisierung oder der Entsolidarisierung – wie er von einer anderen Seite negativ gelesen werden kann – ist von einer Gemeinde nicht beeinflußbar. Sie kann darauf nur pragmatisch reagieren. Die Stadt Linz tut das mit sehr viel Einsatz. Einsatz, der Geld kostet. Die Ausgaben für soziale Wohlfahrt und für Gesundheit gehören zu den höchsten Posten im Budget. Wobei jede Polemik dagegen unangebracht ist. Das Geld verliert sich nicht in irgendwelchen Löchern, sondern wird sehr bewußt eingesetzt, um das soziale Netz gespannt genug zu halten.

Nur in Zusammenarbeit mit karitativen Organisationen funktioniert das soziale Netzwerk in Linz, wie hier bei Essen auf Rädern und der Hauskrankenpflege.

Nehmen wir als Beispiel die Betreuung alter oder kranker Menschen. Dabei gilt das Prinzip, diese Mitbürgerinnen und Mitbürger so lange wie möglich in ihrer gewohnten Umgebung zu belassen; sie nicht in fremde Heime zu überstellen. Dafür entwickelte man die sozialen Dienste des Essens auf Rädern oder der Hauskrankenpflege. Mittlerweile entstanden Tendenzen, die dieser perfekt funktionierende Betrieb an und für sich nie wollte. Es entstanden nämlich zu große Abhängigkeiten der betreuten Menschen. Ihre Fähigkeiten und Kräfte wurden nicht entwickelt, sondern verkümmerten eher, weil ihnen von den Einrichtungen alles abgenommen wurde.

In der Sozialplanung reagiert man auf die steigende Nachfrage nach den sozialen Diensten, die bereits an die Grenzen der Unfinanzierbarkeit drängt, mit einer neuen Betreuungsphilosophie. Sie lautet kurz „Hilfe zur Selbsthilfe“. Statt Essen auf Rädern kann man auch Kochhilfe oder Kochkurse anbieten. Nicht in jeder beliebigen Situation muß Hilfe aufgedrängt werden; die Menschen sollen angeleitet werden, ihre Körperpflege weiterhin selbst durchzuführen. Anstelle der Bedienung tritt die Remobilisation. Ältere Menschen, die, nach Schlaganfällen aus dem Krankenhaus entlassen, in ihre Wohnungen zurückkehren, sollten eine Zeit lang intensiv betreut werden, bis sie wieder in der Lage sind, ihr Leben weitgehend ohne Hilfe zu bewältigen.

Man sieht, die Betreuung wird nicht schlechter. Nur die Eigenverantwortung der Menschen wird stärker gefördert. Die betreuten Personen werden ernster genommen und nicht einfach nach einem vorgegebenen Muster und nach einem starren Stundenplan gepflegt.

Auf dem Gelände des Wirtschaftshofes Garnisonstraße entsteht das neue Unfallkrankenhaus (Modell nach Plänen des Architekturbüros Moebius & Partner).

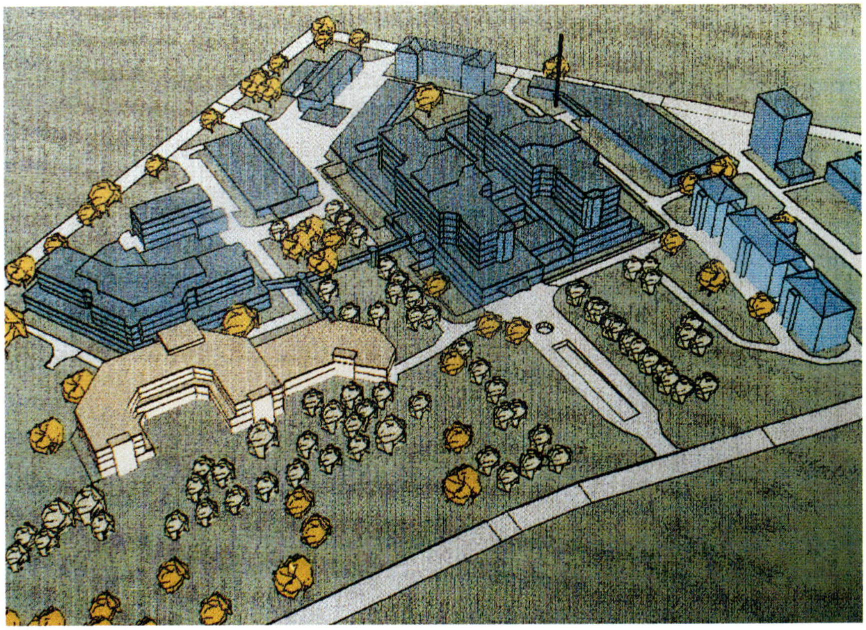

Mit der 4. Bauetappe (im Bild der Vorstudie braun) soll der Ausbau des Allgemeinen Krankenhauses Linz 2002 abgeschlossen sein.

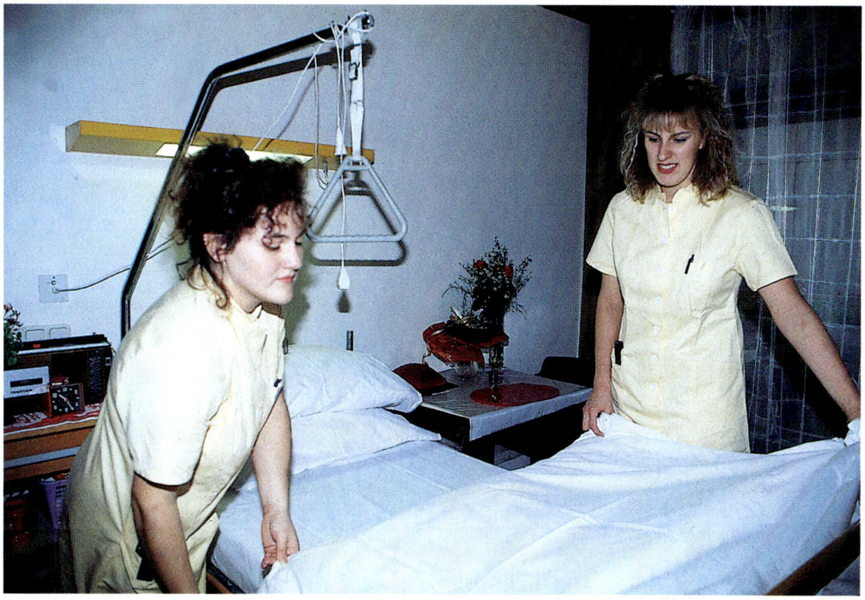

Motivierte Mitarbeiterinnen bei ihrer Tätigkeit in den Pflegeeinrichtungen.

Gleichzeitig versucht man, die sozialen Dienste noch effizienter zu gestalten. Ein Weg dorthin ist die Dezentralisierung. Linz wurde in mehrere Sozial- und Gesundheitssprengel aufgeteilt, in denen eine Leitstelle einerseits die Menschen über die Leistungen informiert, andererseits die Betreuer koordiniert. Ein Sprengel umfaßt etwa 40.000 Einwohner. Der Raum Urfahr verblieb ungetrennt und umfaßt etwa 54.000 Personen. Innerhalb dieser Bezirke – und das ist ebenfalls ein sehr wichtiger Schritt, um die Effizienz der Leistungen zu erhöhen – gibt es eine enge Zusammenarbeit der Stadt mit anderen Anbietern von sozialen Diensten. Die größten und bekanntesten sind dabei die Caritas und die Volkshilfe.

Die Stadt subventioniert nicht diese Vereine und Organisationen, sondern bezahlt ihre Leistungen. D. h., es gibt eine klare wirtschaftliche Abmachung. Wobei beide Partner – die Stadt und die Vereine – vertrauen können, daß alle Mittel und Bemühungen zum Besten für den Kunden – die betreuten Menschen – eingesetzt werden.

Linz. Eine Stadt der Integration

Den „Basar“ – ebenfalls ein Unternehmen der Volkshilfe – kennt wohl jeder Linzer, der billige Möbel sucht oder bündelweise Alttextilien aus dem Haus schaffen möchte. Die meisten Kunden werden wohl wissen, daß dieses Geschäft, diese Firma im Grunde ein Sozialprojekt ist. Es dient, Langzeitarbeitslose zu beschäftigen und sie erneut in den Arbeitsprozeß einzugliedern. Der Erfolg ist sehr zufriedenstellend. Einerseits werden mehr als 60 % der Beschäftigten wiedervermittelt, andererseits

Die meisten städtischen Einrichtungen (wie hier im Bild rechts) sind behindertengerecht angelegt.

Die Aids-Hilfe in der Langgasse 13.

erwirtschaftet der „Basar“ mehr als 50 % seines Budgets durch selbstgeleistete Arbeit. Damit ist er ein gelungenes Beispiel für das Ineinandergreifen von den klassisch eher getrennten Sphären „Wirtschaft“ und „Soziales“; eben ein Beispiel für Integration. Schon im Linzer Programm aus dem Jahre 1985 formulierte die sozialdemokratische Partei, daß die Stadt ihre Aufgabe darin sehen muß, „Experimente im Sozialhilfebereich zu fördern. Ihr obliegt es, Hilfe zur Selbsthilfe zu geben“.

Das Wort „Integration“ bringt man aber viel eher mit Behinderten und Ausländern in Verbindung. Daß es lange dauerte, bis einfachste Maßnahmen getroffen wurden, um diesen zwei Gruppen entgegenzukommen, kann man der Stadt Linz nicht zum Vorwurf machen. Es sind gesamtgesellschaftliche Phänomene dafür verantwortlich. In einer Gemeinde kann man höchstens kleine, pragmatische Schritte setzen. Bauliche Hindernisse auf den Straßen oder in öffentlichen Gebäuden können auf Initiative der Kommune beseitigt werden. Die Integration Behinderter im Schulsystem oder in der Arbeitswelt muß der Staat verwirklichen.

Ebenso verhält es sich bei den ausländischen Mitbürgern. Die Stadt gab ihnen z. B. im Sommer 1996 die Möglichkeit, einen Ausländer-Integrationsbeirat zu wählen. Dieses Gremium hat eine beratende Funktion und darf Anfragen an den Stadtsenat und den Magistrat stellen.

Heute brechen die unsichtbaren Barrieren nieder, die Minderheiten und benachteiligte Gruppen in ein Ghetto drängten und sie vom Leben – und noch einmal soll das unscheinbare Wort unter Anführungszeichen gesetzt werden, um es zu relativieren – „normaler" Menschen ausschlossen. Zu diesen Minderheiten gehören Obdachlose genauso wie AIDS-Kranke, Suchtkranke genauso wie Straffällige und Haftentlassene. Institutionalisiert haben sich die städtischen Hilfen zur Integration meistens in bestimmten Häusern. B 37 heißt z. B. das Sozialheim, das seit etwa zehn Jahren die Nicht-Seßhaften-Hilfe bzw. die Betreuung der Obdachlosen organisiert. Streetworker kümmern sich vor allem im Süden der Stadt um verhaltensauffällige Jugendliche. In der Stadt gibt es auch eine Krisen- und Notschlafstelle für Jugendliche. Die Bemühungen in der Sozialpolitik tragen auch zum Sicherheitsgefühl der gesamten Bevölkerung bei. Kriminalität wird hintangehalten, Gewalt wird vorbeugend begegnet, Bedrohungen werden früh genug wahrgenommen, um sie im Ansatz bereits zu ersticken.

Das Akzeptieren des „Andersseins" fällt nicht immer leicht, ist aber Voraussetzung dafür, daß alle Bevölkerungsgruppen selbstverständlich und gleichberechtigt miteinander leben. Und das soll in einer offenen Stadt möglich sein.

Zu Beginn der Amtszeit von Franz Dobusch war die Einrichtung der AIDS-Beratungsstelle ein ganz heißes Thema. Große Widerstände mußten überwunden werden, bevor sie in der Langgasse eingerichtet werden konnte. Aber ab dem Eröffnungstag gab es keine Probleme mehr.

Auch in Urfahr gab es anfangs viele Vorurteile gegenüber einer Einrichtung für psychisch kranke Menschen. Die Anrainer hatten schlicht Angst davor. Letztlich gelang es mit Hilfe der Kirche, konkret der Pfarre Heiliger Geist, eine Lösung zu finden. Mittlerweile ist die Einrichtung auch von der Bevölkerung akzeptiert.

Linz. Eine Stadt für Alt und Jung

In den ersten und letzten Jahren seines Lebens benötigt jeder Mensch die intensivste soziale Unterstützung durch die Gesellschaft. Die Stadt Linz gibt sie ihren Bürgern vor allem in Form von Kindergarten- und Hort- bzw. Seniorenheimplätzen. Die dafür aufgewendeten Geldmittel beeindrucken: Innerhalb von fünf Jahren – von 1992 bis 1997 – wurden für die Kinder allein an Neubauten oder Sanierungen nahezu 500 Millionen Schilling investiert. Dadurch entstanden 1072 neue Kindergartenplätze und weitere 784 Hortplätze. In Worten ausgedrückt fällt die Bilanz aber noch eindrucksvoller aus: In Linz hat jedes Pflichtschulkind einen Hortplatz mit Mittagsverpflegung, und Linz kann jedem Drei- bis Fünfjährigen einen Platz in einem städtischen oder privaten Kindergarten anbieten. Das bedeutet beide Male eine Vollversorgung.

Dabei muß man immer mitbedenken, daß es in Österreich keinen Rechtsanspruch auf einen Kindergartenplatz gibt. Es ist eine freiwillige

Kindergarten Dornach
(Architekt Ludwig Landskron).

Eine Bürgermeisterkette aus Lebkuchen bekam Bürgermeister Dr. Dobusch bei der Eröffnung des Hortes in der Mozartschule.

Kindergarten Ennsfeld, Ebelsberg
(Architekt Franz Riepl).

Kindergarten und Hort Scharmühlwinkel in Schörgenhub (Architekt Peter Riepl).

Kindergarten Lenkstraße in Ebelsberg (Architekt F. J. Perotti).

Kindergarten Auwiesen III (Architekt Ludwig Landskron).

Der neue Hort bei der Schärfschule in Ebelsberg (Architekt Heinz Werner Lang).

Auch in die Weberschule in Urfahr wurde ein Hort installiert.

Leistung der Stadt, dieses 100prozentige Angebot zur Verfügung zu stellen. Das Familienministerium in Wien ist schon über alle Maßen zufrieden, wenn in ganz Österreich eine 85prozentige Versorgung erreicht wird.

Die zuständige Stadträtin, Frau Dr. Ingrid Holzhammer, weiß, daß bauliche Maßnahmen allein zuwenig sind. Die Qualität der Betreuung ist noch entscheidender als die Quantität der Plätze. Daher setzt sie sich für eine Ausbildung der Fachkräfte ein, fördert z. B. Gruppen, die mit den Kindern nach den Prinzipien der Montessori-Pädagogik arbeiten, oder unterstützt die Einrichtung von Bewegungsräumen in den Kindergärten.

Die Beiträge der Eltern sind sozial gestaffelt. Damit ist der Zugang für jedes Kind gesichert, es gibt keine finanzielle Hürde. Mit maximal 2000.– ist ein Kind in Linz vollversorgt.

Was dieser politische Wille der Stadt kostet, erkennt man daran, daß die Finanzierung der Kindergarteneinrichtungen durch die Elternbeiträge nur ca. 16 % ausmacht. Pro Kind und Monat im Kindergarten gibt es einen Abgang von 2300.–. Viel höher liegt das Defizit für die Stadt bei der Betreuung der unter Dreijährigen – in den Vorkindergärten und Kinderkrippen. Für diese jüngsten Mitbürger gibt es außerdem noch einen Bedarf an Plätzen. Bis jetzt hat die Stadt Linz 290 zur Verfügung. Die Alternative wäre die Einrichtung der Tagesmütter, die von zwei Vereinen angeboten wird. Noch gibt es – auch bei den Müttern – keine klare Entscheidung, welche Betreuungsform bevorzugt werden soll.

Die Stadt Linz selbst betreut 65 % der Kinder in eigenen Kindergärten. Die restlichen Plätze werden von der Caritas, von den Kinderfreunden und anderen privaten Vereinen unterhalten. Die intensive Zusammenarbeit ist nicht nur aus finanziellen Gründen notwendig, sondern auch, um die Qualität des Zugangs zu erhöhen. Den Eltern ist es selbstverständlich nicht egal, wo sie ihr Kind hinbringen müssen. Es wäre von Seite des Rathauses zu einfach, zu sagen, wir haben ein hundertprozentiges Angebot an Plätzen, und dann leise hinzuzufügen, aber dafür müssen z. B. alle Kinder aus der Neuen Heimat nach Urfahr kommen. Daher legt sich ein feines Netz über die Stadt, an dem bewußt geknüpft wird, um es engmaschig zu machen; d. h. um jedem Kind in seiner unmittelbaren Nähe einen Platz zu geben. Das Amt für Stadtforschung erstellte einen exakten Bedarfsplan für Kindergärten in Linz, mit dem die Nachfrage der nächsten drei Jahre prognostiziert werden kann. Daraus ergibt sich z. B die Maßnahme, im innerstädtischen Bereich den ehemaligen Hort Reischekstraße in einen viergruppigen Kindergarten umzubauen und in Ebelsberg/Ennsfeld einen gleich dimensionierten neu zu errichten.

Der neue Hort bei der Siemensschule in der Neuen Heimat (Architekt August Kürmayer).

Ein neuer Hort bei der Schule in Pichling
(Architekt Heinz Rammer, Hochbauamt).

Der neue Kindergarten Auwiesen IV
(Architekt Erich Steiner, Hochbauamt).

Der neue Kindergarten Cremeristraße im Franckviertel (Baumeister Landauer).

Ein interessanter Neubau. Der Kindergarten Webergasse in Alt-Urfahr (Architekten Schremmer/Jell).

Die Offensive der Stadt Linz bei den Kinderbetreuungseinrichtungen ist ein wichtiger Bestandteil der Frauenpolitik. Die berufliche Gleichstellung von Frauen ist nämlich nur dann verwirklicht, wenn Beruf, Partnerschaft und Kindererziehung vereinbar sind. Um das Angebot noch zu perfektionieren, gibt es seit kurzer Zeit auch eine Nachmittagsbetreuung für Dreijährige in manchen Kindergärten. Weiters denkt man auch über geänderte Öffnungszeiten nach. Im AKh-Kindergarten werden die Kleinen bereits bis 20 Uhr betreut, um den Bediensteten einen entsprechenden Spielraum für ihre Arbeitszeit zu eröffnen.

Die gleiche hohe Qualität erstrebt die Stadt Linz – wie für die Kinder beschrieben – in ihrem Umgang mit Senioren. Der Leitgedanke lautet: Solange es möglich und sinnvoll ist, und solange die älteren Menschen es auch wollen, sollen sie in den eigenen vier Wänden leben. Wenn es der Pflegeaufwand aber erfordert oder die Gefahr der Vereinsamung zu groß wird, stehen Plätze in Seniorenwohn- und Pflegeheimen zur Verfügung.

Drei neue Seniorenzentren entstanden seit Beginn der Sozialoffensive: in der Dauphinestraße in Kleinmünchen, in der Ing.-Stern-Straße im Franckviertel und in der Glimpfingerstraße am Spallerhof. Ein viertes

Kleinmünchen: das Seniorenzentrum in der Dauphinestraße (Architekt Herbert Karrer).

Am Spallerhof: das Seniorenzentrum in der Glimpfingerstraße der Architektengemeinschaft Planungsgruppe 4 (Werthgarner, Frohnwieser, Karrer und Dießl), in der Mitte der L-förmige Neubau, im Bild links oben das Schulungszentrum des BFI.

ist im Auhof, in der Sombartstraße, gerade im Bau. In diese vier Anlagen wurde bereits eine Milliarde Schilling investiert. Das jüngste Projekt ist ein Pflegeheim für die Neue Heimat am Flötzerweg. Pläne für die Stadtteile Ebelsberg und Keferfeld-Oed werden auch schon entwickelt. Neben den städtischen Einrichtungen gibt es in Linz auch noch eine große Zahl privater Heime.

Wie bei den Kindergarten- und Hortplätzen ist das entscheidende Resultat nicht nur die Quantität, sondern die Qualität. In den erwähnten

Linzer Senioren: bastelnd in einem Seniorenheim, plaudernd vor einem Seniorenklub.

Der Eingangsbereich des Seniorenzentrums Ing.-Stern-Straße.

Seniorenzentren gibt es neben den täglichen drei Mahlzeiten – selbstverständlich mit dem Angebot von Diät- und Schonkost – und der Hilfe durch ein entsprechend qualifiziertes Personal verschiedenste Möglichkeiten der Alltagsgestaltung. Es gibt Kurse für Gedächtnistraining und Gesprächsgruppen, wer basteln oder töpfern will, hat alle Möglichkeiten, Feste finden statt, Ausflüge werden organisiert. Das Tagesprogramm ist vielfältig, und die angenehme Atmosphäre der Räumlichkeiten läßt die Menschen schnell Kontakt zueinander finden.

Regelmäßig kommen auch Gäste ins Haus, die das Angebot des Tagespflegezentrums nutzen. Ältere Menschen aus der Umgebung, die Betreuung brauchen, aber im Grunde noch daheim wohnen können, finden dort Unterstützung.

In ganz Linz gibt es außerdem 30 städtische Seniorenklubs, die Menschen im Ruhestand ein breites Angebot zur Freizeitgestaltung bieten. Der größte Seniorenklub liegt am Bindermichl, wohin täglich bis zu 90 Personen kommen.

Mit den erwähnten, großen Bauinvestitionen wird die Nachfrage nach Senioren- und Pflegeheimen bald gedeckt sein, aber die Arbeit in der Sozialpolitik hört nie auf. Ein neues Thema wird das „Betreute Woh-

nen" sein. Immer wieder muß man sich den neuen Anforderungen stellen. Das ist überhaupt die erste Leitlinie des Linzer Sozialprogramms: „Neue Problemlagen und soziale Benachteiligungen sollen rechtzeitig erkannt und durch sozialpolitische Handlungskonzepte nach Möglichkeit verhindert werden. Die Angebote kommunaler Sozialpolitik müssen rechtzeitig einsetzen, in sich abgestimmt und in der Wirkung überprüfbar sein." Man hat sich damit ein ehrgeiziges Ziel gesetzt, und Linz kann darauf besonders stolz sein, es bis jetzt erfüllt zu haben.

Auhof: Das neue Seniorenzentrum (im Modell von Arch. Christen oben) kommt auf die Grünfläche im Vordergrund.

Neue Heimat: Das Modell des geplanten Seniorenzentrums am Flötzerweg. Das Siegerprojekt von Architekt Heinz Stögmüller wurde in einem offenen Wettbewerb gekürt.
Die gelbe Umrandung im Luftbild (oben) zeigt den Standort des neuen Seniorenzentrums.

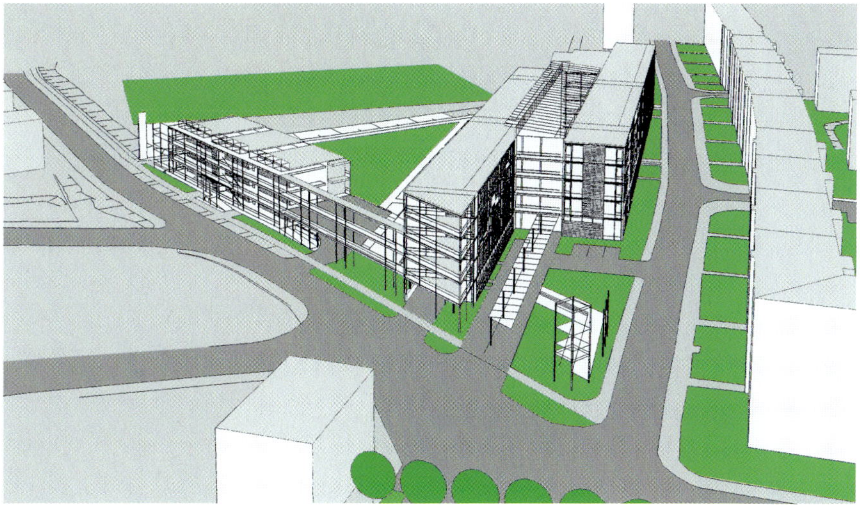

Landschaftsraum: Mühlviertler Südhänge – ein Teil des Naturraumes Linz.

Siegfried Kristöfl

STADT DER UMWELT UND NATUR – LINZ IN GRÜN

Fauna und Flora

Es gibt eine Abteilung des Magistrats, die nicht vom „Budgethaushalt" der Stadt Linz spricht, sondern von ihrem „Naturhaushalt". Die Naturkundliche Station und ihre Mitarbeiter wachen über seinen Bestand und sorgen sich um seinen Erhalt. Zum besagten Naturhaushalt gehören die rund 210.000 Einwohner (Menschen) und die unzähligen Bewohner und Lebewesen der Fauna und Flora. 96 km^2 umfaßt das Gebiet, wovon mehr als die Hälfte (56,2 %) Grünland, Wald und Gewässer ausmachen. Anstelle von Stadtteilen oder Katastralgemeinden unterscheiden diese

Der Pleschinger See – typisches Linz: mehr als die Hälfte des Stadtgebietes besteht aus Grünland, Wald und Gewässer.

Beamten Landschaftsräume: die Mühlviertler Südhänge, die zur Donau hin abfallen; in der Mitte das Linzer Becken; die aus dem Westen einstrahlende Welser Heide und die rechts der Traun anschließende Traun-Enns-Platte.

Der städtische Siedlungsraum, der von den Beamten im Bauamt als plane Fläche gesehen wird, auf der sich Häuser und Straßen abwechseln, ist ökologisch bewertet eine „unterschiedlich vegetationsdurchgrünte, von Menschen geprägte Kunstfelsenlandschaft."

Bei genauem Hinsehen entdeckt man, daß in der Stadt, in den Zonen mit lockerer Verbauung, mehr Pflanzenarten blühen als draußen am Land. Das abwechslungsreiche Nebeneinander von Stadtgärten, Parks, Bäumen, Türmen und Mauern als Felsen, verschiedenen Gewässerarten

Blick auf die „vegetationsdurchgrünte Kunstfelsenlandschaft" mit Kirche in Kleinmünchen.

Dornach (Baumgärtelstraße) aus der Perspektive des Mauerseglers.

und Schutthalden fördert die Artenvielfalt. So wie für den Menschen eine Stadt wie Linz durch ihr breitgefächertes Angebot an verschiedensten Einrichtungen attraktiv wird, so gilt auch für die Tiere und Pflanzen das Prinzip: nur wo es Abwechslung und Durchmischung gibt, kann vielfältiges Leben gedeihen.

In der dichtverbauten City von Linz leben 11 bis 15 Vogelarten. Die meisten Fußgänger kennen davon nur die fetten Straßentauben, die glucksend auf und ab spazieren und sich ungeniert vor diversen Imbißständen ihre Krümel holen, wenn sie nicht sowieso zuvorkommend in den Parks gefüttert werden. Doch hat jemand ein Ohr für Vogelstimmen, wird er in der Innenstadt mehr verschiedenes Gezwitscher hören als an manchem Dorfplatz. Hoch oben über den Dächern von Linz ziehen sogar

Sperber und Turmfalken – der übrigens den Dom als Nistplatz bevorzugt – ihre Kreise.

Resultat der Bienenarbeit im Botanischen Garten.

Gemeinsam mit der Wohnbaugenossenschaft GWG unternahm die Naturkundliche Station im Sommer 1995 eine erste Aktion zum Schutz der Mauersegler. In den Wohnanlagen Prunbauerstraße-Pflanzlgasse und Altomontestraße 11 – 15 richtete man Nistmöglichkeiten für diese Vogelart ein. Die Mauersegler treffen pünktlich um den 1. Mai aus ihren südlichen Winterquartieren ein und bleiben in Linz den Sommer über bis September. Ihr Erscheinen ist für die Experten ein guter Indikator für das intakte Gleichgewicht des Naturhaushalts. Denn nur wenn genug Insekten, d. h. Nahrungsmittel vorhanden sind, kommt der Vogel und bleibt.

Daß die oberösterreichische Landeshauptstadt zu den bienenfreundlichsten Städten Europas zählt, stellen nicht Biologen fest, sondern die Imker des hiesigen Bienenzüchterverbandes. Seine Mitglieder betreuen an die 1500 Bienenvölker. Ein normal starkes Bienenvolk besteht aus ungefähr 20.000 Insekten. Auf einen Linzer Bürger kommen also etwa 143 Bienen. Sie sind in der Mehrzahl – und leisten gute Arbeit. Ihre Tätigkeit als Blütenbestäuber ist unersetzlich. Linz wäre nicht so grün ohne sie. An einem schönen Tag besucht ein Bienenvolk an die 80 Millionen Blüten. Hauptsächlich beheimatet sind diese sprichwörtlich fleißigen Tiere am Stadtrand und in den Kleingartensiedlungen.

Im Industriegebiet des Linzer Ölhafens hingegen ist die Wechselkröte – Spezialisten unter dem Namen „Bufo viridis“ bekannt – daheim. Für ihr Wohlbefinden benötigt sie nicht mehr als sonnige Flachgewässer, um zu laichen, und ein paar Tagesverstecke, wie sie Reste von Baumatten oder liegengelassene Bretter reichlich bieten.

Informationstafel für alle Kleintierjäger im Öko-Park Hainbuchenweg.

Wo Tiere, da auch Jäger. Selbstverständlich sind sie nicht hinter Insekten (außer Gelsenjäger und Menschen mit Fliegenklatsche), Kröten und Mauerseglern her, sondern hinter Haar- und Federwild. Auch das durchstreift das Linzer Stadtgebiet. Bei der VOEST war lange Zeit ein Förster beschäftigt, der die Eigenjagd des Unternehmens auf ihrem Gelände betreute: Hasen, Wiesel, Füchse und Rehe leben dort. Neben diesem Jagdbezirk gibt es in Linz noch sechs andere Jagdreviere. Die meisten Wildtiere kommen aber nicht durch den sicheren Schuß der Weidmänner ums Leben, sondern durch die Reifen und auf den Kühlerhauben der Autos. Mit der zunehmenden Verkehrsdichte steigen die Zahlen dieser Unfallopfer. In den siebziger Jahren kamen u. a. erst 21 Rehe und 15 Fasane unter die Räder, Ende der 80er Jahre waren es immerhin schon 62 Rehe und 45 Fasane – von Hasen oder Igeln ganz zu schweigen. Und die statistische Kurve steigt weiter an.

Die Traunauen –
ein ökologisch hochwertiger Lebensraum.

Die Stadt, die Auen und die Bäche

Ein ökologisch hochwertiger und vom Straßenverkehr weitgehend unbeeinflußter Wildlebensraum sind die Auwälder entlang der Traun und der Donau im Süden der Stadt. Diese Zone war monatelang Gegenstand intensiver Erkundung durch Biologen.

Das Gebiet wurde in kleine Biotopflächen zerteilt. Für jeden Flecken füllten die Bearbeiter Formblätter aus. Sie beschrieben die genaue Lage, den Boden, das Umfeld, die Hangneigung. Sie erstellten Listen über die vorkommenden Pflanzenarten. Sie vermerkten Angaben zu den dort lebenden Tiergruppen oder zum Altersaufbau der Gehölzbestände. Und sie ordneten die 739 Einzelflächen verschiedenen Biotoptypen zu: die Experten unterscheiden nämlich z. B. Weiden-reichen von Traubenkirschen-reichem Auwald oder Pioniergehölz von Weißdorn-Buschwald. Anschließend füllte man mit diesem Material Aktenordner, Pläne und vor allem einen Computer, der eine exakte Analyse des Bestandes errechnete. Daraus ergaben sich die notwendigen Schritte – ein Auwald-Schutz-Konzept –, um den Bestand der Auen langfristig zu sichern. Ihre Bedeutung für den Naturhaushalt der Stadt Linz wurde eindrucksvoll belegt. In mehr als der Hälfte aller Biotopflächen gedeihen Pflanzen, die auf der „Roten Liste“ stehen – ein Verzeichnis der ausgestorbenen und bedrohten Arten. Allein 18 dieser Arten finden sich in den hochwertigsten Biotopen der Auengewässer.

Diese Grundlagenforschung – zu beobachten und zu dokumentieren, was lebt und gedeiht, festzustellen, was bedroht ist und was bereits ausgestorben und vernichtet – wurde auch in anderen Stadtteilen und mit anderen Lebewesen als Pflanzen durchgeführt. Die Forschungsergebnisse münden in keine Klagelitanei, das ist nicht notwendig und vor allem auch nicht hilfreich. Sie bilden die Basis für eine zukünftige, ökologisch begründete Stadtentwicklung. Der Erhalt der Arten, die Sicherung einer ausgewogenen Lebenswelt für Menschen, Pflanzen und Tiere, der Respekt vor der Umwelt fließt damit ein in die Stadtplanung. Die Lebensqualität kann dadurch nur besser werden – für alle, für die Wechselkröte im Industriegelände, die Teichrose in den Donauauen, den Turmfalken über den Dächern und Schloten der Stadt und für die Menschen in Linz.

Zu den Stichworten „fließen“ und „Stadtplanung“ gibt es in Linz neben dem Schutz der Auen noch ein anderes fortschrittliches Konzept – das der Bachrenaturierungen; also der weitgehenden Wiederherstellung von ursprünglichen, natürlichen Gewässerverläufen. Bäche – Wasser-

Das Sammelgerinne Plesching – ein renaturierter Gewässerverlauf.

Die Donau (Ottensheimer Straße beim Steinmetzplatzl) – die große Lebensader in der Linzer Landschaft.

adern – durchziehen wie Lebensadern eine Landschaft, auch eine Stadt. Gerade dort verbinden sie die freie Landschaft mit der dicht bebauten Stadtlandschaft. Sie vernetzen die zwei unterschiedlichen Lebensräume. Zumindest könnten sie es bzw. taten sie es. Ohne Rücksicht auf ökologische Zusammenhänge wurden sie einst verbaut und kanalisiert, verbetoniert und begradigt. An manche Bäche erinnern heute nur mehr Straßennamen, wie z. B. die Baumbachstraße beim Neuen Dom oder die Füchselstraße. Von beiden Bächen gibt es keine Spur mehr, wobei der Füchselbach bis in die Mitte der 30er Jahre das ganze Stadtgebiet von West nach Ost durchquerte.

In Linz gibt es noch 34 Fließgewässer mit einer Gesamtlänge von 105 km, inklusive den großen Flüssen Traun und Donau. Zwar sind davon nur 4 % absolut naturfremd, aber immerhin 60 % ökologisch deutlich beeinträchtigt. Das Renaturierungs-Projekt soll den Bächen ihr natürliches Gesicht und ihre natürlichen Funktionen wiedergeben. 1989 begann man mit der Verwandlung eines ersten Teilstückes. Der Weidingerbach, ein alter Mühlbach im Stadtteil Auwiesen, wurde vor seiner Zuschüttung bewahrt und auf einer Länge von 2,5 km neu gestaltet.

Ein nächstes Projekt verwirklichte sich ebenfalls im Süden der Stadt, an der Grenze zu Asten. Ein Teilstück des Tagerbachs, das geradlinig und ohne begleitenden Auwald verlief, war ständig mit überhängendem Gras verwachsen. Sein Gerinne mußte immer aufwendig geräumt werden. Der Gewässerbezirk Linz, das Tiefbauamt und die Naturkundliche Station entwickelten einen Plan für seine Umgestaltung. Das Bachbett wurde beträchtlich ausgeweitet, das Ufer stellenweise mit Weidenflechtwerk gesichert, Bachgehölze wurden gepflanzt, die mit ihrem Schatten das Gewässer vor seiner Verkrautung schützen, und Schwellen in der Bachsohle angebracht, damit das Wasser durchwirbelt und belebt wird.

Genau 4,6 km hat die Stadt Linz bereits rückverwandelt, mehr als doppelt soviel sollen in der nächsten Zeit dazukommen. Das größte Vorhaben ist dabei die Rückgewinnung eines Mühlbachsystems in Pichling. In der geplanten „Solar-City" werden nicht nur Wohnungen entstehen, sondern seit Jahrzehnten trocken liegende Gräben wieder geflutet. Daß Bäche wertvolle Biotope sind, begreifen Kinder sehr schnell. Sie nutzen die natürlichen Strecken sofort als erweiterten Spielplatz. So soll es sein. Der Rückbau der Gewässer ist kein Verschwenden von öffentlichen Geldern, keine Ausgabe allein „für die Fische", sondern er belebt dichtverbaute Wohngebiete und bringt Lebensqualität in die Stadt.

Stadtbauern

Daß in Linz Stahl hergestellt wird, weiß jeder zwischen Neusiedler- und Bodensee, daß in Linz auch intensiv Streuobst angebaut wird – zwi-

Ein Bauernhof in der Stahlstadt.

Der Hammer-Hof in Maderleiten, St. Magdalena.

Stadt-Schafe unweit der Universität.
Die Weide des Schatz-Bauern im Auhof.

schen St. Magdalena und St. Margarethen –, wissen schon weniger. Daran, daß es in der Stadt nach den Dämpfen aus den Industrieanlagen stank, kann sich jeder erinnern, daß es noch immer an manchen Tagen nach Gülle und Dünger oder nach frischgemähten Wiesen und Heu riecht, fällt den Bewohnern kaum auf. 111 aktive landwirtschaftliche Betriebe gibt es in Linz, ziemlich genau Hälfte-Hälfte links und rechts der Donau, im Mühlviertel und auf der Traun-Enns-Platte gelegen. Die tägliche Arbeit der Bauern hat einen hohen gesellschaftlichen Wert. Sie garantieren den Erhalt der traditionellen Kulturlandschaft: dazu gehören die Hecken, Wiesen, Äcker und ihre Raine, alte Obstsorten, die Bäume und letztlich die Bauernhöfe. Der für den Artenreichtum, das Stadtklima und die Naherholung wichtige Grüngürtel wird teilweise von ihnen gepflegt. Das weiß auch die Stadtverwaltung und fördert daher diese Pflegearbeit seit 1993. Unterstützt werden konkrete Maßnahmen der Bauern

Linzer Stadtbauern erhielten Förderung

Die vorbildliche Förderungsaktion der Stadt Linz für die Pflege von Wiesenböschungen und Randstreifen fand bei den Stadtbauern großen Anklang: Insgesamt 68 Linzer Bauern beteiligten sich an der Aktion für naturnahe Bewirtschaftung und erhielten für ihren Mehraufwand 993.000 Schilling ausbezahlt.

OÖ. Krone, 21. Februar 1997, Seite 20.

zur Bewahrung der Kulturlandschaft: Für eine naturschutzorientierte Wiesenbewirtschaftung, d. h. bei Verzicht auf Kunstdünger und Herbizide, oder für die Pflege von Ackerrainen – schmale Streifen zwischen einen und fünf Metern Breite –, wenn sie mit der Sense gemäht und nicht als Feldweg benutzt werden, gibt es eine Entschädigung. Auch der Erhalt von Wiesenböschungen und Randstreifen zwischen Kulturflächen und ökologisch wertvollen Flächen wird unterstützt.

Besonders gefördert wird die Anpflanzung von Streuobstbäumen. Alte Obstsorten sollen dadurch vor dem Aussterben bewahrt werden; und Linz kann weiterhin Hauptstadt des Mostlandes Oberösterreich bleiben, ohne allzu viel des Getränks vom Kremstal oder gar aus dem Mostviertel importieren zu müssen. Immer mehr Bauern lassen sich auf die genauen Bedingungen und Förderungsrichtlinien ein und beteiligen sich damit aktiv an der ökologischen Gestaltung ihrer Heimat. Von 1994 auf 1995 stieg die Zahl der Anträge und damit auch die Förderungssumme beträchtlich: genau 895.168.– zahlte die Stadt an die 70 Antragssteller aus, um viele hundert Hektar in ihrer ursprünglichen Eigenschaft als blühendes, grünes, ja saftiges Stück Land zu erhalten.

Stadtparks

Was ist ein Park, und wo gibt es Parks? Die Antworten fallen in Linz nicht schwer: Vorweg sind es öffentliche Erholungsanlagen. Grüne In-

Ansichten eines Parks: der neue 90.000 m^2 große Erholungspark in Urfahr (auch S. 168).

seln zwischen den Straßen und Häusern der Stadt. Ein Platz für den Menschen, kein Platz für die Autos. Jeder kann dort gehen und sitzen; allein, zu zweit oder mit seinem Hund; verträumt und verliebt oder einfach ausspannend. Jeder kann auf den Bänken oder im Grünen hocken und sich sonnen, eine Arbeitspause machen, sich erholen und tief einatmen, bevor ein neuer Termin auf der Tagesordnung steht.

Die Antwort auf die zweite Frage – wo gibt es Parks? – ist ebenfalls leicht zu beantworten: in nächster Nähe, nur ein paar Ecken weiter. Denn in Linz gibt es insgesamt 38 öffentliche Parks und Erholungsanlagen. 215 Hektar der Stadtfläche nehmen sie ein. Das ist knapp ein Drittel der für den Verkehr reservierten Fläche. Alphabetisch reichen die Parkanlagen vom Andreas-Hofer-Platz bis zum Winklerwald. Geographisch sind sie verstreut über das ganze Stadtgebiet. Sozusagen am „grünen" Tisch entschied die Stadt in den letzten Jahren gezielt, in den verschiedenen Wohngebieten und Stadtteilen Grundstücke für den Ausbau von Parkanlagen zu widmen. Beeindruckende neun Hektar reservierte man z. B. in Urfahr für einen Park in Heilham, am Bulgariplatz ließ man ganz bewußt die letzte Fläche unverbaut, um den flutenden Verkehrsströmen eine grüne Insel in der Mitte zu geben.

Den „Panuli-Park", die grüne Insel im Verkehrsstrom des Bulgariplatzes, gibt es erst seit wenigen Jahren.

Der Volksgarten, ein Klassiker der Linzer Parkanlagen.

Dafür, daß die Parks wirkliche Erholungsstätten sind, sorgen ca. 250 Mitarbeiter des Gartenamtes. Sie mähen, gießen, pflegen, putzen. Die Blumenbeete müssen geplant und angelegt werden. Die Abfallkübel müssen regelmäßig entleert, die Bänke gewartet und die Wege und Flächen sauber gehalten werden. Niemand würde sich freuen, in einem dreckigen Flecken spazieren zu gehen oder sich beim Niedersetzen seine Kleidung zu beschmutzen. Unlängst rief die Zeitschrift „Lebendiges Linz“ dazu auf, den schönsten Linzer Park zu küren. Gewonnen hat bei dieser Aktion – nein, nicht der Donaupark und auch nicht der Wasserwald, sondern der Botanische Garten. Er ist darüber hinaus auch der ideale Park für Experten, d. h. für Pflanzenliebhaber und -kenner. Sogar die UNESCO würdigte diese Anlage für seine Sukkulentenhäuser.

Die Klassiker unter den Linzer Parkanlagen sind sicher der Schillerpark und der Volksgarten. Sie liegen im Zentrum und werden in der Früh von den arbeitenden Menschen in der Innenstadt durchquert, etwas später von den Einkäufern und Schaufensterbummlern, mittags werden sie bei schönem Wetter wieder von den Menschen belebt, die ihre Arbeitspause im Freien verbringen wollen, und abends von einigen Nachtschwärmern, die zum Glück nur selten ihre Wut an den Bänken auslas-

Gepflegtes städtisches Grün: die Glashäuser des Gartenamtes, die international gewürdigten Sukkulentenhäuser im Botanischen Garten, ein Blumenarrangement in Kleinmünchen.

Südliches Flair in der Innenstadt:
ein prachtvoller Innenhof in der Bischofstraße (oben), der Postpark in der Huemerstraße (unten).

Summer in the City: ein Biotop (links), ein Park (Simonystraße, Kleinmünchen), ein Platz mit Tauben (Hessenplatz).

Der neue Erholungspark (Bildmitte) für die Bevölkerung von Dornach-Auhof.

Der WAG-Park im neuen Stadtteil Oed, eine Naherholungsoase für die ganze Familie.

sen, sondern eher stille, dunkle Plätzchen schätzen. Vom Weihnachtsmarkt muß man hier nichts erzählen, den kennt jeder als Zielpunkt für herzhafte Erwärmungen, wenn die Temperaturen zu Jahresende unter dem Gefrierpunkt liegen.

Die bisher vorgestellten Aktivitäten der Stadt im Umweltbereich – das Anlegen von Parks, die Förderung der Bauern, die Dokumentation von Biotopen, das Erstellen von Konzepten zum Erhalt der Artenvielfalt – standen nicht wortwörtlich im Linzer Programm von 1985. Ihre Dringlichkeit ergab sich erst im Laufe der Zeit. Aber daß überhaupt auf die Umweltsituation so sorgfältig und so sensibel geachtet wurde, ist sehr wohl diesem Programm zu verdanken. Man erkannte den Umweltschutz als wichtiges politisches Thema und stellte fest, daß der Umgang mit Boden, Luft, Wasser und den natürlichen Rohstoffen in den letzten Jahrzehnten viel zu sorglos war: „Umweltpolitik darf nicht bloß als nachträgliche Bekämpfung bereits verursachter Umweltbelastung betrachtet werden. Sie muß als Einflußnahme auf die Art und Weise, wie produziert und konsumiert wird, verstanden werden. Umweltpolitik ist somit untrennbarer Bestandteil der Wirtschaftspolitik und Raumplanung. (...) Für die Zukunft muß die Politik weitsichtiger agieren und schädliche Entwicklungen bereits im Ansatz vermeiden. (...) Vorbeugen ist besser als heilen!"

Mitten im Bauernland der „Linzer Lido" Pichlinger See.

Der Linzer Grüngürtel im Norden mit dem Haselgraben.

Zur damaligen Zeit (– es scheint wirklich schon sehr lange her –) gab es im Umweltbereich ein Thema, das über der ganzen Stadt lag wie eine Glocke oder wie ein Mantel und Mensch und Natur belastete: die schmutzige Linzer Luft. Alles andere waren vergleichsweise Kleinig- und Nebensächlichkeiten. Daher setzte man sich ein kühnes Ziel, so kühn, daß man anfangs dafür sogar belächelt wurde: „Linz muß die sauberste Industriestadt Österreichs werden!“

Gebürtige Linzerinnen und Linzer erinnern sich an die Zeit des Wiederaufbaus nach dem Krieg: an rußschwarzes Badewasser, wenn Kinder vom Spielen im Freien nach Hause kamen, an unerträgliche Geruchsbelästigungen, denen niemand ausweichen konnte, an dreckige Windschutzscheiben, die nach einer längeren Stehzeit mit der Scheibenwaschanlage des Autos gar nicht zu säubern waren. Das war der Preis

Die Wallfahrtskirche am Pöstlingberg, das Linzer Wahrzeichen.

für den Fortschritt und den langsam wachsenden Wohlstand. Selbstverständlich blühten in diesem Klima auch Wiesen und Blumen, aber vor allem blühte die wirtschaftliche Konjunktur. Dafür nahm man alles in Kauf. Die Belastung durch Luftschadstoffe war für die Bevölkerung paradoxerweise so etwas wie ein „natürliches" Phänomen. Sie gehörte lange Zeit zum Leben in dieser Stadt so wie der Bischof in den Dom und der Fußball in das gegnerische Tor.

Zeitungsberichte beeinflußten massiv die öffentliche Diskussion über dieses Thema und begannen, das Bewußtsein zu verändern. „Smogalarm", „Störfälle", „Bürgerinitiativen" waren vielgebrauchte Worte in den oberösterreichischen Zeitungen. Im Sommer 1981 titelten die OÖ Nachrichten: „Krebserreger in der Linzer Luft über dem Zentralraum". Zur Geruchsbelästigung kamen die Gesundheitsängste. Sämtliche heimlichen Befürchtungen der Bürgerinnen und Bürger schienen unheilvoll bestätigt. Die Gesundheit aller war bedroht. Zum Glück bestätigte sich der leise Verdacht der städtischen Abteilung „Umwelthygiene", daß es sich bei den festgestellten Werten um Fehlmessungen handelte. Doch das Prinzip „Umweltschutz" bekam in den folgenden Monaten und Jahren einen immer stärkeren Stellenwert. Die strikte Ablehnung „grüner" Maßnahmen – von den einfachen Arbeitern genau so wie von den Direktoren und auch den Politikern – weichte sich auf. Eines der letzten Taten des zurücktretenden Bürgermeisters Hillinger im Dezember 1983 war die Einrichtung des Amtes für Umweltschutz. Sein Nachfolger Hugo Schanovsky spürte den gesellschaftlichen Wandel und unterstützte seine Dynamik. Im zukunftsweisenden Linzer Programm – aus dem eingangs markante Sätze zitiert wurden – bekam der Bereich „Umwelt – Natur – Energie" einen breiten Raum. Im (gemeinde)politischen Sinn war 1985 das Geburtsjahr des Umweltschutzes in Linz.

Ein Jahr später brachen die letzten Zweifel an der Dringlichkeit der Sanierung von Industrieanlagen zusammen. Wieder war es Sommer, eine Arbeitswoche ging zu Ende, die Menschen freuten sich auf das Wochenende. Und wem es freitags nicht auffiel, konnte es samstags in der Zeitung lesen: Die Luft wurde verpestet wie noch nie und gleichzeitig die Donau vergiftet. Durch Störfälle in den Anlagen der Chemie und der VOEST gelangten Zyanide aus dem Hochofen ins Wasser bzw. drang Schwefeldioxyd in die Luft, sodaß in Steyregg der zugelassene Grenzwert der Belastung um 857 % überschritten wurde. Das war am 11. Juli 1986. Wenige Monate zuvor war die Wolke von Tschernobyl über die Stadt gezogen. Die Geduldsgrenze der Bevölkerung war erreicht, der Leidensdruck für manche unerträglich. Der „Schwarze Freitag" hatte Kon-

Die weiße Weste der Industrie:
Die Sinteranlage mit der von der VAI entwickelten neuen Entstaubungsanlage und die neue Gießhallenentstaubungsanlage des Hochofens A in der VOEST.

sequenzen: die Staatsanwaltschaft ermittelte, die Stadt machte Druck, die Betriebe gestanden Fehler ein und versprachen rasche und wirkungsvolle Maßnahmen.

Zur Verbesserung der Linzer Luft mußten die großen Industrieanlagen und das Heizkraftwerk saniert werden. Sie waren die größten Emittenten, sprich Verschmutzer. Bund, Land und Stadt richteten einen Umweltfonds ein, um die geplanten Maßnahmen finanziell unterstützen zu können. Ansonsten wäre es den Betrieben wirtschaftlich nicht zuzumuten gewesen, die Reparaturen durchzuführen. Vorzuschreiben wäre es ihnen auch gar nicht gewesen, denn die Gewerbeordnung schützte mit dem Argument der Unzumutbarkeit die Unternehmen vor regulierenden Eingriffen der öffentlichen Hand.

Die Verbesserung der Luft gelang nur durch eine enge Zusammenarbeit zwischen Politik und Industrie. Die Güte dieses Verhandlungsklimas ermöglichte erst die mittlerweile erreichte Luftgüte der Stadt. Drei große Maßnahmenpakete wurden geschnürt, die schrittweise zur Verbesserung führten. Von 1985 bis 1990 gelang es mit der Konzentration der Rohstahlerzeugung und der Stilllegung des LD-Stahlwerkes II, den Schadstoff-Ausstoß von 46.000 Tonnen um mehr als die Hälfte zu senken. Zwei Jahre dauerte die Durchführung des zweiten Pakets. Die Belastung durch Stickoxide und durch Staub konnte u. a. mit Eingriffen in die Salpetersäureanlage und in die Sinteranlage verringert werden. Das Fernheizkraftwerk Mitte bekam eine Rauchgasentstickung. Die dritte Phase dauerte von 1993 bis 1995. Dabei gelang es durch die Gießhallenentstaubung beim Hochofen A der VOEST und durch Verbesserungen bei der Pflanzenschutzmittelproduktion der OMV-Chemie, die Staubemission und die Geruchsbelästigung weiter zu vermindern.

Diese von 1985 bis 1995 laufenden Investitionen machten Linz zur saubersten Industriestadt Österreichs. Das Ziel war erreicht. Und sogar noch mehr. Denn der anfangs von vielen befürchtete Effekt der Verringerung von Arbeitsplätzen durch strenge Umweltschutzmaßnahmen trat nicht ein, im Gegenteil, die technischen Innovationen schufen neue.

Mit der VA-Tech und ihren Töchtern, wie Industrieanlagenbau, Austrian Energy und VOEST-ALPINE MCE, gibt es Unternehmen in der Stadt, die, führend in der Umwelttechnologie in Österreich, diese Investitionen durchführen konnten.

Die Politiker sind den Weg konsequent gegangen. Der in den ersten Sanierungsjahren zuständige Stadtrat Josef Ackerl mußte sein breites Handlungs-Repertoire ausspielen: Juristische Finessen und Klagen, Bitten, Fordern und Fördern, diplomatisches Verhandeln, Anfachen einer öffentlichen Diskussion, Überzeugungsarbeit auf allen Ebenen waren die Mittel zum Zweck.

Nicht nur die Großbetriebe verschmutzten die Linzer Luft. Kleinere Gewerbetreibende und private Haushalte mußten genauso in die Maßnahmen einbezogen werden. Zu Weihnachten 1988 griff die Stadt hart

Der Hausbrand – ein Verschmutzer der Linzer Luft – wird immer mehr von Fernwärme und Gas verdrängt.

durch und legte neun Wäschereibetriebe still, weil sie mit gesundheitsgefährdenden Stoffen arbeiteten. Um den Hausbrand zu verringern, förderte man die Heizungsumstellung auf Fernwärme bzw. verpflichtete z. B. das Franckviertel flächendeckend zum Umstieg. Durch den Anschluß von 90 % der Wohnungen in Linz an leitungsgebundene Energieträger werden die Bewohner bis ins Jahr 2000 ihrer Stadt 150.000 Tonnen CO_2-Ausstoß ersparen.

Um die erreichte Luftgüte zu bewahren, breitete das Amt für Umweltschutz ein Luftüberwachungsnetz über die Stadt und beobachtet seither genauestens die Entwicklung der Schadstoffe. Im Verhältnis zur Einwohnerzahl ist es das dichteste der Welt. Gemessen werden Emission und Immission; das eine sozusagen am Schornstein, das andere am Boden. Die Betriebe übermitteln die Daten ihres Schadstoffausstoßes an die Stadt. Stadt und Land betreiben die Meßstationen für die Immission und registrieren die Menge der ankommenden Verschmutzung. Derzeit gibt es genaue Untersuchungen zum Stadtklima. Denn entscheidend für die Luftgüte ist die Belüftungssituation der Stadt. Wenn sie sich durch dichte Verbauungen und Flächenversiegelungen verschlechtert, werden die guten Daten bei der Emission schlagartig nutzlos. Daher gibt es für das

Der Linzer Müll von einem Tag nimmt Aufstellung am Hauptplatz.

Zukunftsprojekt „Solar City“ in Pichling klimaökologische Begleitstudien, die die Auswirkungen der Siedlung auf die Frischluftzufuhr für die Innenstadt abschätzen.

Die eben skizzierten Studien und Untersuchungen sind bereits Schritte auf einer neuen Etappe der städtischen Umweltpolitik. Die zehn Jahre dauernde Reparatur alter Umweltsünden ist abgeschlossen. Jetzt geht es darum, Schäden schon im Ansatz zu vermeiden; was heißt vermeiden – gar nicht erst entstehen zu lassen. Beim Wort „vermeiden“ denkt wohl jeder zuerst an den Müll. Selbstverständlich liegt es nicht an der Stadt Linz, ob und wie Produkte verpackt sind. Sie kann nur versuchen, Alternativen im Sammelwesen anzubieten, um die täglich anfallenden Abfuhrmengen zu verringern. Die Erfolge sind an sich erfreulich. Die Müllmenge sank innerhalb von 1988 bis 1995 um knapp fünfzehntausend Tonnen.

Kein von Hundertwasser geschmückter Immissionsmesser, sondern sein Brunnen auf der Spittelwiese.

Die Stadt und die Nachhaltigkeit

Linz ist die erste Großstadt in Österreich, die Biomüll über eigene Biotonnen entsorgt. In den Altstoffsammelzentren werden mit der bereitwilligen Mitarbeit der Bürger weitere Produkte getrennt gesammelt und wenn möglich einer Wiederverwertung zugeführt. Wie man mit dem verbleibenden Müll umgeht, ist noch unklar. Für eine thermische Lösung, also Verbrennung, spricht im ersten Moment viel, bei näherer Überlegung finden sich aber gewichtige Gegenargumente. Der zuständige Stadtrat Erich Haider formuliert gleich drei. Erstens ist das Verbrennen teuer. Derzeit kostet eine Tonne 4500.–; im Vergleich dazu liegen die

Deponiekosten für die gleiche Menge bei ca. 1400.–. Zweitens gibt es ein politisches Argument: Die Verbrennung zerstört die Vermeidung. Dadurch, daß man alles bis zu einem Aschenrest reduzieren kann, wird die notwendige Überzeugungsarbeit, Müll bei seiner Entstehung, also Verpackung, zu vermeiden, unterlaufen. Und drittens ist eine thermische Lösung unökologisch. Die Schadstoffe werden von der Erde nur in die Atmosphäre verlagert.

Im Sinne der Nachhaltigkeit wird es bei allen städtischen Projekten in Zukunft selbstverständlich sein, die Folgen und Auswirkungen einzuschätzen und auf ihren ökologischen Wert zu überprüfen. Dazu bekannte sich der Linzer Gemeinderat in seiner Sitzung vom 21. September 1995. Die wichtigsten Prinzipien dieser Erklärung sind die Bewahrung und Entwicklung der Naturreichtümer, die Verantwortung für das Weltklima und die Effizienzsteigerung bei der Produktion. Die Nachhaltigkeit ist somit Garant, daß die kommenden Generationen eine intakte Umwelt vorfinden und keine gesellschaftlichen Mittel für Reparaturkosten aufbringen müssen. Besonders in den Bereichen des Lärmschutzes, der Abfall- und Stromwirtschaft, der Grünraumsicherung und der Verkehrspolitik wird diese Haltung viele neue Anregungen und Ergebnisse bringen.

Straße und Grünstreifen, städtische Harmonie für Mensch und Natur in Alt-Urfahr West.

Wasser und Beton, Stadt und Natur sind keine Widersprüche. Brunnen im Bulgariplatzviertel; Geschenk der Firma Porr zum 500-Jahr-Jubiläum der Stadt Linz.

Helmut Fiereder

VERKEHR IN LINZ

Das Verkehrsgeschehen in unseren Städten steht ganz im Zeichen des spannungsgeladenen Verhältnisses zwischen den Trägern des Umweltverbunds (= öffentlicher Personennahverkehr, Radfahrer, Fußgänger) einerseits und dem motorisierten (Individual)Verkehr andererseits. Wenn wir im folgenden Kapitel das Verkehrsgeschehen in der Landeshauptstadt Linz während des letzten Jahrzehnts beleuchten, dann wird unser besonderes Augenmerk diesem konfliktgeladenen Verhältnis gelten, was aber nicht heißen soll, daß wir darüber andere Aspekte des Linzer Verkehrsgeschehens vernachlässigen wollen.

Ungebremste Zunahme des motorisierten Individualverkehrs

Es ist fast ein Gemeinplatz, darauf zu verweisen, daß der motorisierte Individualverkehr beständig zunimmt: heute zählt man weltweit annähernd 600 Millionen Pkw, bei ungebrochenem Wachstum der Fahrzeugflotten in allen Kontinenten; in Nordamerika und Westeuropa ist schon lange die Vollmotorisierung erreicht, auf tausend Einwohner kommen 400 bis 500 Pkw (Linz 434). Damit hat die Entwicklung ein bedrohliches Maß angenommen, der Pkw-Verkehr zählt weltweit zu den wichtigsten Emittenten umweltrelevanter Substanzen, darunter NO_x, CO und CO_2; alle diese Gase sind Treibhausgase und damit in hohem Maße mitverantwortlich für die als Treibhauseffekt bekannte Erwärmung der Erdatmosphäre; manche sind darüber hinaus noch äußerst giftig.

Sind Treibhausgase eine Gefährdung des gesamten Weltklimas, so ist Lärm eine weitere durch den Verkehr erregte Umweltbelastung, die vor allem die Bevölkerung der Ballungsräume betrifft. Dies gilt auch für Linz, nahezu die Hälfte der Bevölkerung der Landeshauptstadt fühlt sich durch Verkehrslärm gestört.

Selbstverständlich wird niemand versuchen, die Uhr zurückzudrehen, niemand will den Pkw verteufeln, ist es doch gerade auch das privat genutzte Kraftfahrzeug, das Massenmobilität und damit ein hohes Maß an individueller Freiheit ermöglicht. Die rücksichtslose Durchsetzung des geheiligten Prinzips der automobilen Gesellschaft „freie Fahrt für freie Bürger“ mündet aber sehr bald im kollektiven Stau, wie uns der Berufsverkehr in unseren Städten tagtäglich dramatisch vor Augen führt. In den meisten Städten Mittel- und Westeuropas trachten Politik und Verwaltung daher auch, den motorisierten Individualverkehr (IV) aus den Städten zu verdrängen oder wenigstens einzuschränken, der öffentliche Personennahverkehr (ÖV) wird bei jedem nur denkbaren Anlaß als einzig mögliche Alternative beschworen; Politik und Verwaltung können sich dabei zumeist sogar der Zustimmung der Bevölkerung sicher sein. Und dennoch wird, trotz aller Bekenntnisse zum ÖV, im Fall eines Konflikts zwischen den Verkehrsträgern noch immer grundsätzlich dem IV der Vorzug gegeben. Dabei ist inzwischen jedermann klar, daß die Gebietskörperschaften angesichts der leeren öffentlichen Kassen immer weniger in der Lage sind, die für den Straßenbau erforderlichen Mittel aufzubringen. Und den immensen Verbrauch des IV an gerade in den Städten knappen Flächen können wir uns ebensowenig noch leisten, wie die Anwohner bereit sind, die Tag und Nacht währende Lärm- und sonstige Umweltbelastung zu ertragen. Außerdem sollte hinlänglich bekannt sein, daß unsere Städte (genauer die historischen Stadtkerne) seinerzeit nicht für den Pkw, sondern wesentlich für den Fußgänger angelegt wurden.

Entsprechend der für alle Bereiche der Linzer Kommunalpolitik seit der Mitte der 80er Jahre konsequent angestrebten Verwissenschaftli-

Die Zukunft der Stadt: die Verkehrshölle? (Im Bild: A7, Höhe Bindermichl, morgendliche Stoßzeit.)

chung suchte man jetzt auch für die Verkehrspolitik die Datenbasis zu verbreitern. Am Beginn der 90er Jahre stand daher eine von der Stadt Linz in Auftrag gegebene Erhebung über das Verkehrsgeschehen in und um die Landeshauptstadt. Wohl nicht ganz unerwartet konnte man der im Herbst 1990 vorliegenden Untersuchung entnehmen, daß der Anteil des Umweltverbunds an den von der Bevölkerung getätigten (werk)täglichen Wegen inzwischen unter 50 Prozent gesunken war; der ÖV wurde für 36 Prozent aller Wege genutzt; für ein gutes weiteres Drittel der private Pkw, der Rest entfiel auf Fußgänger und Radfahrer. Dabei waren die mit dem Pkw zurückgelegten Entfernungen gering, bei mehr als der Hälfte aller Fahrten nur bis zu fünf Kilometer, die erzielten Reisegeschwindigkeiten von Tür zu Tür waren jenen von Radfahrern und Fußgängern vergleichbar.

Wahl der Verkehrsmittel in Linz

Die Entwicklung des Verkehrsgeschehens in Linz seit Mitte der 80er Jahre verlief damit weitgehend parallel zur allgemeinen Entwicklung in Westeuropa: trotz der, entsprechend des gestiegenen Umweltbewußtseins, verbesserten Akzeptanz des ÖV nahm und nimmt der IV stetig zu. Ziel der kommunalen Verkehrspolitik war und ist daher die Stabilisierung der Lage, erst dann ist an eine Trendumkehr zu denken.

Gegen den bis weit in die 70er Jahre herrschenden Zeitgeist hielt Linz an der Straßenbahn fest

Der eigentliche Siegeszug des Automobils setzte in Österreich in der zweiten Hälfte der 50er Jahre ein. Wiewohl damals erst eine Minderheit der Bevölkerung einen eigenen Pkw besaß (vielleicht gerade deshalb), wurde alle Verkehrsplanung den Bedürfnissen des Straßenverkehrs untergeordnet, es schien lange Zeit, als habe die Schiene ausgedient; die Bahn wurde jahrzehntelang geradezu sträflich vernachlässigt, Straßenbahnen verschwanden entweder ganz aus den Städten oder es wurde jedenfalls das Liniennetz drastisch gekürzt. Stadtplanung war weitgehend auf Verkehrsplanung zugunsten des Pkw reduziert; ein gutes Beispiel für diese Entwicklung ist in Linz der Generalverkehrsplan aus 1957. Trotz dieser bis heute währenden Dominanz des IV hat aber die Landeshauptstadt ihr öffentliches Verkehrsnetz ausgedehnt und insbesondere, im Gegensatz zu vergleichbaren Städten, die Straßenbahn nicht eingestellt. Dabei war die Beziehung der Stadt zu ihrer „Tramway" aber durchaus dialektisch, machte doch der herrschende Zeitgeist auch vor der Linzer Kommunalpolitik und -verwaltung nicht halt; und dieser Zeitgeist war noch in den 70er Jahren dem schienengebundenen ÖV in den Städten eben keineswegs gewogen, vielmehr wurde dessen Auflassung gefordert. Dennoch hielt die Stadt letztlich immer an der Straßenbahn fest, nicht zuletzt aufgrund der standhaften Haltung der ESG, die keineswegs daran dachte, die „Bim" einzustellen. Und so gleicht denn auch die Geschichte

Letzte Fahrt der „Linie M" am 3. März 1968.

der Linzer Straßenbahn in den 60er und 70er Jahren der klassischen Pilgerschrittprozession, zwei Schritten vorwärts folgte sogleich ein Schritt zurück: einerseits wurde die Linie 1 bis zur Universität verlängert, andererseits aber die Strecke Kleinmünchen – Ebelsberg eingestellt; wie sich alsbald zeigen sollte, eine folgenreiche Fehlentscheidung. Daß auch die traditionelle M-Linie aufgelassen wurde, wog im Vergleich dazu weniger schwer.

Die Verlängerung der Linie 1 nach Auhof (1975) war ein durchschlagender Erfolg: seit dem Beginn der 50er Jahre hatte die Straßenbahn rund 28 Millionen Fahrgäste jährlich befördert, in der zweiten Hälfte der 60er Jahre sank die Beförderungsleistung unter 20 Millionen, um mit der Verlängerung der Linie 1 sogleich auf 25 Millionen anzusteigen. Aufgrund dieses Erfolgs stand der Ausbau nach Auwiesen in den frühen 80er Jahren völlig außer Streit, nach der Inbetriebnahme dieses Teilstücks der Linie 1 (1983) stieg die Beförderungsleistung der Straßenbahn in Linz erstmals seit 1948 wieder auf über 30 Millionen Personen pro Jahr. Gleichermaßen unbestritten waren auch andere Ausbauvorhaben des ÖV in Linz, darunter vor allem die Elektrifizierung verschiedener innerstädtischer Buslinien (Umstellung von Autobus- auf Obusbetrieb) sowie die erst jüngst eingeführten Sammeltaxis und Stadtteilbusse, dienten diese Maßnahmen doch der Minderung der Lärm- und Abgasbelastung der Anrainer und der Erweiterung des Streckennetzes.

Stadtteilbusse: Aufschließung abseits der großen Linien gelegener Stadtteile (hier: Spallerhof). Das Luftbild (unten) zeigt, gelb umrandet, die Linienführung des Stadtteilbusses.

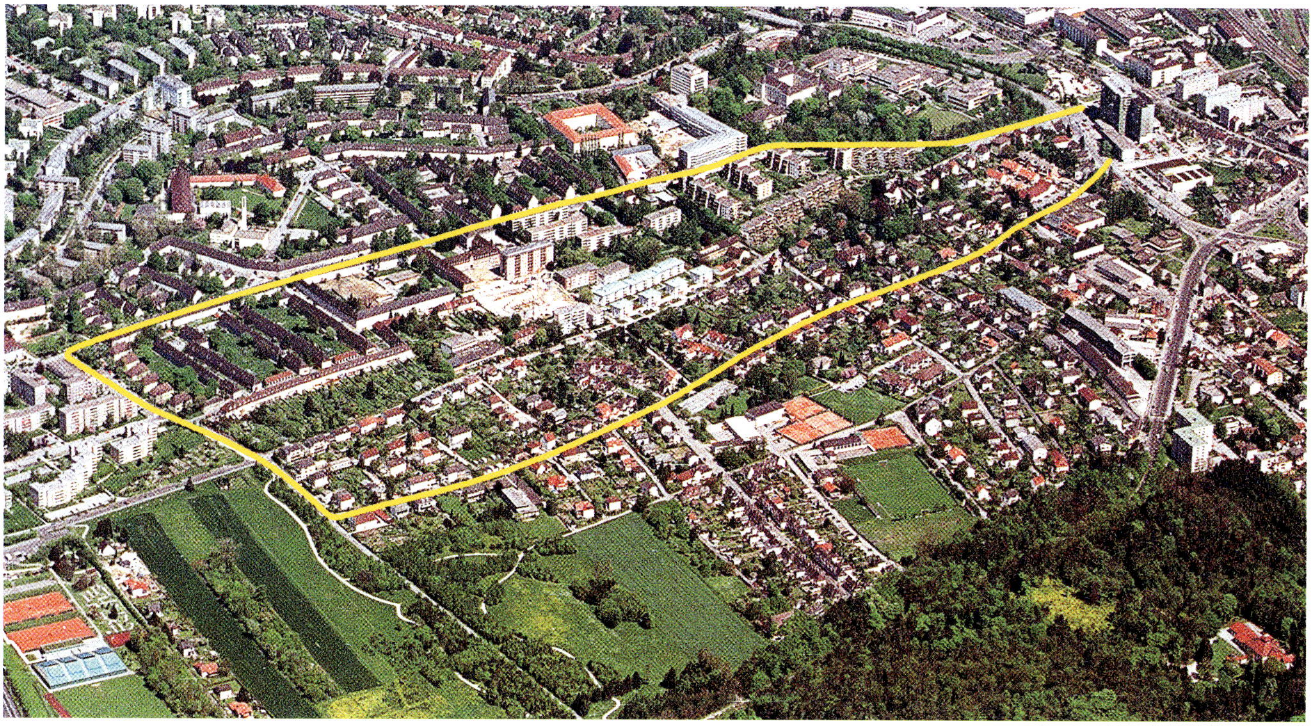

Modernste Ausstattung des ÖV in Linz: absenkbarer Niederflurbus, Fahrgast-Informationssystem (unten).

In Summe bewirkten alle Vorhaben zusammen eine erfreuliche Steigerung der Akzeptanz des ÖV im Raum Linz, die Fahrgastzahlen verdoppelten sich während der vergangenen drei Jahrzehnte: vom historischen Tief von etwa 43 Millionen Fahrgästen jährlich zum Ende der 60er Jahre stiegen sie auf zur Zeit über 82 Millionen. Rechnet man diese Zahl auf die Bevölkerung des von der ESG erfaßten Einflußgebiets um, so nutzt jeder Einwohner die öffentlichen Verkehrsmittel für durchschnittlich 349 Fahrten pro Jahr. Im Vergleich mit deutschen Städten liegt der Großraum Linz damit sehr günstig, so kommt etwa das gleich große Freiburg nur auf 266 ÖV-Fahrten/Jahr/Einwohner, was in den alten deutschen Bundesländern schon ein Spitzenwert ist.

Stadt	Einwohner im Einflußgebiet (tausend)	Fahrgäste/ Jahr (Mio.)	Fahrten/ Einw./Jahr	Streckenlänge (km)	Mitarbeiter
Linz	235	82,1	349	164	613
Braunschweig	345	39,8	115	763	727
Darmstadt	264	31,6	120	230	512
Düren	223	10,1	45	496	227
Freiburg	226	60,2	266	152	696
Heidelberg	273	35,0	128	131	586
Kassel	292	38,3	131	330	873
Magdeburg	282	65,0	230	144	1.148
Mainz	248	43,5	175	243	764
Rostock	231	44,9	194	280	885

Prognos-Studie zum ÖV in Linz

Seit der Mitte der 70er Jahre wurde in Oberösterreich über Ausbau und bessere Verknüpfung der Verkehrsträger des ÖV ÖBB-Schnellbahn, Linzer Lokalbahn (LILO) und Straßenbahn diskutiert, seit den späten 80er Jahren wurde das Konzept eines regionalen Verkehrsverbundes (OÖVV) erarbeitet; es dauerte bis zu dessen Realisierung allerdings bis zum Herbst 1996. Etwa in der Mitte der 80er Jahre setzte auch eine rege Diskussion über den Ausbau des Schienenverkehrs in Linz selbst ein, die weit über die bereits erwähnten Verlängerungen der Linie 1 hinauswies. Im Laufe eines Jahrzehnts wurden im Zuge dieser Diskussion von verschiedenen Seiten nicht weniger als 34 Studien mit rund 180 Einzelmaßnahmen vorgelegt, darunter die bekannten Varianten einer Stadtbahn sowie die Straßenbahn-Unterführung des Hauptbahnhofs. Die meisten der Untersuchungen waren nicht aufeinander abgestimmt, ja konkurrierten einander. Um endlich all diese, mitunter widersprüchlichen Vorlagen auf einen gemeinsamen Nenner zu bringen, ließ man sie durch das bekannte Schweizer Institut Prognos bewerten; das Institut stellte seine Untersuchung im Herbst 1995 vor.

Der Studie lag eine Verkehrserhebung im Großraum Linz aus dem Jahre 1992 zu Grunde sowie die bis 2002 erwartete Entwicklung von Bevölkerung und Arbeitsstätten (und damit des Verkehrsaufkommens) in Oberösterreich und im Bezirk Amstetten. Großraum und Landeshauptstadt galten den Gutachtern als Pkw-freundlich, der ÖV wurde differenziert bewertet: zwar sei die Stadt grundsätzlich gut erschlossen, manche Ortsteile an der nördlichen und südlichen Peripherie seien aber ungenügend, die ausgedehnten Industriegebiete im Osten kaum erreichbar; bei den Umlandgemeinden gäbe es insbesondere abends und an Wochenenden nur ein sehr eingeschränktes ÖV-Angebot. Als besonderes Problem wurde die Ausgestaltung des Netzes erkannt, was wohl in mangelnder Abstimmung zwischen den verschiedenen Verkehrsmitteln begründet war. Die Steigerung des Verkehrsaufkommens wurde für Oberösterreich insgesamt mit annähernd sieben Prozent geschätzt (zur Basis 1992), jene der Wege von und nach Linz sowie innerhalb der Stadt allerdings mit 23 Prozent oder knapp 120.000 Fahrten täglich. Und zumindest diese Zunahme des Verkehrsaufkommens würde ohne Ausweitung des ÖV auf den Autoverkehr entfallen. Ausführlich ging Prognos sodann auf die seinerzeit vorgelegten Konzepte ein, um diese abschließend in vier Planungsszenarien zusammenzufassen. Die angeregte Vorzugsvariante, Szenario A genannt, sah vor allem Angebotsverbesserungen im Rahmen des bestehenden ÖV-Systems vor. Schwerpunkte des auf Ausbau von Straßenbahn (ESG) und Schnellbahn (ÖBB) gegründeten Szenarios wa-

Landeshauptmann Dr. Josef Pühringer (2. v. l.), Bürgermeister Dr. Franz Dobusch (2. v. r.), Landeshauptmann-Stellvertreter Fritz Hochmair (l.) und Vizebürgermeister Komm.-Rat Karl Blöchl stellen die Ergebnisse der Prognos-Studie der Öffentlichkeit vor.

Schienengebundener Nahverkehr: Verkehrsträger mit Zukunft.

ren die Straßenbahnunterfahrung des Linzer Hauptbahnhofs, Verlängerung von Straßenbahnlinien und der Bau einer Eisenbahntrasse zwischen Bahnhof Urfahr und Hauptbahnhof Linz.; weitere größere Vorhaben wären die Errichtung eines Busbahnhofs auf dem Bahnhofsvorplatz Linz sowie die Verlängerung der LILO bis zum Design-Center. Als Realisierungszeitraum wurden zehn bis zwölf Jahre in Aussicht genommen, die Kosten schätzte Prognos mit annähernd 2,7 Milliarden Schilling (Preisbasis 1995).

Nach einjähriger, breiter Diskussion schlossen im Oktober 1996 das Land Oberösterreich und die Stadt Linz eine Vereinbarung über die Verwirklichung verschiedener Großprojekte, als deren erstes die Umsetzung des Prognos-Szenarios A genannt wurde: Rathaus und Landhaus kamen überein, die projektierten Kosten zu je einem Drittel zu übernehmen, das letzte Drittel wäre vom Bund zu tragen; sollte dieser aber seinen Anteil nicht oder nicht zur Gänze übernehmen, würden Stadt und Land ihre Anteile dementsprechend erhöhen. Zur Durchführung des gesamten Vorhabens wurde Ende 1996 eine Planungs- und Errichtungsgesellschaft gegründet, deren Arbeit durch einen von Land und Stadt paritätisch besetzten Lenkungsausschuß überwacht wird. Dieser Ausschuß wird auch weiterführende Projekte bearbeiten, wie etwa die über Prognos hinausgehende Erschließung von Pichling und andere mehr. Damit sind heute die Weichen gestellt für eine entscheidende Verbesserung des ÖV im Großraum Linz, was berechtigt hoffen läßt, daß ein erheblicher Anteil der zu erwartenden Steigerung des Verkehrsaufkommens auf den Umweltverbund entfallen wird.

Anschlußstelle Nebingerknoten A7, eines der wichtigsten Verkehrsbauwerke der 90er Jahre in Linz.

Der neue Nebingerknoten von oben. Links im Bild das Seniorenzentrum Ing.-Stern-Straße, rechts das im Entstehen befindliche HBL-Gebäude von Hoffmann-La Roche.

Straßenbauvorhaben für Linz: Umfahrung Ebelsberg und Einhausung A7

Seite 195: Einhausung A7. Das Luftbild zeigt den heutigen Zustand, die Zeichnung die in Aussicht genommene Unterflurtrasse der A7.

1 Tunneleinfahrt

2 Sportanlage

3 Kreisverkehr Muldenstraße

4 Bindermichl-Kirche

5 Ausfahrt Hummelhofknoten

6 Hummelhofknoten

7 neue Wohnhäuser

8 Tunneleinfahrt

9 Wagner-Jauregg-Spital

Der oberösterreichische Zentralraum mit der Stadt Linz als Mittelpunkt ist die wichtigste großstädtische Agglomeration zwischen den Metropolen Wien und München; Linz ist das Arbeits-, Dienstleistungs- und Schulzentrum der gesamten Region. Jeden Werktag werden für mehr als hunderttausend Wege in die Stadt private Pkw genutzt; in der überwiegenden Mehrzahl streben die Fahrzeuge auf gerade sieben Straßen der Stadt zu: im Süden auf A7 und B1, in der Mitte auf B139 und B3 und im Norden auf A7, B125 und B127. Dabei führt die A7, die wichtigste dieser hochrangigen Straßen, im Bereich des Stadtteils Bindermichl durch dicht verbautes Wohngebiet. In diesem Abschnitt wird die Autobahn heute von mehr als 90.000 Fahrzeugen täglich befahren; nach Südosttangente und Gürtel in Wien ist dies die höchste in der Republik erreichte Verkehrsbelastung. In der Tat ist die dortige Lärmbelastung kaum noch zu ertragen. Es ist verständlich, daß die Stadt danach trachtet, die schlimmsten Auswüchse dieses Ansturms zu mildern.

Größere Straßenbauvorhaben will die Landeshauptstadt heute nur noch dort in Angriff nehmen, wo sie im Sinne der Hebung der Lebensqualität der Bevölkerung erforderlich sind und mit dem ÖV vereinbar sind. Dies bedeutet die Umkehrung der seinerzeit geübten Praxis, die Stadt ist keinesfalls mehr bereit, dem IV mehr Raum zu gewähren als unbedingt erforderlich. Zwei solche Vorhaben, die Anschlußstellen an die A7 Franzosenhausweg und Nebingerstraße, sind bereits realisiert, zwei weitere Vorhaben stehen noch aus: die Umfahrung Ebelsberg sowie die Einhausung der A7 im Bereich Bindermichl. Das seit den 70er Jahren immer wieder geforderte Projekt einer Donaubrücke stromaufwärts der Nibelungenbrücke mit anschließendem Straßentunnel bis zur A7 auf der Höhe Bindermichl dürfte hingegen vom Bund auf die lange Bank geschoben worden sein, die Stadt hat es aber keineswegs aufgegeben. In der bereits erwähnten Vereinbarung zwischen Land Oberösterreich und Stadt Linz über die Verwirklichung von Großprojekten vom Oktober 1996 kamen die beiden Gebietskörperschaften überein, die Umfahrung Ebelsberg noch vor der Jahrhundertwende zu realisieren, parallel zum Ausbau des ÖV. Die Einhausung der A7 steht hingegen heute in Diskussion, der Linzer Gemeinderat hat zwar jüngst einen dementsprechenden Beschluß gefaßt, eine Entscheidung des Bundes ist derzeit noch nicht abzusehen.

Die oben dargestellte Ansicht der Stadt Linz, große Straßenbauvorhaben sollten keineswegs den Ausbau des ÖV beeinträchtigen, wird am Beispiel der Umfahrung Ebelsberg besonders deutlich. Die Planungen für eine solche hochrangige Straßenverbindung reichen weit in die 80er

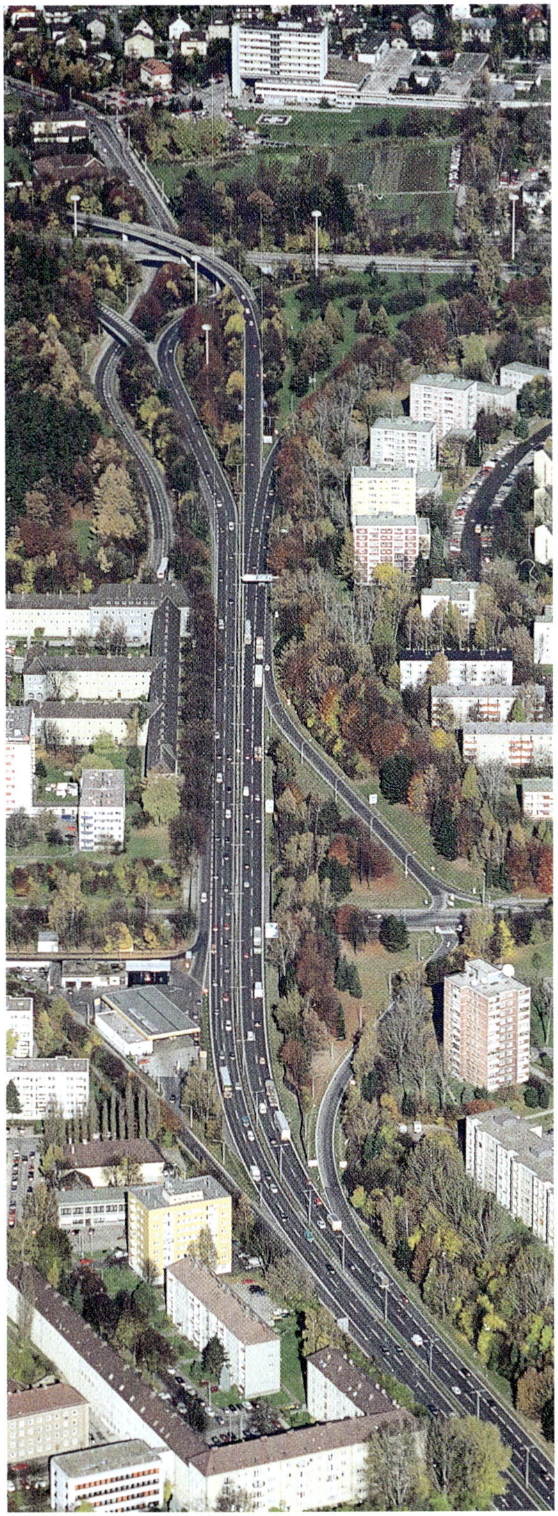

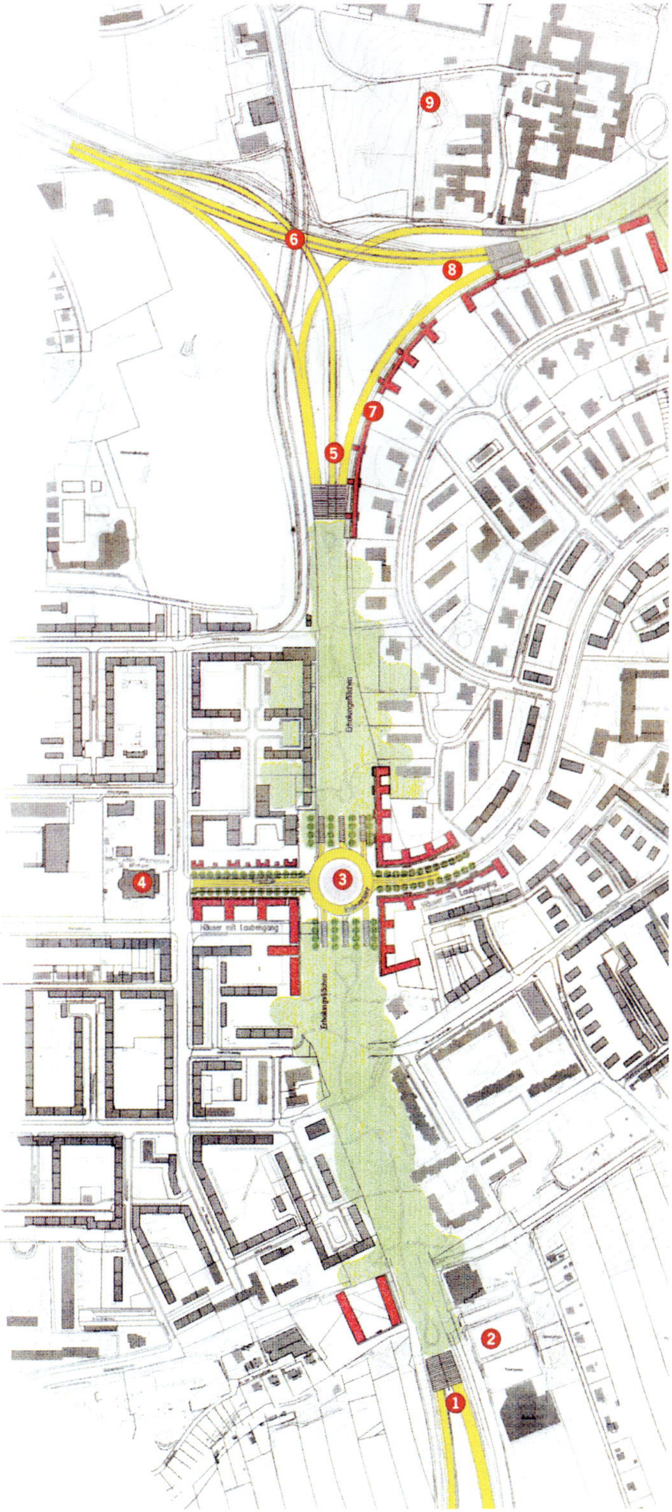

1
2
3
4
5
6
7
8
9
Häuser mit Laubengang
Häuser mit Laubengang

Trassenführung Umfahrung Ebelsberg.

Jahre zurück. Schon damals wurde die seinerzeitige Einstellung der Straßenbahnlinie 1 nach Ebelsberg als schwerwiegender Nachteil empfunden, vor allem in Hinblick auf die in den südlichen Stadtteilen geplante Stadterweiterung; für solche Bauvorhaben ist die gute Anbindung der in Aussicht genommenen Stadtteile an den ÖV unabdingbare Voraussetzung. Sollte aber eine Straßenbahnlinie nach Ebelsberg (und darüber hinaus) wieder errichtet werden, dann ist die Entlastung der Wiener Straße eine notwendige Voraussetzung, wurde (und wird) doch die B1 dort von täglich 20.000 Fahrzeugen genutzt; gleichzeitig würde die Verlagerung der Verkehrsströme die Lebensqualität der Bewohner wesentlich verbessern. Dabei gab die Kommunalverwaltung ursprünglich einer Umfahrung des Ortskerns von Ebelsberg den Vorzug, um dann aber unter dem Eindruck der im Wege der Bürgerbeteiligung vorgetragenen Anregungen auf die nunmehr beschlossene Variante einzuschwenken: vorgesehen ist der Ausbau der B1 bis Ufer, dort wird die neue Umfahrungsstraße abzweigen, in Tunnellage unter der Traun, anschließend parallel zur Wiener Straße zwischen VA-Werksgelände und ÖBB-Güterbahnhof zur A7 geführt. Damit wird nicht nur der eigentliche Ortskern von Ebelsberg vom IV entlastet, sondern darüber hinaus noch die Wiener Straße in ihrem ganzen Verlauf bis zur A7. Dieses Projekt, das mit mehr als 1,3 Milliarden Schilling veranschlagt ist, soll außerbudgetär finanziert und durch eine Sondergesellschaft errichtet werden. Stadt und Land vereinbarten eine Kostenbeteilung des Landes (Landesanteil 500 Millionen); eine Beteiligung des Bundes wird angestrebt.

Maßnahmen zur Verkehrsberuhigung

Wie oben schon erwähnt, bewerteten die Prognos-Gutachter Stadt und Großraum Linz insgesamt als Pkw-freundlich. Eine solche Einschätzung kam nicht von ungefähr, entsprechend dem damals herrschenden Zeitgeist wurde auch in Linz bis weit in die 80er Jahre der IV grundsätzlich bevorzugt. Spätestens seit 1985 wird das Verkehrsgeschehen insgesamt im Kontext eines neuen Urbanismus differenzierter gesehen, Verkehrspolitik gilt Politik und Verwaltung als eine zentrale Dimension der Stadtplanung, jedoch ohne die frühere, einseitige Betonung des IV; angestrebt wird ein ausgeglichenes Verhältnis zwischen den verschiedenen Trägern des Verkehrsgeschehens im Sinne des Prinzips der nachhaltigen Entwicklung. Für diese Sicht stehen nicht nur die erwähnten großen Vorhaben der nächsten Zukunft, sondern auch eine Vielzahl anderer,

Die Fußgängerzonen in der Innenstadt ziehen auch viele Radtouristen an.

Linz, eine Stadt der kurzen Wege und somit der Fußgänger und Radfahrer.

mitunter wenig spektakulärer Maßnahmen der jüngsten Vergangenheit: So wurde manches über das Ziel hinausschießende, den IV zu Lasten der Lebensqualität der Bevölkerung bevorzugende Verkehrsbauwerk zurück gebaut (vor allem überbreite Straßen), der Verkehr in Wohngebieten durch Aufpflasterungen und Einführung von Tempo 30 beruhigt, der dem ruhenden Verkehr zur Verfügung stehende Parkraum durch die flächendeckende Einführung von Gebührenparkzonen besser genutzt und durch den Neubau von Tiefgaragen im Stadtzentrum nahe der Fußgängerzonen sowie Bewohnergaragen (siehe die Beispiele in den peripheren Wohngebieten) beträchtlich ausgeweitet. Rückbauten, Tempo 30 und Gebührenparkplätze, bargen seinerzeit erhebliche Konfliktpotentiale, die aber durch die von der Stadt stets gepflogene Bürgerbeteiligung abgebaut werden konnten; heute gehören solche Konflikte der Vergan-

Verkehrsberuhigung in den Wohngebieten.

genheit an. Nicht ganz ohne Stolz kann die Landeshauptstadt inzwischen sogar darauf verweisen, daß die in Linz schon vor Jahren getroffenen Maßnahmen, wie etwa Aufstellung von Gebührenautomaten in Kurzparkzonen, inzwischen im gesamten Bundesgebiet Nachahmung finden. Mit Recht darf daher gesagt werden, Linz hat heute, verglichen mit Großstädten ähnlicher Größe, ein recht ausgewogenes (auf dem kommunalpolitischen Programm der Linzer Sozialdemokratie gegründetes) tragfähiges Verkehrskonzept für den Personennahverkehr.

Wir haben unser Augenmerk bei der Betrachtung des Verkehrsgeschehens im Bereich der Landeshauptstadt bisher auf den städtischen Personennahverkehr gelegt, wenden wir uns nun noch kurz dem interurbanen Verkehrsgeschehen zu. Der Zentralraum kennt interurbane Verkehrsströme zu Lande, zu Wasser und in der Luft, den verschiedenen Trägern kommt allerdings höchst unterschiedliche Bedeutung zu: die Masse an Personen- und Güterverkehren findet auf Straße und Schiene statt, wenngleich die hier tatsächlich abgewickelten Transporte kaum zu quantifizieren sind; die Wasserstraße nutzen fast ausschließlich Güterverkehre, während im Luftverkehr der Personentransport weit überwiegt. Für die Kommune gilt, daß sie zwar auf jedes dieser Transportmedien gewissen Einfluß ausüben kann, namentlich durch Baumaßnahmen, die Wirksamkeit solcher Eingriffe darf aber keinesfalls überschätzt werden.

Die Bevölkerung erlebt städtischen Verkehr in erster Linie als Personennahverkehr und damit als Spannungsverhältnis zwischen ÖV und IV;

der Waren- und Güterverteilung in der Fläche wird hingegen oft weniger Aufmerksamkeit gewidmet. Interurban auf Straße und Schiene fließende (Güter)Verkehrsströme werden wiederum sehr deutlich wahrgenommen, sind sie doch regelmäßig auf bestimmte, stark frequentierte Routen konzentriert. Da diese Routen die Arterien der modernen Volkswirtschaft sind, ist die Belastung der dortigen Anrainer mitunter unerträglich hoch. Als ein Beispiel für Linz ist hier vor allem die A7 zu nennen, welche die Stadt in Nord-Süd-Richtung durchschneidet. Es ist diese Autobahn aber nicht nur wichtigstes Einfallstor des IV aus den Süd- und Nordbezirken des Zentralraums, da sie einerseits die Verbindung zur A1, der wichtigsten Straße des gesamten Bundesgebiets herstellt, andererseits unmittelbar am VA-Gelände vorbei führt, fließen hier auch nahezu alle Straßentransporte zu und von den dortigen Betrieben; und alleine die Hütte hat ein Transportvolumen auf der Straße von mehr als zwei Millionen Tonnen pro Jahr. Dabei durchquert die Autobahn im südlichen Abschnitt dichtbesiedeltes Wohngebiet, wodurch es dort zu für die Bevölkerung kaum noch erträglicher Minderung der Lebensqualität kommt, namentlich durch Lärmbelastung. Die Stadt erwägt hier, wie schon ausgeführt, die Einhausung der Autobahn durch Absenkung in Tieflage; dieses Vorhaben ist derzeit allerdings noch nicht über das Diskussionsstadium hinaus gediehen.

Überregionaler Straßengüterverkehr im Raume Linz

Linz, Bahnknoten von europäischer Bedeutung

Ungleich besser als bei der Straße ist die Situation bei der Schiene. Nicht nur ist dieses Medium von vornherein weitaus umweltverträglicher, die den VA-Unternehmungen auf mehr als 280.000 Waggons zu- und ablaufenden Gütertransporte werden auch in einem eigenen, von den Wohngebieten deutlich abgegrenzten Güterbahnhof abgewickelt und stellen somit kaum eine Belastung für die Bevölkerung dar. Die Bahn hat allerdings im Raume St. Valentin-Wels Kapazitätsengpässe, ist dies doch der am höchsten belastete Abschnitt des gesamten österreichischen Eisenbahnnetzes. Hier wird erst der von der ÖBB seit langem geplante Bau eines dritten, eventuell vierten Gleises Abhilfe schaffen. Angesichts des wirtschaftlichen Potentials des oberösterreichischen Zentralraums und der nahen Regionen (Niederbayern, Südböhmen etc.) ein dringend erforderliches Ausbauvorhaben, soll die Schiene nicht noch weiter Marktanteile, sowohl im Güter-, als auch im Personenverkehr zu Gunsten der Straße verlieren; und daß der Trend weg von der Schiene hin zur Straße ungebrochen anhält, ist ja keine neue Erkenntnis. Dennoch besteht gerade für den Raum Linz berechtigter Grund zur Annahme, daß die Aussichten der Schiene, in der Konkurrenz zur Straße bestehen zu können, so schlecht nicht sind. Jedenfalls sind die Beförde-

Hauptbahnhof Linz.

rungsleistungen der Bahn im Raume Linz beachtlich, etwa 30.000 Personen treffen täglich auf dem Linzer Hauptbahnhof ein, darunter rund 18.000 Pendler, welche die Bahn für ihre täglichen Wege zur Arbeit nutzen. Auf den Linzer Güterbahnhöfen werden jährlich mehr als neun Millionen Tonnen Güter umgeschlagen, davon alleine im Bereich der VA sieben Millionen Tonnen.

Zu den interurbanen Fernverbindungen Straße und Schiene tritt in Linz als drittes Wegenetz von kontinentaler Dimension die Wasserstraße: die Linzer Wirtschaft ist in der glücklichen Lage, eine der wichtigsten europäischen Wasserstraßen nutzen zu können. Seit Jahrtausenden dient die Donau stromabwärts von Bayern als europäischer West-Ost-Hauptverkehrsweg. Bereits Karl der Große versuchte 793, eine Kanalverbindung zwischen den Quellgebieten von Rhein und Donau zu schaffen; das Vorhaben scheiterte. In der ersten Hälfte des 19. Jahrhunderts baute Bayern den Ludwigskanal, eine Wasserstraße, die zum Zeitpunkt der Fertigstellung (1845) vor dem Hintergrund des beginnenden Zeitalters der Eisenbahn bereits überholt war. Anfang der 20er Jahre begann man in Deutschland mit dem Bau einer modernen Großwasserstraße Rhein-Main-Donau. Bis zur Eröffnung dieser Großwasserstraße von europäischer Dimension im Jahre 1992 vergingen mehr als sieben Jahrzehnte, seither haben die Anrainerstaaten des Donaubeckens nun auch unmittelbaren Zugang nach Westen zu den großen deutschen Wasserstraßen und damit zu den westeuropäischen Wirtschaftsräumen des Rheingebiets und des ARA-Raumes (ARA = Amsterdam, Rotterdam, Antwerpen). Der

Die Kapazitätsreserven der Großwasserstraße Donau werden auf bis zu 20 Millionen Tonnen pro Jahr geschätzt.

Stadthafen (mit Winterhafen, Blickrichtung Nordwest).

Städtischer Tankhafen (rechts),
Hafen der VA-Stahl Linz.

Containerterminal Stadthafen.

Main-Donau-Kanal zeigt bereits Auswirkungen auf das Verkehrsaufkommen auf der oberen Donau, dabei hat die Wasserstraße als einziges Verkehrssystem entlang des Donautals noch große, ungenutzte Reserven; ihre bessere Nutzung kann dem oberösterreichischen Zentralraum bedeutende Wachstumsimpulse geben.

Seit dem Ausgang der 40er Jahre ist Linz der größte Hafen an der oberen Donau, heute liegt der jährliche Umschlag bei rund sechs Millionen Tonnen (zum Vergleich: Wien rund eine Million Tonnen/Jahr, Duisburg, größter Binnenhafen Europas, 20 Millionen Tonnen/Jahr). Die Stadt verfügt über mehrere Hafenanlagen. Den Stadthafen betreibt die SBL, der ungleich größere Industriehafen ist Privathafen der VA-Stahl Linz; der dortige Umschlag liegt, abhängig von der Stahlkonjunktur, bei etwa vier Millionen Tonnen/Jahr. Die Einrichtungen des Stadthafens entsprechen schon heute zufolge des großzügigen Ausbaus zu Beginn der 90er Jahre (Investitionsvolumen 200 Millionen Schilling) den kommenden Anforderungen als regionales Logistikzentrum: der Hafen verfügt über ein leistungsfähiges Containerterminal, Ro-Ro-Becken, Hafenbahn, ausreichende Lagerkapazitäten und andere mehr. Mit Berechti-

Flughafen Hörsching.

gung kann daher angenommen werden, daß der Linzer Stadthafen seine in Österreich führende Stellung als Drehscheibe des überregionalen Güterverkehrs weiter ausbauen wird.

Neben den großen Verkehrsträgern Straße, Schiene und Wasserstraße nimmt sich der Luftverkehr im Großraum Linz äußerst bescheiden aus, Luftfracht ist mit 5000 Tonnen jährlich eine nur marginale Größe, der Personenverkehr hat sich zwar in den vergangenen zehn Jahren verdoppelt, ist aber mit einer halben Million Fluggäste 1995 dennoch relativ gering. Die eigentliche Bedeutung des Flughafens Hörsching mag man daher wohl darin sehen, daß eine Anbindung an das internationale Flugliniennetz eine unabdingbare Voraussetzung ist, will die Region im europäischen Geschehen ihre Chancen wahren.

Verkehrsgeschehen in Linz, ein Resümee

Faßt man das gesamte Linzer Verkehrsgeschehen, urban wie interurban, zusammen, dann wird der verkehrspolitische Kalkül der Kommunalpolitik, und insbesondere der Sozialdemokraten klar sichtbar: Im innerstädtischen Verkehr sollen ÖV und IV in friedlicher Koexistenz nebeneinander bestehen, bei deutlicher Präferenz für ÖV und nichtmotorisierte Teilnehmer am Verkehrsgeschehen; größere Straßenbauvorhaben sollen nur mehr dort realisiert werden, wo sie nicht mit dem ÖV in Konflikt treten oder Voraussetzung des weiteren Ausbaus des ÖV-Netzes sind. In jedem Fall wird das urbane Verkehrsgeschehen als ein wesentliches Instrument der Steuerung verstanden, der sich Kommunalpolitik und -verwaltung zur weiteren Stadtentwicklung bedienen müssen.

Auf das Verkehrsgeschehen im Bereich der Stadt und des Großraums kann die Kommunalpolitik somit kräftig einwirken. Gering hingegen ist der Einfluß der Gemeinden und Regionen auf den Fernverkehr, ihr Handlungsspielraum ist hier sehr begrenzt. Bestenfalls kann eine Stadt wie Linz dem Straßen-Güterfernverkehr Abstellflächen, Leiteinrichtungen usw. anbieten. Insgesamt ist das interurbane Verkehrsgeschehen heute wahrscheinlich aber nur mehr auf europäischer Ebene in den Griff zu bekommen, die strategische Entscheidung für die umweltverträglichen Verkehrsträger muß in Brüssel getroffen werden. Leider steht zu befürchten, daß die Marktanteile der umweltfreundlichen Verkehrsträger Schiene und Wasserstraße noch weiter zu Gunsten der Straße fallen werden, wenn Europa nicht schnell handelt.

Tägliche Verkehrsströme nach Linz

(Zählung 1992)

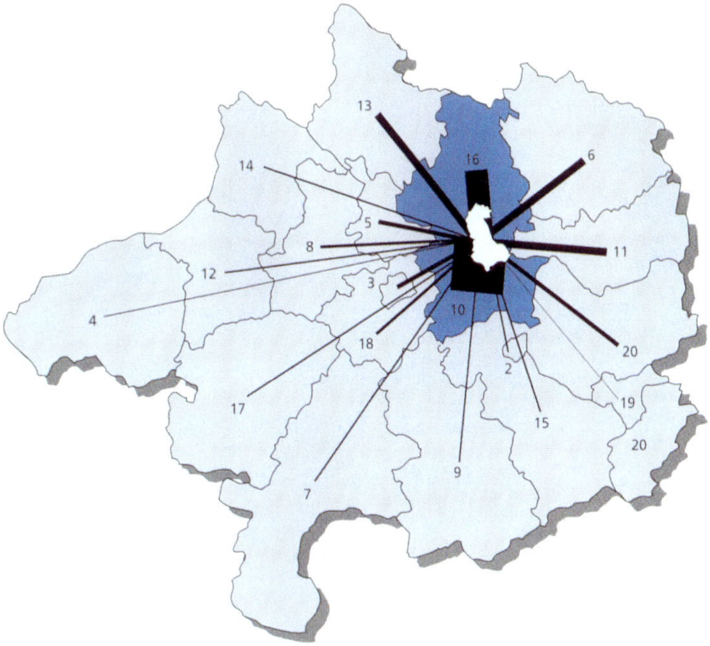

2	Steyr	2.147
3	Wels	5.088
4	Braunau	521
5	Eferding	4.477
6	Freistadt	9.623
7	Gmunden	1.916
8	Grieskrichen	2.615
9	Kirchdorf/Krems	2.032
10	Linz-Land	61.383
11	Perg	8.854
12	Ried/Innkreis	844
13	Rohrbach	5.835
14	Schärding	1.425
15	Steyr-Land	1.868
16	Urfahr-Umgebung	31.006
17	Vöcklabruck	1.931
18	Wels-Land	3.339
19	Waidhofen/Ybbs	79
20	Amstetten	4.557
	Wege ohne Angabe	9.756
	Gesamt	159.296

Helmut Fiereder

DIE STADT, IHRE PLÄTZE, DER WOHNBAU

Altstadterhaltung und Stadterneuerung

Hatte die Landeshauptstadt bis in die Zeit der Ersten Republik das Image einer zu groß geratenen Bauernstadt mit barockem Make-up, so galt sie spätestens seit den 50er Jahren als zwar wirtschaftlich prosperierende, aber wenig anziehende, von der Schwerindustrie dominierte Industriestadt: nach Linz kam man um des Geschäftes willen. Und die Linzer sahen ihre Stadt wahrscheinlich gar nicht viel anders. Schon unter Koref versuchte die Stadt diesem Bild entgegenzuwirken, nicht zuletzt aus Gründen der Imageverbesserung wandte die Landeshauptstadt seit den 50er Jahren beträchtliche Mittel zur Erhaltung alter Gebäudefassaden auf, großflächige Sanierung der gesamten historischen Bausubstanz war aber noch unbekannt. In den 70er Jahren orientierte sich die Fachwelt neu, statt Abriß hieß der zentrale Begriff jetzt sanfte Stadterneuerung. Linz vollzog diesen Prozeß sogleich mit und förderte ab 1978 die Revitalisierung der historischen Bausubstanz der Altstadt. Da es der politische Wille der Stadt war (und ist), nicht nur spätmittelalterliche Bürgerhäuser und barocke Adelspalais zu neuem Glanz zu erwecken, sondern auch die Architektur des 19. und 20. Jahrhunderts, wurden während der 80er Jahre ganze Stadtviertel durch das 1980 gegründete Linzer Planungsinstitut Altstadt eingehend wissenschaftlich untersucht; die Ergebnisse lagen dann auch der im Jahre 1991 beschlossenen ersten Schutzzone, die nicht weniger als 2400 Gebäude umfaßt, zu Grunde.

Die im Rahmen der Arbeiten des Planungsinstituts gewonnenen Erkenntnisse zeigten, daß die mitunter äußerst wertvollen Bauwerke aus der Zeit vor dem 19. Jahrhundert häufig in schlechtem, die Bauten des 19. und (frühen) 20. Jahrhunderts meist hingegen in erfreulich gutem Zustand waren. Die Untersuchungen waren Grundlage der im Anschluß von den Eigentümern durchgeführten Revitalisierung. Nach 1987 wurde auch die an den jüngeren Bauwerken vorgenommene Sanierung finanziell unterstützt, alleine in der ersten Hälfte der 90er Jahre gab die Stadt Linz rund 150 Millionen Schilling als Subventionen unter den Titeln Altstadterhaltung und Stadterneuerung.

Hauptplatz, Breiterker (Bild rechts).

Altes Rathaus Urfahr (Detail, Bild unten).

Landstraße, Baumgartnerhaus.

Hauptplatz, Altes Rathaus; typisch für Linz sind die spätmittelalterlichen Breiterker.

Neue Nutzung des barocken Palais: die Einkaufspassage im Palais Manstorff (Landstraße).

Innenhof Bischofstraße/Ecke Herrenstraße
(Bild oben rechts);
Dombibliothek (kleines Bild);
Marienstraße (unten rechts).

Innenhof- und Straßenraumgestaltung zur Erhaltung der Innenstadt

Wohnen in der Innenstadt (Schadlergründe).

Noch in den späten 70er Jahren galten auch in Linz Bauvorhaben mit mehr als 20 Obergeschossen als Ausdruck moderner, großstädtischer Urbanität. Linzer Zeugnis dieser Haltung ist das Lentia 2000. Erst als es fertig gestellt war, erkannte man, in welch entscheidender Weise das Lentia das Erscheinungsbild der Stadt veränderte. Vor dem Hintergrund dieser Erfahrung vollzog die Stadt einen grundlegenden Sinneswandel, man wollte solche Bauwerke in Hinkunft vermeiden. Um die Auswirkungen künftiger Bauvorhaben besser abschätzen zu können, ergriff die

Lebensqualität in der Großstadt durch dörflich-kleinstädtische Strukturen:
Gasthaus am Bachlberg (rechts).

Wohnanlage Spaunstraße (kleines Bild);
Fischerhäusl (Alt-Urfahr, rechts).

Die fünf Mitglieder des Gestaltungsbeirates mit Bürgermeister Dobusch (Mitte), Baureferent Vizebürgermeister Nöstlinger (2. von rechts) und Baudirektor Goldner (4. von links).

Kommunalpolitik, voran Hans Nöstlinger, im Jahre 1988 die Initiative. Im Zusammenwirken mit der Architektenkammer wurde ein aus international bekannten Fachleuten zusammengesetzter Gestaltungsbeirat ins Leben gerufen, der sogleich auch von der Öffentlichkeit positiv, von den Bauherren hingegen mit Zurückhaltung aufgenommen wurde.

Linz installiert einen Gestaltungsbeirat

Der fünfköpfige Beirat, dem Fachleute aus dem In- und Ausland für eine Dauer von zwei Jahren angehören, berät seither die Landeshauptstadt bei wichtigen Bauwerken privater Investoren ab der Planungsphase (bisher mehr als 200); das Verfahren vor dem Beirat, dem die zu beratenden Projekte vom städtischen Bauamt vorgelegt werden, findet öffentlich statt. Aufgrund der dort geleisteten, erfolgreichen Arbeit dient der Gestaltungsbeirat bereits seit Jahren anderen Städten in Österreich, Deutschland und der Tschechischen Republik als Vorbild. Die Stadt selbst schreibt für ihre eigenen Vorhaben seit dem Ausgang der 80er Jahre verstärkt offene Wettbewerbe aus (bisher fast 60).

Dieses Zusammenwirken zwischen im Gestaltungsbeirat beratenen sowie aus Wettbewerben hervorgegangenen Projekten sichert der Kommune hohen städtebaulichen Standard, wie das Beispiel der Neugestaltung des Raumes zwischen Südbahnhof und Europaplatz zeigt: das Design Center war Siegerprojekt eines von der Stadt ausgeschriebenen Wettbewerbs, RAIKA-Zubau und Europaplatz-Center gingen als Vorha-

Das Wirken des Gestaltungsbeirats durchdringt heute alle Bereiche der Architektur (und damit des öffentlichen Lebens) der Landeshauptstadt. Hier drei gelungene Beispiele:
Raika-Erweiterungsbau (Khevenhüllerstraße, Achitekt Wolfgang Kaufmann, oben rechts), Wohnhaus Gruberstraße/Ecke Lederergasse (Achitekt Laurids Ortner, kleines Bild), Aufbahrungshalle Stadtfriedhof St. Martin (Achitekt Franz X. Goldner).

ben privater Investoren durch den Gestaltungsbeirat. Damit entstand östlich der Landstraße in einem bis dahin eher stiefmütterlich behandelten Bereich ein neuer urbaner Raum, der nunmehr das Erscheinungsbild der Landeshauptstadt entscheidend mitprägt.

Design Center und Europaplatz

Herausragendes architektonisches Element des gesamten Ensembles ist das Design Center, eine Ausstellungs- und Kongreßhalle, welche mit Abmessungen von 204 mal 80 Metern die Grundfläche des Linzer

14 SAMSTAG, 14. SEPTEMBER 1996 REPORTAGE EUROPAPLATZ-CENTER Nachrichten

Zwei Milliarden Schilling für ein neues modernes, städtisches Zentrum

Europaplatz hat endgültiges, markantes Aussehen erhalten!

Mit der Fertigstellung und der feierlichen Eröffnung des Europlatz-Centers, in den die Bundesländer-Versicherung in Oberösterreich bereits ihren Sitz verlegt hat, hat der Europaplatz in Linz sein endgültiges, markantes Aussehen erhalten.

Mit dem Design-Center, dem Ramada-Hotel, dem ORF-Landesstudio, der Raiffeisenlandesbank OÖ und nunmehr mit dem Europlatz-Center wurde in Linz ein neues, modernes, städtisches Zentrum geschaffen. Städtebaulich und architektonisch wurden in den vergangenen Jahren mehr als zwei Milliarden Schilling investiert.

Investor des Europaplatz-Centers ist die Bundesländer-Versicherung, die in diesem Gebäude neue, moderne Räumlichkeiten im Ausmaß von 3000 Quadratmeter bereits bezogen hat. Weitere 10.000 Quadratmeter wurden an renommierte Firmen und Organisationen vergeben, wie Lufthansa, AVIS-Autovermietung, an das Arbeitsmarktservice und an das Kuratorium für Verkehrssicherheit.

Auch Ärzte, Rechtsanwälte und Steuerberater haben hier neue Ordinationen und Büroräume bezogen. Daneben stehen noch 15 Business-Appartements zur Verfügung. Die Gesamtfläche des Projektes umfaßt 13.300 Quadratmeter. Eine Tiefgarage bietet 240 Stellplätze. Die Gesamtkosten betragen 350 Millionen Schilling. Planung und Bauleitung lagen in den Händen von Architekt Dipl.-Ing. Wolfgang Kaufmann. Durch die erstklassige Lage waren die meisten Räumlichkeiten bereits Monate vor der Fertigstellung vermietet.

Generalunternehmer des Europaplatz-Centers ist die Real-Treuhand, eine Tochter der Raiffeisenlandesbank OÖ., die mit solchen Großprojekten vertraut ist und diese problemlos, was Kosten und Bauzeit anlangt, verwirklicht und vermietet. Beispiele für Projekte der Real-Treuhand sind der Softwarepark Hagenberg, die Restaurierung von Linzer Hauptplatzhäusern, Wohnbauprojekte in Oberösterreich und die Verwertung von 270.000 Quadratmetern Industriegrund des Linzer Industrieparkes im ehemaligen Voest-Werksgelände.

Für die zügige Fertigstellung des Europaplatz-Centers spricht der Zeitplan: Der Spatenstich erfolgte im Oktober 1994, im Juli 1995 wurde die Gleichenfeier vorgenommen und am 4. September 1996 wurde in Anwesenheit von Landeshauptmann Dr. Josef Pühringer, Bürgermeister Dr. Franz Dobusch, Raiffeisen-Generaldirektor Dr. Ludwig Scharinger und Bundesländer Generaldirektor Dr. Walter Petrak das Gebäude feierlich seiner Bestimmung übergeben.

Schlüsselübergabe für das Europaplatz-Center durch Raiffeisen-Generaldirektor Dr. Ludwig Scharinger (links) an Bundesländer-General Dr. Walter Petrak.

Bewertung des Design Center und der Gestaltung des Europaplatzes einst und jetzt.

Hauptplatzes einnimmt. Als ein Zeugnis der Möglichkeiten der Architektur des ausgehenden 20. Jahrhunderts steht die ungewöhnliche Stahl-Glaskonstruktion in der Tradition der Kristallpaläste des 19. Jahrhunderts. Die Industriestadt Linz, seit Jahrzehnten um Einklang zwischen Kunst und Arbeitswelt bemüht, ließ mit dem Design Center den bauenden Architekten Thomas Herzog eine Konstruktion schaffen, bei der neue Bautechnologie und industrielle Fertigung der Bauteile maßgebend für die Ausführung waren. Erscheint die Halle von außen vor allem als gläsernes Dach, so hat der Besucher im Inneren fast das Gefühl, er sei im Freien, bewegt er sich doch unter dem Glasdach in mildem natürlichen Licht. Das Gebäude bietet Kongressen mit 1200 Teilnehmern Platz, daneben stehen Räume in fast beliebiger Variation zur Verfügung, darunter ein gestuftes Auditorium mit 650 Plätzen. Insgesamt ist das Design Center eine ruhige, klar gestaltete Konstruktion, die kultiviert auf allen überflüssigen Zierat verzichtet. Und in diesem Bekenntnis zur Sachlichkeit in der Baukunst hat die Landeshauptstadt ein Bauwerk realisiert, das geradezu als Metapher für den von der Sozialdemokratie in dieser Stadt so entscheidend mitgeprägten Geist steht.

Dabei war das Design Center ursprünglich heftig umstritten, noch vor dem ersten Spatenstich prägte der Linzer Volksmund den damals nicht gerade schmeichelhaft gemeinten Begriff „Dobuschäum". Die kühne Konstruktion, der zu einem urbanen Subzentrum aufgewertete Raum, vor allem aber auch der nationale wie internationale Erfolg des Ausstellungs- und Kongreßzentrums haben inzwischen den seinerzeitigen Spott einem Bedeutungswandel unterworfen, heute sehen Bevölkerung und Wirtschaft im Design Center einen unverzichtbaren Beitrag zum Erscheinungsbild der Landeshauptstadt.

Um das Design Center als architektonischem Angelpunkt wurde der Bereich nördliche Franckstraße, Südbahnhof, Eiserne Hand zu einem urbanen Subzentrum gestaltet. Mit diesem Konzept hat die Landeshauptstadt eine städtebauliche Entwicklung mit vollzogen, die auch andere

Design Center.

Projekt des Architekten Thomas Herzog.

von den alten Industrien geprägte europäische Stadtregionen seit den frühen 90er Jahren in ähnlicher Weise beschritten; Duisburg, Lille oder Manchester gestalteten wie Linz neue urbane Räume. Und wenn auch die dort realisierten Objekte in ganz andere Dimensionen vorstießen als das Linzer Subzentrum Südbahnhof-Europaplatz, so stand doch dieselbe städtebauliche Konzeption hinter all diesen Vorhaben: man wollte das Image der Stadt verbessern und gleichzeitig ihre Wirtschaftskraft stärken. Linz dachte dabei in erster Linie an Ankurbelung des Städtetourismus, an Geld- und Kreditgewerbe und an industrienahe Dienstleistungs-

Revitalisierung des traditionellen Linz

Europaplatz und Design Center:
früher städtische Randlage (kleines Bild um 1990), heute ein urbanes Zentrum mit großer Ausstrahlungskraft (oben).

Europaplatz-Center, 1996 fertiggestellt: ein Gestaltungsbeiratsprojekt von Architekt Wolfgang Kaufmann.

betriebe. Gleichzeitig war und ist der Südbahnhofmarkt aber einer der traditionellen Märkte der Landeshauptstadt. Durch die Sanierung der Kioske, die Revitalisierung des alten Bahnhofsgebäudes sowie den Bau der unmittelbar angrenzenden Tiefgarage wurde der Markt in seiner Funktion gestärkt. Weitere Schritte zur Entwicklung des Stadtteils waren die flächendeckende Verfügung von Tempo 30 in den angrenzenden Straßenzügen sowie deren Neugestaltung. Heute ist der Stadtteil als geschlossenes Ensemble ein eigenständiger, zentral gelegener urbaner Bereich, der keinesfalls Kopie eines historischen Stadtzentrums sein will

und damit ein gutes Bild des Verständnisses von Städtebau in Linz zum Ausgang des 20. Jahrhunderts zeichnet.

Im selben Sinn sind die in großer Zahl während des letzten Jahrzehnts unter dem Begriff der Revitalisierung des öffentlichen Raums geschaffenen, meist kleinen urbanen Plätze zu sehen. Eine Stadt lebt auch von der Wechselwirkung zwischen Bausubstanz und Freiräumen; welcher Gestalt solche Freiräume auch immer sein mögen: der kleine Park (der Beserlpark), das Straßencafé, ein Brunnen. Wobei hier in jedem Fall der Zurückdrängung des Individualverkehrs große Bedeutung zukommt.

Domumgang, Dompark vor wenigen Jahren revitalisiert. Siehe auch Luftbild S. 222.

Die Linzer Kommunalpolitik hat gerade diesen Aspekt urbanen Lebens in jüngster Zeit stark betont; Anregungen dafür kamen in reichlichem Maße sowohl von der zeitgenössischen Urbanistik, als auch von der Bevölkerung selbst. So entsprang der Wunsch nach Umgestaltung des Domviertels, insbesondere die Freimachung eines Domumganges wissenschaftlicher Arbeit und dem Wunsche der dortigen Pfarrgemeinde. Weitere gelungene Beispiele (mitunter) kleinräumiger Sanierung urbaner Räume sind: der Friedensplatz (in Parenthese sei angemerkt: auch mit der Namensgebung hat die Stadt Linz hier ihr Selbstverständnis als Friedensstadt dokumentiert), der Alte Markt, der Zollamtsplatz, der Hessenplatz und, als die gute Stube der Stadt, der Hauptplatz.

Hauptplatz (oben rechts und links),
Alte Apotheke (unten links),
Neustadtviertel (unten rechts).

Der neue Stifterplatz mit Jubiläumsbrunnen, gestiftet von der Ersten Allgemeinen Versicherungs-AG.

Die Volksfeststraße im Neustadtviertel.

Der neugestaltete Friedensplatz im Zentrum von Linz mit darunterliegender Tiefgarage.

Der Friedensbrunnen am Friedensplatz mit dem Text der Charta der Menschenrechte wurde vom Künstlerteam Miklenic-Paszkiewizc-Weckel entworfen. Ein Geschenk der VOEST zum Jubiläumsjahr 1990 von Linz.

Die gute Stube der Stadt:
Hauptplatz und Brückenkopf Urfahr.

Seit den 70er Jahren ging die wirtschaftliche Bedeutung der europäischen Schwerindustrie, ehedem Motor der Industrialisierung, sichtbar zurück. Dabei waren die Auswirkungen in den montanindustriellen Zentren verschieden, während man in Großbritannien unter der Regierung Thatcher ganze Regionen bewußt veröden ließ, versuchte man auf dem Kontinent den unausweichlichen Schrumpfungsprozeß in erträgliche Bahnen zu lenken. Auch für die beiden österreichischen Montanregionen Obersteiermark und oberösterreichischer Zentralraum zeichnete sich am Beginn der 80er Jahre eine krisenhafte Entwicklung ab. Vor diesem Hintergrund verfaßten die Linzer Sozialdemokraten ihr neues kommunalpolitisches Programm, in dem sie unter dem bescheiden klingenden Stichwort „Wohnen“ ihrer Sicht von Städtebau und Wohnformen umfassend Ausdruck gaben.

Städtebauliche Aufgaben der Kommunalpolitik: Sanfte Stadterneuerung, sozialer Wohnbau, Verbesserung der Wohnumwelt

Genau wie in all den anderen, in dem Programm angezogenen Punkten steckte der Text auch beim Thema Wohnen die Position der Linzer Sozialdemokratie in größerem Rahmen ab, um gleichzeitig eine Fülle von Einzelfragen kenntnisreich und bis in das Detail genau zu diskutieren. Der Linzer Kommunalpolitik wurden für die kommenden Jahre drei Aufgaben gestellt: verstärktes Engagement im sozialen Wohnbau, Förderung der sanften Stadterneuerung und Verbesserung der Wohnumwelt. Der Text fußte sowohl auf den traditionellen sozialdemokratischen Positionen (die ohne ideologischen Vorbehalt mit durchaus bürgerlichen in Einklang gebracht waren), als auch auf neuen, ursprünglich von der Umweltbewegung formulierten Standpunkten, welche sogar mit eher noch größerer Entschiedenheit vorgetragen wurden. So standen beispielsweise die Forderungen gleichberechtigt nebeneinander, sowohl erschwingliche Mietwohnungen als auch Eigentumswohnungen zu fördern; während die erste dem herkömmlichen Selbstverständnis der Sozialdemokratie entsprang, hätte man die zweite ebenso aus konservativer Feder erwarten können. Der auch zur Mitte der 80er Jahre noch immer nicht gänzlich überwundenen Vorstellung von städtischer Sanierung durch Abriß wurde scharf widersprochen, gefordert wurde sanfte Stadterneuerung in all ihren Facetten. Und für kommende Projekte der Stadterweiterung wurde die Bereitstellung jedweder Infrastruktur als unabdingbare Voraussetzung genannt, beginnend bei der Erschließung mit öffentlichen Verkehrsmitteln, endend bei der Ausstattung mit Kindergärten.

Während der zweiten Hälfte der 80er Jahre wurden die 1985 postulierten Vorhaben in einzelne Bereiche aufgelöst und dann Zug um Zug realisiert. So werden seit 1987 erhebliche Mittel für die Förderung der

Stadterneuerung bereitgestellt, es gab (und gibt) eigene Programme für den Ausbau von Kindergärten, Horten, Studentenheimen und Seniorenheimen.

Die Linzer Sozialdemokraten unterstrichen mit ihrem Programm 1985 also ein weiteres Mal die Bedeutung des sozialen Wohnbaus in der Landeshauptstadt. Wie in Wien und anderen Hochburgen der Sozialdemokratie reicht auch in Linz der soziale Wohnbau in die Frühzeit der Ersten Republik zurück, im Gegensatz zur Bundeshauptstadt wurde dieser in Linz jedoch überwiegend von gemeinnützigen Bauvereinigungen getragen, da die finanzielle Kraft der Landeshauptstadt für Wohnbau im eigenen Wirkungskreis nicht ausreichte. Dieser Linie blieb man auch nach dem Zweiten Weltkrieg treu, heute sind mehr als 2/3 aller Mietwohnungen Genossenschaftswohnungen; damit hat die Stadt den höchsten Anteil an genossenschaftlichen Wohnungen im Bundesgebiet. Die Stadt Linz selbst ist (Mehrheits)Eigentümerin einer Genossenschaft, der Gemeinnützigen Wohnungsgesellschaft der Stadt Linz (GWG), auf die Bautätigkeit der anderen genossenschaftlichen Wohnbauträger übt die Kommune im Wege der Grunderwerbspolitik und der Flächenwidmung mittelbaren Einfluß aus.

Sozialer Wohnbau der 60er Jahre

Nach dem Zweiten Weltkrieg trat das historische Stadtzentrum optisch in den Hintergrund, die in Linz herrschende ungeheure Wohnungsnot erzwang außergewöhnliche Anstrengungen im Wohnbau, Quantität mußte oft vor Qualität gehen; als Beispiel seien hier nur die Siedlungen Muldenstraße und Bulgariplatz erwähnt. Erst Mitte der 60er Jahre war die quantitative Lücke an Wohnraum auf das auch von anderen Städten gewohnte Maß gebracht, wenngleich weder die Bausubstanz der bis dahin errichteten Wohnanlagen, noch Größe und Ausstattung der Wohnungen zeitgemäßen Ansprüchen genügten. So dauerte es bis zum Ende der 80er Jahre, bis unter dem Zwang exorbitant steigender Energiepreise die Qualität der Bausubstanz entscheidend verbessert wurde, heute sind gute Wärme- und Schalldämmung selbstverständlich. Auch wurden die Wohnungen größer (um 1950 galt eine Wohnung mit 80 Quadratmetern noch als außergewöhnlich groß), und wesentlich besser ausgestattet (man denke hier nur an die Raumheizung). Und auch bei der architektonischen Gestaltung der Wohnanlagen geht man seit den 80er Jahren neue Wege.

In den 60er Jahren kam auch in Österreich eine Entwicklung in Gang, die in anderen Teilen Europas bereits geraume Zeit zu beobachten war: die städtischen Randgemeinden wuchsen zu Trabantenstädten. Zwar verlief hierzulande dieser Prozeß schwächer als in anderen Ländern, dennoch stagnierten die Kernstädte, ihr Wachstum verlangsamte sich deutlich, kam ganz zum Stillstand, kehrte sich mitunter sogar um. Seit den späten 40er Jahren dehnte sich der Arbeitsmarkt in Linz stetig aus, das Angebot an relativ gut bezahlter Arbeit stimulierte Einpendeln und Zuzug in den oberösterreichischen Zentralraum. Während der ersten beiden Nachkriegsjahrzehnte kam dieser Wanderungsgewinn vor allem der Stadt Linz selbst zugute, die Wohnbevölkerung der Landeshauptstadt stieg von 180.000 Personen auf knapp über 200.000. Nach der Mitte der 60er Jahre stagnierte Linz für weitere zwei Jahrzehnte auf diesem Niveau, die Wohnbevölkerung ging sogar leicht zurück und fiel auf knapp unter 200.000 Einwohner. Zuwanderer ließen sich jetzt bevorzugt in den Umlandgemeinden nieder, gleichzeitig wanderten vor allem jüngere Personen aus dem eigentlichen Stadtzentrum an die Peripherie oder in Randgemeinden ab. Ausgelöst wurde dieses Drängen an die Stadtränder durch die zunehmende Motorisierung, aufgrund erhöhter Mobilität gewann Wohnen am Stadtrand rasch an Attraktivität, zum anderen litt die Lebensqualität in den Kernstädten zunehmend unter dem Individualverkehr.

Stagnation der Kernstädte

Sozialer Wohnbau der 80er Jahre

Um weiterem Rückgang der Einwohnerzahl entgegenzuwirken, erschloß Linz seit dem Beginn der 70er Jahre neue Wohnbezirke an der Peripherie der Stadt nördlich und südlich der bisherigen Siedlungsschwerpunkte. Das größte dieser Vorhaben war Auwiesen, ein Stadtteil mit fast 3000 Wohneinheiten und 8000 Bewohnern (und 3000 Pkw-Abstellplätzen, meist in Bewohnergaragen), zwischen dem Ortszentrum von Kleinmünchen und der Traun gelegen. Mit den ersten Vorarbeiten für diese Großwohnanlage begannen die Bauträger, die Genossenschaften GWG und Neue Heimat, bereits zur Mitte der 70er Jahre. Schon damals stand fest, daß hier keine der seit den 50er Jahren üblichen Wohnsilos entstehen sollten, vielmehr zwei- bis viergeschossige Objekte. Alle Einrichtungen kommunaler Infrastruktur, von Kindergärten bis zu Seniorenwohnungen, vom Volkshaus bis zur Bezirkssportanlage, wurden in fußläufiger Entfernung vorgesehen. Von Anfang an war der neue Stadtteil an das öffentliche Verkehrsnetz angebunden, so wurde die Straßenbahnlinie 1 bereits 1983 nach Auwiesen verlängert. In Summe wurden für Errichtung und Ausgestaltung des neuen Stadtteils in eineinhalb Jahrzehnten annähernd 3,1 Milliarden Schilling aufgewandt, davon 2,16 Milliarden für den eigentlichen Wohnbau, 930 Millionen für infrastrukturelle Ausstattung.

Mit der Großwohnanlage Auwiesen wurde der Schwerpunkt des kommunalen Wohnbaus in die südlichen Stadtbezirke verlagert, weitere

Die „Bruno-Kreisky-Siedlung“ (Architekt Roland Rainer), ein Teil der Wohnanlage Auwiesen.

große folgten, darunter vor allem die Verbauung der Kastgründe und des Ennsfeldes in Ebelsberg. Das vielleicht wichtigste Beispiel städtischen Wohnbaus in den nördlichen Stadtteilen ist das Auhofviertel, unmittelbar an den Abhängen des Mühlviertels gelegen. Bereits in den 70er Jahren wurden die dortigen Wohnsiedlungen begonnen, erst jüngst kam das gesamte Vorhaben mit dem Bau des Studentenwohnheims der evangelischen Hochschulgemeinde zum Abschluß; und mit diesem vierten großen Wohnheim unmittelbar neben der Universität ist Linz nun auch die Universitätsstadt Österreichs mit den meisten Heimplätzen für Studierende (gemessen an der Zahl der Studenten).

Zum Ende der 80er Jahre geriet die Wohnbautätigkeit in Oberösterreich insgesamt ins Stocken. In Linz erhob man daraufhin die Lage auf dem hiesigen Wohnungsmarkt, beginnend bei der Nachfrage bis hin zu den Baulandreserven. Dabei zeigte sich, daß nach wie vor ungebrochener Bedarf an Wohnraum in Linz herrschte, knapp 20.000 Personen suchten hier eine Wohnung, davon aus Linz selbst etwa 15.000. Dieser Wohnraumbedarf war nicht zuletzt Ausdruck des dynamischen Wandels der Sozialstruktur der Bevölkerung, der Trend auf dem Wohnungsmarkt ging (und geht) eindeutig in Richtung flächenaufwendige Kleinhaushalte. Der bis zum Jahr 2000 zusätzlich benötigte Wohnraum wurde mit 17.500 Wohnungen im Raume Linz geschätzt; sollte dieser Bedarf gedeckt werden, mußten alleine in Linz jährlich 1000 bis 1500 Wohnungen neu gebaut werden, der Rest entfiel auf die Umlandgemeinden. Trotz des hohen Bedarfs zeichnete sich 1990 aber ein Rückgang der vom Land für die Wohnbauförderung bereitgestellten Mittel ab, wodurch ein Absinken des Wohnbaus im Raume Linz auf etwa 600 Wohnungen jährlich drohte. Vor diesem Hintergrund beschloß die Stadt Linz aus ihren eigenen Mitteln eine Milliarde Schilling zusätzlich zur Verfügung zu stellen, wenn auch das Land Oberösterreich die dort vorgesehenen Mittel in entsprechendem Ausmaße erhöhte. Eine solche Vereinbarung kam dann als Sonderwohnbauprogramm 1992 zustande.

War durch dieses Programm aus 1992 dem mittelfristigen Bedarf an neuem Wohnraum Rechnung getragen, so konnte das Wohnungsproblem alleine damit nicht gelöst werden, neben dem Neubau kam der Bestandssicherung des vorhandenen Wohnraums Bedeutung zu. Diesem Anliegen trug man durch ein ganzes Bündel von Maßnahmen Rechnung, als deren wichtigste zu erwähnen wären: der bereits 1987 beschlossene Stadterneuerungsfonds (20 Millionen Schilling pro Jahr), das 1988 in Angriff genommene Fernwärmeprojekt Franckviertel (94 Millionen), ein Kostensenkungsprogramm für Mieter der GWG (54 Millionen), die Standardanhebung von Substandardwohnungen ab 1990 (350 Millionen)

Infrastruktur in den peripheren Wohnsiedlungen: im Bild der beliebte Winkler-Markt, ein Markt mittlerer Größe in Auhof.

Wohnbau der 70er bis 90er Jahre in Auhof: im Vordergrund Studenten-Wohnheime.

und das Fernwärme- und Erdgasanschlußprogramm für ganz Linz aus 1991 (400 Millionen).

Am Beginn der 90er Jahre zeichnete sich eine Verknappung des städtischen Baulandes ab. Es gab zwar ausreichend Baugrund, die meisten der Liegenschaften befanden sich jedoch in Privatbesitz und waren daher für den sozialen Wohnbau zu teuer; die dem sozialen Wohnbau zur Verfügung stehenden Grundstücksreserven der Stadt wurden rar. Nichtsdestoweniger setzen Kommunalpolitik und genossenschaftliche Träger des sozialen Wohnbaus neben Stadterweiterung auch weiterhin auf Stadtverdichtung. Dabei werden derzeit überwiegend Liegenschaften verbaut, die seinerzeit teilweise von privaten, bevorzugt aber von den kommunalen Unternehmungen für inzwischen aufgelassene Betriebe ge-

Vom Gestaltungsbeirat empfohlene Wohnanlage Hausleitnerweg (Achitektin Helga Lassy).

nutzt wurden, wie beispielsweise die frühere Straßenbahnremise beim Bergbahnhof Urfahr, die ehemalige Spiritusfabrik in der Ferihumerstraße oder ein großes Areal in der Holzstraße. Ein auf dem Reißbrett fertiges Projekt, in welchem die Stadt einen aus den 1890er Jahren stammenden städtebaulichen Entwurf aufgreift, ist die in Aussicht genommene Verbauung der Westseite des Bulgariplatzes, andere erwogene Vorhaben wären Projekte auf den sogenannten Ehrentletzbergergründen oder auf dem heutigen ÖBB-Frachtenbahnhof; für letzteres Vorhaben wäre allerdings die Verlegung des Güterbahnhofs die Voraussetzung. Insgesamt könnten in all diesen Objekten bis zu 3000 Wohnungen errichtet werden.

Die wichtigste geplante Stadterweiterung soll in Pichling realisiert werden, einem Vorort mit überwiegend ländlichem Charakter. Die Stadt verfügt dort über große, zusammenhängende Flächen, die ursprünglich als Betriebsareale vorgesehen waren, zwischenzeitlich aber in Wohnbaugebiete umgewidmet wurden. Auf der damit gewonnenen Baulandreserve plant man nun einen, in mehreren Bauphasen zu realisierenden Wohnpark mit 5000 bis 6000 Wohneinheiten. Bei Entwicklung, Planung und Durchführung des Vorhabens will Linz neue Wege beschreiten, ganz im Sinne einer nachhaltigen Stadtentwicklung: so sollen beispielsweise

Dieses Luftbild zeigt die neuen Wohnanlagen Ennsfeld und Kastgründe in Ebelsberg sowie im Hintergrund Auwiesen. Die Bewohner finden in ihrer Nähe große Grünbereiche vor.

alle Gebäude als Niedrigenergiebauten ausgeführt werden, Sonnenenergie- und Wärmerückgewinnungsanlagen sind für die Bereitstellung der benötigten Wärme von vornherein eingeplant; daher auch die Bezeichnung Solar-City für das gesamte Projekt.

Die Ausarbeitung eines Konzepts für den Wohnpark, Masterplan genannt, wurde 1992 Roland Rainer übertragen, einem der bekanntesten zeitgenössischen Architekten Österreichs, der seit Jahrzehnten in enger

Wohnanlage Auhof (oben), Auwiesen (unten).

Verbindung zur Landeshauptstadt steht (man denke nur an die Gartenstadt Puchenau und die Bruno-Kreisky-Wohnanlage in Auwiesen). Rainer erarbeitete seinen Masterplan in mehreren Schritten, vom Rahmenplan bis zum Detailprojekt. Jeder dieser Planungsschritte wurde nach Vorlage auch der örtlichen Bevölkerung vorgestellt und rege diskutiert, galt (und gilt) doch der Grundsatz, auch die bereits in Pichling wohnende Bevölkerung solle durch den neuen Stadtteil gewinnen.

Vielfältige Bauformen in den neuen Wohnanlagen sollen das Wohlbefinden erhöhen.

Die Solar-City – das Linzer Zukunftsprojekt

Nach dem Beitritt Österreichs zur EU legte die Stadt Linz das Projekt Solar-City der Brüsseler Kommission als Modell einer Siedlung in Niedrigenergiebauweise vor; die Kommission hat den vorgelegten Entwurf akzeptiert, damit gelangte die Stadt Linz in den Genuß von EU-Fördermitteln. Zwischenzeitlich gelang es der Stadt, drei der wichtigsten zeitgenössischen Architekten Europas für die weiterführenden Planungen zu gewinnen: Thomas Herzog, Träger des deutschen Architekturpreises (Architekt

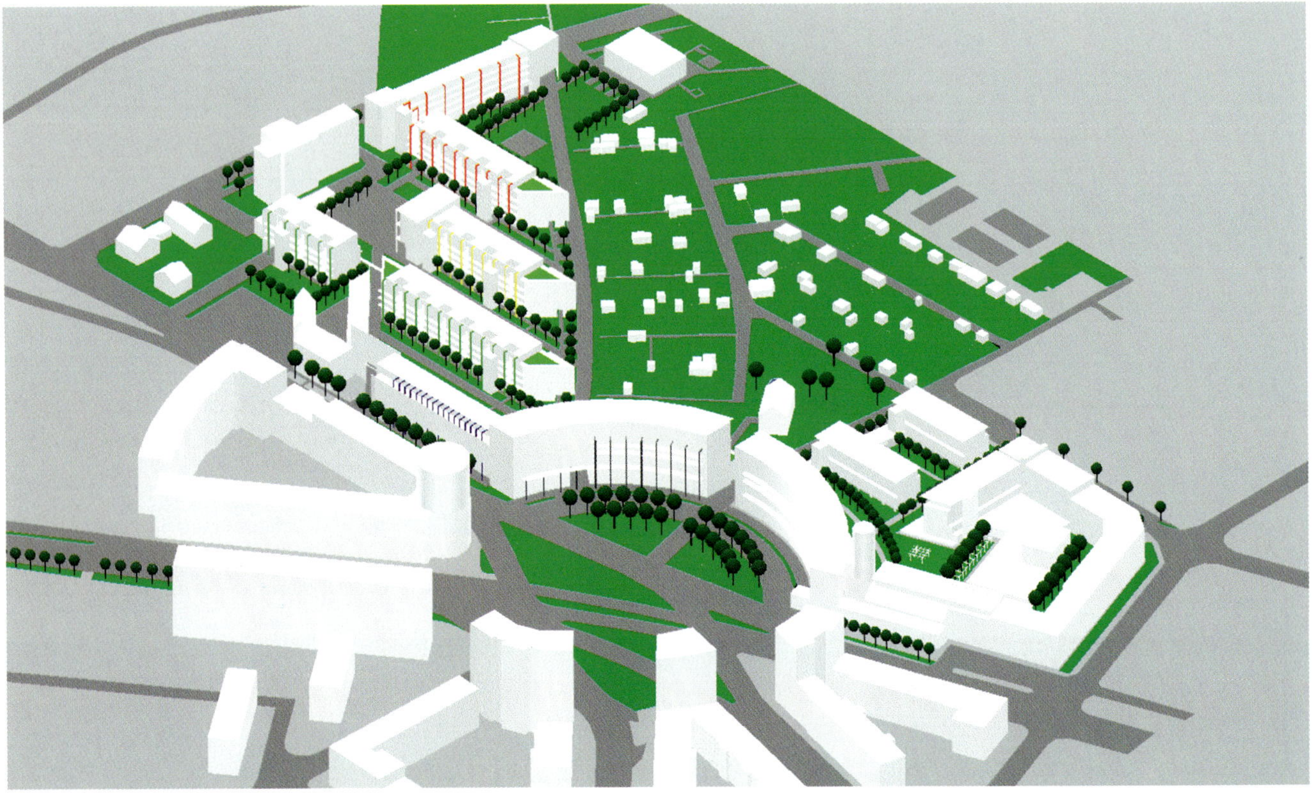

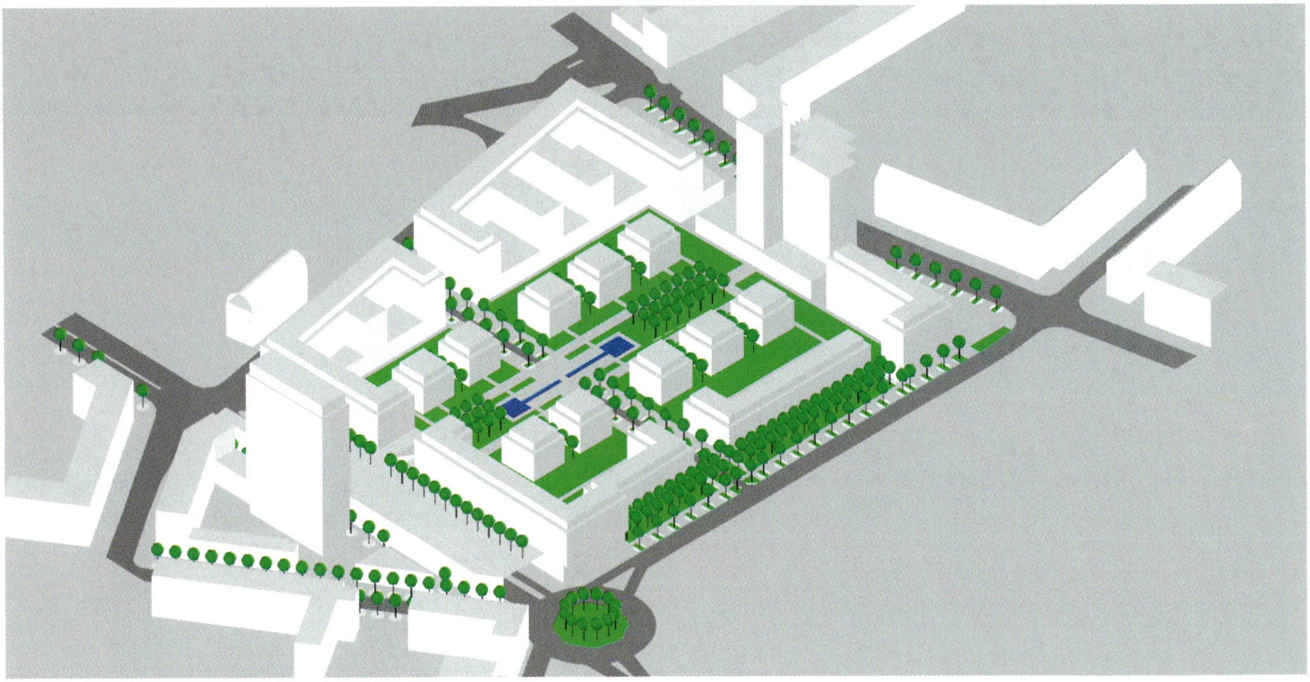

Drei Projekte der Zukunft:
Verbauung Bulgariplatz Westseite (S. 236 oben),
Wohnprojekt Lenaugründe (S. 236 unten)
und Planstudie der Solar-City Pichling (rechts).

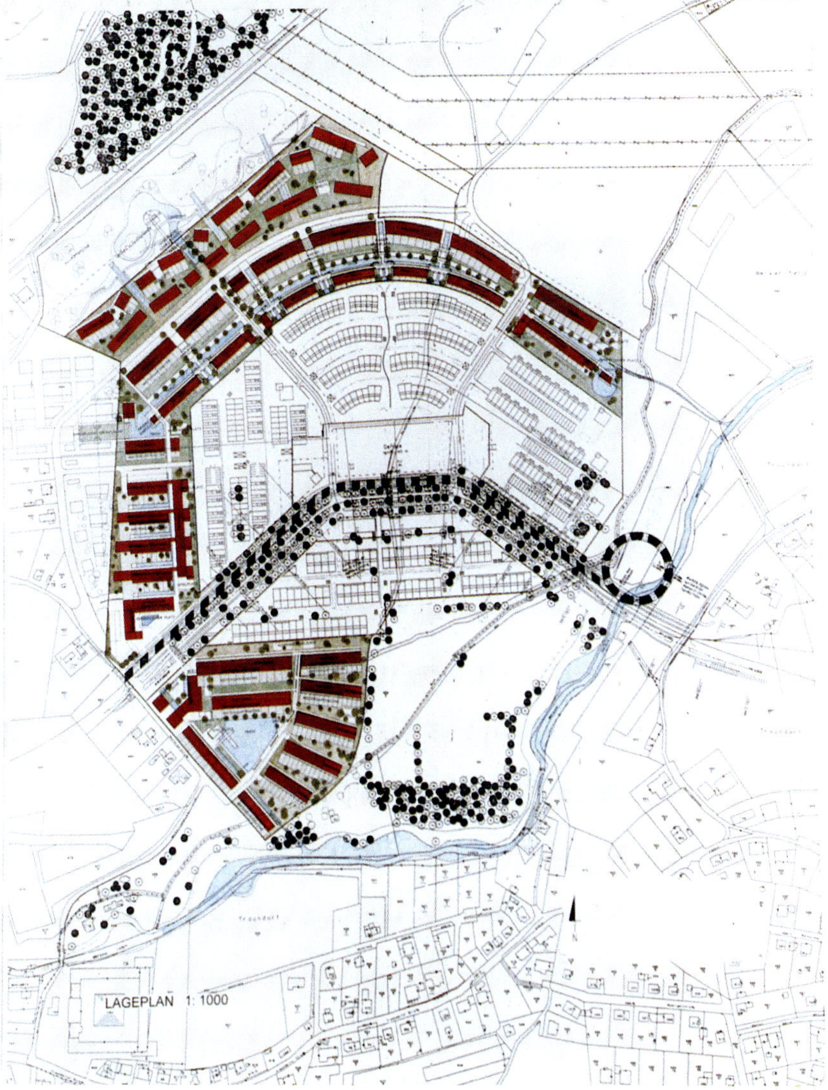

Donau-Traun-Augürtel und Alt-Pichling. Auf dem zusammenhängenden Areal zwischen Grüngürtel und Alt-Pichling wird in naher Zukunft die Solar-City entstehen.

des Design Centers), Norman Foster (Architekt des Umbaus des Berliner Reichstags) und Richard Rogers (Planer des Centre Pompidou in Paris). Schon alleine diese Namen beweisen, welch großen Interesses sich das Linzer Vorhaben auf der internationalen Bühne erfreut. Zusammen mit diesen großen Persönlichkeiten aus der Welt der Architektur arbeiten heimische Architekten und Sozialwissenschaftler sowie städtische Fachleute. Und selbstredend lag das Projekt immer wieder auch dem Gestaltungsbeirat vor, der inzwischen ebenfalls der Verwirklichung zugestimmt hat.

Die Solar-City wird ein Stadtteil mit vollständiger Infrastruktur und kurzen Wegen sein: zum Kindergarten, zur Schule, zum Einkaufen und zu Freizeiteinrichtungen; Häuser und Freiflächen werden den Bedürfnissen der Bewohner angepaßt (und nicht umgekehrt, wie dies in der Vergangenheit leider allzu oft der Fall war). Motorisierter Verkehr soll so weit als irgend möglich vermieden werden, daher werden parallel zum Bau des neuen Stadtteils auch attraktive Verkehrsanbindungen mit öffentlichen Verkehrsmitteln an das Stadtzentrum geschaffen. Kurz: die Alltagstauglichkeit der gesamten Anlage steht im Mittelpunkt aller Planungsarbeiten; wobei auf die spezifischen Bedürfnisse von Frauen in besonderer Weise Bedacht genommen wird. Und letztlich soll sich die Solar-City harmonisch in den bestehenden Vorort, die gegebene Landschaft einfügen. Bietet doch diese Landschaft mit ihren drei kleinen Seen, Bächen und Auwald wie kaum ein anderer Ort im Raum Linz die Möglichkeit, modellhaft zu zeigen, wie Siedlungs- und Naturräume ökologisch richtig miteinander verbunden werden können – um den Menschen ein hohes Maß an Lebensqualität zu geben, ohne der Natur Schaden zuzufügen.

Siegfried Kristöfl

SPIEL UND KULTUR – SPORT UND SPEKTAKEL

Linz – Die offene Stadt (I)

Die erste Septemberwoche 1996 in Linz war eine starke Woche: Eröffnung des Ars Electronica Centers mit einem Symposium, Prix Ars Electronica, Tag der offenen Tür bei den städtischen Einrichtungen, Klangwolke, Beginn des Internationalen Brucknerfests. Es gab Besuchermassen, Stimmung, Publicity, Journalisten. Die Weltöffentlichkeit blickte nach Linz. Nach Linz, nicht auf Linz. Denn die internationalen Pressevertreter waren begeistert – besonders vom AEC – und bewegten sich staunend durch das Museum der Zukunft und durch das Linz der Gegenwart. Diese Stadt ist eine Kulturstadt! Die Veranstaltungen und Aktivitäten am Sektor Kultur haben ihr eine anerkannte Position in Europa, ja in der Welt eingebracht. Spätestens mit diesem Effekt, den man auch in einer gewissen Weise mit dem Wort „Umwegrentabilität“ beschreiben kann, müssen alle Stimmen leise werden und verstummen, die behaupten, daß die städtischen Bemühungen um Kultur nichts bringen.

Auftakt zum Internationalen Brucknerfest.

Blicke des Linzer Kulturpublikums: erstmals in die Zukunft im Ars Electronica Center...

...oftmalige auf die Artisten des Pflasterspektakels.

Linz aus Sand und auf Beton –
so einfach und bunt kann Kultur in Linz sein.

Linz ist heute die sauberste Industriestadt Österreichs und die – im besten Sinn – lauteste Kulturstadt.

Einige Wochen früher, Mitte Juli, fand zum zehntenmal das Pflasterspektakel statt. An 43 Standplätzen unterhielten 500 Straßenkünstler die sich durch die Landstraße drängenden und am Hauptplatz dicht stehenden Passanten – die Zuschauer, Zuhörer und Mitspieler gleichzeitig waren. Viele der auftretenden Gruppen und Akteure bezogen die Menschen ein in ihre Vorstellung, verwandelten sie zu Helfern oder zu Hauptdarstellern. Barrieren zwischen Künstler und Publikum gab es keine, die Kluft zwischen Kunst und Unverständnis wurde spielerisch überbrückt.

Drei Tage lang bauten zwei Spanier – Juan Ojedo Rincon und Jose L. Rodriguez – an einem riesigen Sandhaufen und verwandelten ihn zu einem märchenhaften Denkmal. Dem Betrachter strecken sich geöffnete Hände entgegen, auf ihnen beginnt sich der Pöstlingberg zu erheben, Menschen sitzen und lehnen an seinem Rücken. Verbunden durch eine Brücke, sitzen sie zu zweit, zu dritt, umarmen sich, lachen, singen, füttern Tauben. Es herrscht Friede, Gelöstheit, Sicherheit – Linz, die offene Stadt.

Dieses Sinnbild wurde aus Sand gebaut, stand nur für wenige Stunden fertig geformt. Daß die festgehaltene Atmosphäre länger anhält, daß die gelöste Stimmung nicht auf Sand gebaut wurde, ist Aufgabe der am-

Linz an der Donau und unter einer Klangwolke – so laut und faszinierend kann Kultur in Linz sein.

tierenden Stadtpolitiker. Sie machten es sich zum Ziel, Linz, die Stadt, die Modell stand, zum Modell zu machen.

Die kulturellen Möglichkeiten in Linz zu fördern und zu entwickeln, ist keine neue Idee. Stets bemühten sich nicht nur Individualisten und engagierte Bürgerinnen und Bürger um die Durchsetzung eines offenen, geistvollen Klimas, sondern auch die aufgeschlossenen Politiker. Ernst Koref z. B. gründete im Winter 1961/62 eine Vierteljahresschrift für Stadtkultur und städtisches Leben. „Linz aktiv" heißt die Zeitung, die mittlerweile im 35. Jahrgang erscheint. In der Vorrede zur ersten Nummer verband er den Stolz auf die wirtschaftliche Leistung von Linz – damals erzielte die Stadt mit 2,8 % der Bevölkerung Österreichs 14,5 % des gesamtösterreichischen Exports – mit der großen Hoffnung auf ein annähernd ähnliches aktives Kulturleben: „Keineswegs provinziell und eng, sondern im Gegenteil aufgeschlossen und weltoffen" soll die Zeitschrift und der Zeitgeist sein.

Diese Prinzipien ziehen sich seither wie ein roter Faden durch die städtische Kulturpolitik. Auch im Linzer Programm findet sich die Formulierung: „Linz hat das Merkmal einer dynamischen Industriestadt. Die Ausweitung dieses Linz-Begriffs in die Richtung einer geistig offenen, kulturell ambitionierten Stadt ist fortzusetzen. (...) Linz hat die große Chance, einen eigenständigen kulturellen Weg zu gehen, der der besonderen Art der Stadt entspricht und mit dem kulturelle Fortschrittlichkeit verbunden ist."

Keine Spektakel, sondern regelmäßige Angebote auf hohem Niveau: in der Neuen Galerie, im Theater Phönix, im Kuddelmuddel.

So weit die theoretischen Überlegungen – und was ist die Praxis? Dazu benötigt man einige Zeilen mehr: Kultur in Linz sind Brucknerhaus und Theater, Klangwolke und Pflasterspektakel, Ars Electronica, Prix Ars Electronica und Ars Electronica Center, Posthof und Theater Phönix, Kuddelmuddel – Ich und Du, Stadtwerkstatt und Kulturvereine, Neue Galerie, Galerien und Künstlervereinigungen, Forum Metall, Forum Design und Kunsthochschule, Museen, Büchereien, Musikschule und Volkshochschule, Offenes Kulturhaus, Moviemento, Ursulinenhof, Volkshäuser und Stadtteilkultur, Linz Fest, Klangplatz – Hauptplatz. Kultur in Linz sind auch Beisel, Gastgärten, Kellertheater, Rockgruppen und viele andere Kultur-, Kunst-, Literatur- und Stadtteilinitiativen und -aktivitäten.

Dieses reichhaltige und vielfältige Kulturangebot macht die Gemeinde zu einer lebendigen Hauptstadt Oberösterreichs und zu einem modernen Zentrum Österreichs. Eine größere westliche Stadt in Europa erkennt man nämlich heute nicht zuletzt an ihrem Kunstangebot, seien es nun Museen, Bauten, Galerien, Theater oder Kinos. Einer deutschen Untersuchung zufolge belebt die aktive und aufgeschlossene Kulturpolitik einer Kommune eine Szene rund um die Kunst, in der etwa acht bis zehn Prozent der städtischen Bevölkerung beschäftigt sind – bei Medien, in Spielstätten, Buchhandlungen und Videotheken, Ausbildungseinrichtungen etc.

Ein neues Linz: jung, dynamisch, urban.

Das Selbstbild von Linz in diesem ausgehenden Jahrhundert änderte sich also von Linz-Industriestadt zu Linz-Kulturstadt (mit sauberer Industrie). Das Image hat sich verwandelt, langfristig dank der bewußten Politik der Stadt und kurzfristig – so daß es nicht nur Historiker im Rückschau über die Jahrzehnte feststellen können, sondern auch in den Köpfen und Herzen der jetzt lebenden Menschen verankert wurde – dank eines kleinen Tricks: der Imagekampagne.

„Image“: Vorstellung, Bild – laut Duden. Ein Fremdwort, das jeder versteht, weil es heute so wichtig ist, einen guten Eindruck zu machen und einen guten Ruf zu haben. Auch Städte haben einen Ruf. Manche leben bestens mit ihrem, manche leiden. „Wien darf nicht Chikago werden“, hetzte jemand dümmlich vor Jahren und viele wiederholten es leider gerne. „Wien“ ist positiv, „Chikago“ ist negativ. Allen ist vermeintlich klar, was gemeint ist.

„Linz – Provinz“ hieß ein Reim, von dem eigentlich niemand mehr weiß, wer ihn zuerst oder aus welchem Anlaß geschmiedet hat. Die Linzerinnen und Linzer reimten zurück; etwas holprig, aber mit dem Willen, nichts auf sich sitzen zu lassen: „In Linz beginnt's!“ Die Antwort blieb man dabei schuldig. Was beginnt? Die Provinz?! Die Katze biß sich damit in den Schwanz. So gab es kein Entrinnen aus dem Schlamm des schlechten Images. Im Gegenteil, man sank tiefer.

Die gewählten Repräsentanten der städtischen Bürgerschaft, die Politiker, übertrugen daher die schwere Aufgabe, einen zündenden Leitspruch zu finden, einer professionellen Werbeagentur. Sie wurde beauftragt, das gesamte Erscheinungsbild der Stadt zu restaurieren. Das Image von Linz mußte verbessert werden. Die Grundaussage der Werbekampagne für die Stadt Linz ergab sich selbstverständlich aus dem Vorhandenen. Man kann ja nichts verkaufen, was man nicht hat. Werbung und

Die Linzer Universität:

„Wo die Forschung an der Zukunft werkt."

Public Relations füllen keine inhaltlichen Mängel aus, sie können nur das Produkt und seine Stärken besser präsentieren und gezielt an die Öffentlichkeit vermitteln. Den Menschen sollte gezeigt und gesagt werden, welche Qualitäten die Stadt besitzt. Linz ist mehr als eine Ausfahrt auf der Westautobahn und bietet mehr als nur einen grauen Blick vom Pöstlingberg. Linz hat Geschichte und Tradition, ist gleichzeitig dynamisch und modern. Es hat ein hohes Industrie- und Handelspotential und eine lebendige Kulturszene. Kurz gesagt: „Linz ist los!" – so einfach lautete ein Slogan. „Linz. Eine Stadt lebt auf!" – war das neue Motto, das die Aufwärtsentwicklung der letzten Jahre beschrieb.

Wichtig für die Gemeinde, den Auftraggeber, war es bei der Imagekampagne auch, das Selbstvertrauen der Bewohner zu stärken. Die Linzerinnen und Linzer leben gerne in der Stadt und haben eine hohe Verbundenheit mit ihr. 1989, als die Kampagne startete, bekundeten 85 % der Bewohner ihre Zufriedenheit, hier zu wohnen. Trotzdem litten die Bürger unter dem schlechten Ruf der Stadt und waren sich in hohem Ausmaß sicher, von Auswärtigen gering geschätzt zu werden.

Daher entschloß man sich, die Kampagne zeitlich auszuweiten. Um die erwünschte Wirkung zu erzielen, mußte sie fortgesetzt werden. Unentwegt betonte man die positive Entwicklung des Stadtlebens, vor allem in den Bereichen Wirtschaft, Kultur und Lebensqualität: „Linz lebt auf!" erschien auf Plakaten an 281 Stellen in Oberösterreich. In Magazinanzeigen, in heimischen Tages- und Wochenzeitungen und im regionalen Hörfunk kam der Slogan zur Geltung. Zum Thema Wirtschaft textete die Agentur „Linz in Betrieb". Linz ist der Ort, „wo die Forschung an der Zukunft werkt", „neues Denken Schule macht", „Unternehmen gute Gründe haben und die Wirtschaft weltwärts kurvt". Die kulturellen Aktivitäten in der Stadt betonte man mit dem Slogan „Linz ist welt" und erwähnte als Spitzenveranstaltungen das Pflasterspektakel, das Brucknerfest und die lebendige Szene in der Altstadt. Der hohe Stellenwert des Sports und das reiche Freizeitangebot in der Stadt führte zum Sprachspiel: „Linz am Ball!"

„Linz am Ball": Private Sportanlagen in Urfahr. Das Fitneßcenter Pueblo (rechts), dahinter die Anlagen des TC Eigenheim, die Tennisanlage Willnauer/Zehetner (links) und im Hintergrund das beliebte Gasthaus Radlgruber in Katzbach.

Der Erfolg der Kampagne war groß. Das Selbstbewußtsein der Bevölkerung stieg, Fremde fühlten sich zunehmend angezogen vom bunten Leben in der Stadt, niemand schreckte mehr zurück vor dem vermeintlichen Grau und dem Gestank, die es beide sowieso nicht mehr gab. Und Preise bekam man auch. Um im Ton der Werbung zu bleiben, müßte man sagen: Linz macht Preise! 1990 gab es für die Kampagne den „Ehrenpreis der Fremdenverkehrswerbung" und den „EFFIE 1990", eine Auszeichnung für die Effizienz und Werbewirksamkeit der einzelnen Maßnahmen. Höhepunkt war aber sicherlich der internationale Preis beim Advertising Festival in New York, wo die Stadtwerbung eine Silbermedaille in der Kategorie „Kampagnen" einheimste. An diesem Bewerb hatten sich immerhin 42 Länder mit rund 5600 Einreichungen beteiligt. Dieser Erfolg ehrte nicht nur die Werbeagentur, sondern belohnte die gesamte Stadt für ihre Bemühungen. Die Stadt war immer schon besser als ihr Ruf, ab jetzt stimmte auch ihr Image!

Linz. Die offene Stadt (II)

Linz – offene Stadt bedeutet nicht nur ein Angebot an vielfältigen kulturellen Veranstaltungen. Es bedeutet auch Raum für Experimente. Die Stadt fördert die unterschiedlichen künstlerischen Traditionen und Ausdrucksformen: Neues, Gewagtes genauso wie Bekanntes, Breites. Eine „Parteilichkeit" gibt es dabei selbstverständlich, aber sie ist nicht an die Zugehörigkeit zu politischen Parteien gebunden, sondern – im Gegenteil – an die liberalen Grundwerte wie Toleranz, Vielfalt und künstlerische Selbstbestimmung. Dadurch werden auch kritische Töne nicht ver- oder zurückgedrängt. Kunst und Kultur haben und hatten immer eine kritische Funktion. Sie sind ein Spiegel bestehender Verhältnisse, manchmal auch ein Zerrspiegel, in dem man sich selbst im ersten Moment nicht wiederentdeckt, vielleicht sogar ängstlich zurückschreckt. Es gehört Mut dazu, sich diesen Formen zu stellen. Auch die Politiker mußten lernen, Kritik einzustecken und Widerreden als notwendige Beiträge zu verstehen und nicht als Beschmutzung weißer Westen. Unbequemes mit der Drohung, Subventionen zu kürzen, abzustellen, entspricht nicht den Prinzipien, nach denen sich eine offene Stadt und Gesellschaft einrichtet. Die verschiedenen Berührungsängste wurden langsam, aber sicher abgebaut: Die Skepsis der Künstler vor den Politikern und der Politiker vor den Künstlern ebenso wie die Hemmungen des Publikums vor der Kunst und der Kunst vor dem Publikum.

Linz – offene Stadt bedeutet auch, allen den Zugang zu Kultur zu ermöglichen und zu vermitteln. Dafür organisiert die Stadt die großen Spektakel auf öffentlichen Plätzen. Man braucht keinen Groschen Eintrittsgeld, um Anton Bruckner an der Donau zu hören. Man muß sich

Neues mitten in Alt-Urfahr

nichts absparen, um am Pflasterspektakel teilnehmen zu können. Man muß nicht abwägen, ob man es sich leisten kann, ein Konzert am Hauptplatz zu besuchen. Die Stadt lädt ein, und alle ihre Bewohner sollen kommen, sollen die Atmosphäre genießen, sollen sich freuen – an der Lebenslust, die von den Veranstaltungen ausströmt, und an dem Genuß, die Kultur bieten kann. Gleichzeitig bietet dieser offene Zugang auch die Möglichkeit, Schwellenängste gegenüber der Kunst abzubauen.

Die Linzer Stadtwerkstatt (Bildmitte).

Der Posthof – lebendige Station für die internationale Kunstszene.

Kultur passiert nicht nur im Zentrum: das Volkshaus Keferfeld-Oed...

...das Volkshaus Ferdinand-Markl-Straße.

Kultur passiert in Linz aber nicht nur im Zentrum. Sie findet ganz bewußt auch in den Stadtteilen statt, in kleineren Häusern, mit kleineren Veranstaltungen. Auch das ist ein Prinzip der offenen Stadt. Volksbildungseinrichtungen und Kommunikationszentren wurden geschaffen und wirken als kulturelle Begegnungsstätten. Dazu gehören die Büchereien, Musikschulen, Volkshochschulen und die Volkshäuser. Im Rahmen des Linzer Kulturservices werden unzählige Stadtteil-Kulturvereine finanziell und organisatorisch unterstützt. Vor allem die Volkshäuser, die den verschiedensten Veranstaltungen Platz bieten, wurden zum Mittel-

Das Ars Electronica Center, das Museum der Zukunft.

punkt des kulturellen und gesellschaftlichen Lebens in den Stadtteilen. Sie stehen allen Menschen offen, so wie Kultur allen offen stehen soll.

Als Sinnbild für die positive Entwicklung der letzten Jahrzehnte kann man die Figur der Nike bezeichnen. 1977 entbrannte um ihre Aufstellung eine Art Kulturkampf. Die Befürworter und Gegner standen sich stur gegenüber und versteiften sich trotzig auf ihre Positionen. Jetzt – Mitte der 90er Jahre – rundet sich die Geschichte. Die Wandlung in der Kulturpolitik der Stadt Linz ist vollzogen und symbolisch soll die Figur einen Standplatz auf der linken Donauseite neben dem Rathaus und dem AEC erhalten. Aus einem Spannungsfeld in der Stadt wurde ein Kräftefeld.

Die Entwicklung geht aber selbstverständlich weiter. Die vielen angeregten Projekte und Initiativen sollen gebündelt werden; die Ressourcen noch besser genützt und eingesetzt werden, um die hohe Qualität dauerhaft halten zu können. Noch mehr Hirnschmalz und Arbeitskraft müssen in der Vermittlung eingesetzt werden. Eine verbesserte Programmstruktur soll einen noch näheren Zugang zu den Leuten ermöglichen. Es gibt Überlegungen, die kulturelle Position von Linz schärfer zu formulieren. Mit dem AEC wurde ein Schritt in diese Richtung getan. Es klingt nicht nur gut, sondern es stimmt: in Linz hat Zukunft Tradition. Neue Entwicklungen, die sich vor allem um den Computer oder im Internet abspielen, sollen unterstützt werden. Dabei finden sich auch Partner und Weggefährten in der Linzer Wirtschaft, die diese Veranstaltungen und Institutionen sponsern.

Linz – Sportstadt

Kultur, wie sie die Verantwortlichen in Linz verstehen, ist eine Art Lebensmittel, das notwendig ist, um das tolerante Zusammenleben in der Stadt zu fördern. Für die Konsumenten ist sie in erster Linie aber Freizeitgestaltung; eine Möglichkeit, sich zu erholen, neue Kräfte zu sammeln, den routinehaften Tagesablauf zu durchbrechen. Es ist eine Binsenweisheit, daß zur Entfaltung der menschlichen Persönlichkeit eine bewußte Freizeitgestaltung gehört. Eine der beliebtesten Formen ist der Sport – aktiv und passiv. Er soll ja die wichtigste Nebensache der Welt sein. Auch dieser Bereich wird in Linz von der Stadt groß geschrieben.

Vizebürgermeister Adolf Schauberger, LIVA-Prokurist Wolfgang Lehner und Stadionchef Ewald Steininger nach Einbau der Rasenheizung im Linzer Stadion.

Sommerlich gelebt im Erlebnisbad Hummelhof.

Großzügige Sportanlagen sind wichtige Infrastrukturmaßnahmen

Die Bürger zeigen sich zufrieden. Laut einer Bürgerbefragung aus dem Frühjahr 1995 haben nur ein Prozent der Linzerinnen und Linzer an den sportlichen und kulturellen Angelegenheiten etwas zu bemängeln – ebenso wenig wie an der Schneeräumung.

Daß bei weitem nicht alle Menschen sich sportlich betätigen wollen, obwohl sie es könnten, zeigen die Reaktionen auf die Frage: Wie zufrie-

Die ASKÖ-Donau-Anlage in Kleinmünchen.

In Urfahr:

ASKÖ Urfahr, FC Admira und der Seidlplatz.

Die Bezirkssportanlage Lißfeld am Spallerhof.

Das Erlebnisbad Schörgenhub mit Sauna und Eislaufplatz. Das Freizeitzentrum für den Süden von Linz.

den oder unzufrieden sind Sie ganz allgemein mit den Sportmöglichkeiten in Ihrer Wohngegend? Daran fanden 16 % der Befragten etwas auszusetzen, hingegen 44 % äußerten sich „zufrieden" bis „sehr zufrieden". Die restlichen 40 % sind wohl eher als Nicht-Aktive zu verstehen, wenn sie sich mit „teils-teils" oder mit „weiß nicht" als Antworten zufrieden gaben.

Skateboardanlage in Urfahr.

Fun-Court beim Ennsfeld in Ebelsberg.

Die beleuchtete Laufstrecke am Damm in Urfahr.

Der neue Nike-Basketball-Court in Auwiesen.

Was die Stadt Linz für den Sport tun kann, ist vor allem die Bereitstellung der passenden Infrastruktur. Bereits seit 1985 begann sie Sportvereine zu entschulden, d. h. sie übernahm die Schulden der Vereine, die diesen bei Bau- und Sanierungsarbeiten ihrer Spielstätten entstanden waren. 1991 fiel mit einem Gemeinderatsbeschluß der Startschuß für ein groß angelegtes Sportstättenausbau- und -sanierungsprogramm in den kommenden Jahren. 19 Millionen wurden jährlich in diverse Projekte investiert, die verteilt über Linz wie bei den Kindergärten oder Seniorenheimen ein enges Netz ergeben, das den sportiven Bewohnern genug Platz bietet. Aushängeschilder sind besonders die Bezirkssportanlagen Lißfeld und Auwiesen, die schon Jahre vor der sportlichen Offensive der Stadt bespielbar waren. In heißen Sommern sind die Erlebnisbäder Schörgenhub und Hummelhof die größte Attraktion.

Die Gugl – europareifes Zentrum des Sports für die Stadt und das ganze Land.

Linz – die offene Stadt (ohne Worte).

Großanlagen gibt es also genauso wie Kleinanlagen. Einrichtungen für traditionelle Sportarten, wie z. B. Asphaltbahnen, gibt es ebenso wie für neue Trendsportarten, wie z. B. Inline-Skater-Anlagen. Breitensport wird genauso gefördert wie Spitzensport. Sein Zentrum liegt auf der Gugl. Mehr als 200 Millionen Schilling kosteten die Investitionen, um das Stadion zu modernisieren. Jetzt erfüllt es internationale Kriterien. Wie das vorliegende Budget der Stadt erreichte auch sein Stadion seither die Europareife. Linz erfüllt die strengen Kriterien von Maastricht genauso wie die Bestimmungen der UEFA für große Fußballspiele: Genau 13.125 Zuseher finden sitzend Platz, bei Veranstaltungen ohne UEFA-Auflagen können 25.146 Menschen vier Hände, vierundvierzig Beine und einen Ball sich 90 Minuten lang bewegen sehen.

Von international höherem Rang als die wöchentlichen Spiele der beiden Linzer Bundesligaklubs ist die einmalige Leichtathletikveranstaltung im Sommer, das Gugl-Meeting. 1995 gab es sogar einen Weltrekord. Daniele Bartova aus Tschechien überquerte, ausgerüstet mit einem Stab, nach einigen Metern kräftigen Anlaufs eine 421 Zentimeter hoch, locker aufliegende Latte.

Wenn damit Linz wieder einmal für einen kurzen Moment die Augen der Welt und ihrer Presse auf sich gerichtet sah, erlischt der Ruhm, spätestens sobald eine Athletin nur einen Zentimeter höher springt. Es ist eine besondere Gelegenheit, Linz bekannt zu machen. Wichtiger aber ist es, daß sich seine Bewohner mit sportlicher Betätigung wohler und gesünder fühlen. Daher geht die Philosophie des zuständigen Referenten Adolf Schauberger bewußt in die Richtung, den Breitensport zu fördern. Er wünscht sich die Einführung einer täglichen Sportstunde an allen Schulen, um Degenerationserscheinungen vorzubeugen.

Und wie beim Wort „Image“ lohnt es sich auch diesmal im Fremdwörterbuch nachzuschlagen: „Degeneration“: eine vom Üblichen abweichende negative Entwicklung. Dazu soll es in einer Gesellschaft nicht kommen bzw. daran schuld zu sein, soll sich keine Kommune vorwerfen müssen.

Lebensqualität in einer gesunden, ausgeglichenen Umwelt für alle Menschen soll es geben. Einige Kriterien dieser Lebensqualität sind gleichzeitig wichtige Standortfaktoren für die Wirtschaft: gut ausgebildetes und gesundes Personal, technisches Know-how und eine moderne Infrastruktur, kulturelles und sportliches Angebot. Dadurch rechnen sich längerfristig auch Investitionen im Kulturbereich. Und damit schließt sich der Kreis zur Wirtschaft. Hier in Linz, der Stadt der Arbeit und Kultur – der offenen Stadt.

ZEITTAFEL 1985 – 1996

Imagekampagne.

In den Jahren 1985 bis 1996 haben die Stadt Linz und die stadteigenen Unternehmen rund 29 Milliarden Schilling in den Ausbau unserer Stadt investiert. Die wichtigsten Beschlüsse und Maßnahmen in den Bereichen Wirtschaft, Verkehr, Umwelt, Soziales, Sport und Freizeit, Stadtgestaltung, Kultur und Bildung sowie Gesundheit, Sicherheit und Stadtverwaltung sind in der nachstehenden Zeittafel angeführt.

WIRTSCHAFT

Inbetriebnahme der Großlagerhalle und des Kombiverkehrszentrums der SBL /88
Gründung „Linzer Internationale Managementakademie LIMAK" /89
Beginn der Imagekampagne /89
Wirtschaftspolitisches Aktionskonzept der Stadt Linz /89
Richtlinien für die städt. Wirtschafts- und Wissenschaftsförderung /90
Studienrichtung Mechatronik an der Uni /90
Fertigstellung des neuen Umspannwerk-Zentrums der ESG /90
Beteiligung der Stadt Linz an der oö. Technologie- und Marketinggesellschaft mbH /91
Neuer Greiferkran und Gefahrenguthalle der SBL im Hafen /91
Neuer Zentrallagerplatz der SBL /91
Neues Geschäfts- und Gewerbezentrum Paul-Hahn-Straße /91
Neugestaltung des Marktes Teufelstraße am Bindermichl /92
Neues Postamt 4025 in Keferfeld /92

Geschäfts- und Gewerbezentrum Paul-Hahn-Straße.

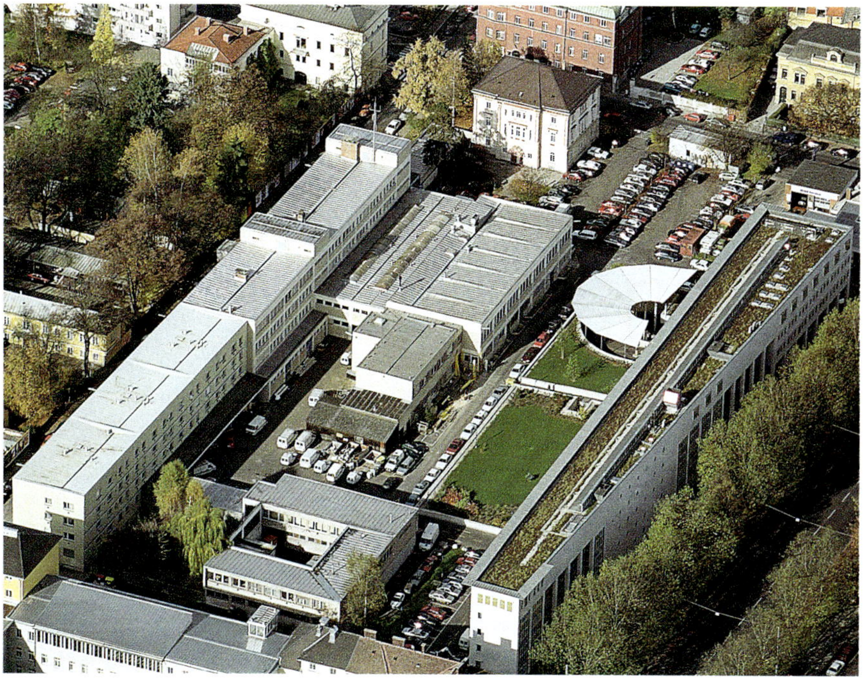

Das neue SBL-Verwaltungszentrum.

Neues SBL-Verwaltungsgebäude an der Gruberstraße /93
Errichtung eines Marktgebäudes am Jahrmarktgelände /93
Eröffnung des Design Centers /94
Linzer Industriepark GmbH (LPI); Beteiligung der Stadt Linz /94
Sanierungsbeschluß für das Bergschlößl /94
Grunderwerbung von der Agrolinz für Hoffmann La Roche /94
Strompreissenkung in drei Etappen /94
Neues ESG-Fernheizkraftwerk Linz-Süd /94
Vertrag ESG und SBL über Fernwärme- und Gasvorranggebiete /94
Architektenwettbewerb für den neuen Wirtschaftshof /94
Beteiligung von SBL und ESG an der oberösterreichischen Ferngas /95
Neue Post im Einkaufszentrum Muldenstraße /95
Neuer Stadtmarkt am Hauptplatz /95
Errichtung des neuen ESG-Centers /95
Erweiterung des Fernheizkraftwerkes Linz-Süd mit einer Gasturbine /95
Inbetriebnahme des Gasröhrenspeichers der SBL /95
Teilnahme von Linz an den EU-Initiativen Tele- und Digital cities /95
Werbekampagne für die Einkaufsstadt Linz /95
Beginn der Betriebsansiedlung in Pichling /96
Sanierung und Vermietung des Pöstlingberghotels /96
Schaffung zusätzlicher Lehrplätze im Linzer Magistrat /96

VERKEHR
ESG – Linzer Verkehrsverbund im oö. Zentralraum, Stufe I /85
Ausbau der Bischofstraße zur Fußgängerzone /85
Neuer Linzer Radwegeplan /86
Resolution für die Errichtung einer 4. Donaubrücke /86
Neue Fußgängerunterführung Unionstraße/Kefergutstraße /86
Generalsanierung der Nibelungenbrücke /87
Fußgängerfreundliche Zone am Hauptplatz /87
Einrichtung des ESG-Anruf-Sammel-Taxis /88
Neue Autobahn-Anschlußstraße Franzosenhausweg /88
Einführung des gebührenpflichtigen Parkens in Linz /88
Neue Fußgängerzone Hofgasse, Altstadt, Alter Markt /88
Neue Hauptplatz-Tiefgarage /88
Neuer Zweirichtungsradweg an der Eisenbahnbrücke /89
Flächendeckende Einrichtung von Tempo-30-km/h-Zonen /89
Neue Tiefgaragen Südbahnhof, Hessenplatz und Seilerstätte /90
Neue Buslinie 27 ins Kaplanhofviertel /90
Verkehrsverbund Linz (LVV); Stufe II /90
Neue Fußgängerunterführung Dachsweg-Pichling /90
Umstellung der Buslinie 21 auf Obusbetrieb (M-Linie) /91
Neue ESG-Auberglinie /91
Fußgängerfreundliche Zone in der Hafferlstraße /91
Verkehrsentwicklungsplan Linz – Beschluß /91
Richtlinien über radfahrgerechtes Planen und Bauen in Linz /92
Projekt für das Beschleunigungsprogramm LIBE 92
Park-and-Ride-Gesamtkonzept /92
Fußgängerzone Marienstraße /92
Erweiterung des Anruf-Sammel-Taxis auf das gesamte Stadtgebiet /94
Neue Schnellbuslinie 77 der ESG vom Bahnhof bis zur Universität /94
Bau der Verbindungsstraße zum Nebingerknoten /94
Neue Stadtteilbusse Bachlberg, Spallerhof und St. Magdalena /95
Gründung der Nahverkehrs-Errichtungs-Gesellschaft (NAVEG) zum
Ausbau des öffentlichen Verkehrs im Linzer Zentralraum /96
Einführung des ESG-Studententickets /96

UMWELT
Erste Luftgüteinformationszentrale im Neuen Rathaus /85
Smogalarmplan für Linz /85
Neue Lärmschutzwand entlang der Mühlkreisautobahn im Bereich
Bindermichl-Spallerhof /85

ESG-Anruf-Sammel-Taxi.

Fußgängerzone Altstadt.

ESG-Stadtteilbus Spallerhof.

Einberufung eines Linzer Luftgipfels /86
Neue Rauchgasreinigung im ESG Fernheizkraftwerk Mitte /86
Erster Grünflächenplan für Linz /86
Neues Sukkulenten- und Orchideenhaus im Botanischen Garten /87
Linzer Auwaldforschungsprojekt /87
„Energienutzplan der Stadt Linz" /87
Neuer Aupolder bei der Kläranlage in Asten /87
Projekt Fernwärmeversorgung Franckviertel /88
Kleingartenkonzept der Stadt Linz /88
Verzicht von PVC im Magistrat /89
Biotopkartierung Linz-Mitte, Linz-Süd und Industriegebiet /89
Konzept für den Ausbau der Fernwärme /90
Erstes Altstoffsammelzentrum im Wirtschaftshof der Stadt Linz /90
Einführung der Biotonne /90
Abfallwirtschaftskonzept Linz /90
Versuchsweise Sammlung und Kompostierung biogener Abfälle /90
Ableitungskanal der Papierfabrik Nettingsdorf zur SBL-Kläranlage /90
Programm für lärmmindernde Beläge auf Bundes-, Landes- und Bezirksstraßen in Linz /90
Beitritt der Stadt zum Klimabündnis Europäischer Städte /91
Grundkauf– Weikerlsee und Mitterwasser (762.377 m^2) /91
Fertigstellung des Ausbaues des Wasserwerkes Goldwörth /92
Grünflächenplan 1991 der Stadt Linz /92
Neue Entstickungsanlage beim ESG-Fernheizkraftwerk /93
Neue Feinentstaubung bei der Sinteranlage Voest /93
Neues Altstoffsammelzentrum Mostnystraße in Urfahr /93
Förderungsaktion für Dachbegrünungen /93
Erstellung eines Alleenkonzeptes /94
Neue Schlammpreßanlage bei der Kläranlage der SBL in Asten /94
Neue Kompostieranlage im Voest-Gelände /95
Ideenwettbewerb für A7 Mühlkreisautobahn im Bereich Bindermichl /95
Neue Gießhallenentstaubung Voest /95
Durchführung einer Linzer Umweltkampagne /95
Erstellung eines Lärmkatasters für den Großraum Linz /95
Grunderwerbung in Ebelsberg-Schiltenberg (1,000.000 m^2) /95
Vertrag über Lärmschutzwände an der Westbahnstrecke /96
Erstellung des Auwaldschutzkonzeptes für Pichling /96
Errichtung der Schlammdeponie bei der Kläranlage der SBL /96
Neue Altstoffsammelzentren Dallingerstraße und Wiener Straße /96
Errichtung der Deponiegasanlage von der SBL /96

Altstoff-Sammelzentrum Neue Heimat.

SPORT

Sanierung des Stadions 1. Teil /85
Errichtung der Bezirkssportanlage Auwiesen /85
Sanierung des Stadions 2. Teil /86
Ausbau des Stadions 3. Teil /87
Ausbau des Stadions 4. Teil /88
Errichtung einer Tennishalle in der Bezirkssportanlage Lißfeld /88

Bezirkssportanlage Auwiesen.

Neubau der Schulsportanlage Neue Heimat /89
Neue Eislauffläche beim Schörgenhubbad /90
Neue Skateboardanlage Rädlerweg – Auwiesen /91
Neue Ruderbecken-Halle in Urfahr /91
Ausbau des Stadions 5. Teil /92
Neues Hummelhoferlebnisbad /93
Agoraland-Sportplätze an der Hölderlinstraße, am Ennsfeld und an der Schiffmannstraße /94
Neues Sportbecken mit Sprungturm im Parkbad /95
Zweiter Turnsaal für die Schärfschule in Ebelsberg /95
Errichtung eines Gebäudes in der Chemie-Sportanlage Ing.-Stern-Straße /95
Agoraland-Sportplätze in der Diesterwegschule, am Andreas-Hofer-Platz und an der Karl-Steiger-Straße /95
Einrichtung einer beleuchteten Laufstrecke Am Damm in Urfahr /96
Sanierung des Stadionspielfeldes und Einbau einer Rasenheizung /96
Errichtung Sport- und Freizeitanlage mit Eislaufplatz in Ebelsberg /96

Einhausung des Sprungturms im Hummelhofbad /96
Neues Wellenbad Schörgenhub /96
Neue Skateboardanlage Am Damm in Urfahr /96
Neuer Nike-Basketball-Court Auwiesen /96

Wellenbad Schörgenhub.

SOZIALES

Errichtung der Seniorenwohnanlage Auwiesen durch die GWG /86
Neuer Kinder- und Jugendspielplatz Baumgärtelstraße /87
Einbau eines Hortes in der Weberschule /87
Neues Kinderbad Pestalozzistraße /88
Erwerb der Liegenschaft Bethlehemstraße 37 für die Obdachlosen /88
Standardverbesserung der Wohnungen in der Derfflingerkaserne /89
Sanierung der Bethlehemstraße 37 für die Obdachlosen /89
Durchführung eines Pilotprojektes Hauskrankenpflege /89
Mittagessen für alle Pflichtschüler in den städtischen Horten /89
Durchführung des Forschungsprojektes „Sozialpolitik in Linz" /89
Einführung des Aktivpasses /89
Baubeschluß für den Kindergarten Webergasse /90

Kindergarten Webergasse.

Niedrigere Kindergarten-Besuchsgebühr für Vormittagskinder /90
Einrichtung von Pflegeeinheiten im Hillinger-Seniorenwohnheim /90
Vertrag für mobile Altenhilfe mit den Sozialvereinen Caritas, Rotes Kreuz und Volkshilfe /90

Hort Dorfhalleschule im Franckviertel.

Kindergarten Dornacher Straße.

Spielplatz Goetheschule.

Erstes Sozialprogramm für die Stadt Linz /90
Neues Kinderbad Afritschweg /91
Ausgabe von Autokindersitzen anstelle des Säuglingswäschepaketes /91
Neuer Hort Spallerhofschule /91
Neues Come together – Jugendzentrum /91
Soziales Wohnen in Linz – Sonderwohnbauprogramm /91
Sammelverordnung bezüglich Dachgeschoßausbauten /91
Erwerb des Kindergartens Schiedermayrweg am Bauernberg /92
Kindergärten- und Horterweiterungsplan für die Jahre 1993 – 1996 /92
Erweiterung des Kindergartens im Einkaufszentrum Oed /92
Umbau des Hortes Cremeristraße in einen Kindergarten /92
Baubeschluß für die Horte Siemensschule in der Neuen Heimat und Dorfhalleschule im Franckviertel /92
Errichtung eines Jugendclubs in Auwiesen /92
Einsetzung eines Frauenausschusses /92
Adaptierung des Objektes Waldeggstraße 38 für soziale Zwecke gemeinsam mit der Caritas /92
Erlassung einer Resolution für Solidarität und Menschlichkeit /92
Neuer Kinder- und Jugendspielplatz am Afritschweg in Ebelsberg /93
Neuer Kindergarten Auwiesen III /93
Kindergarten- und Horterweiterung bei Auwiesen I/93
Errichtung des Kindergartens Dornacher Straße/Commendastraße /93
Neuer Kindergarten und Hort bei der Schule Scharmühlwinkel /93
Erweiterung des Caritas-Kindergartens St. Leopold /93
Errichtung des Hortes Biesenfeldschule /93
Einführung eines Kinder- und Jugendparlaments /93
Einrichtung einer Kinder- und Jugendbeauftragten /93
Umbau des Objektes Schillerstraße 30 als Linzer Frauenhaus /93
Energiestudie für das Wohnen in der Solar City Pichling /93
Neugestaltung des Kinder- und Jugendspielplatzes Volksgarten /94
Neue Kinder- und Jugendspielplätze Prunerstift, Afritschweg, Samhaberstraße und Neufahrergasse /94
Eröffnung des neuen Kindergartens Lenkstraße in Ebelsberg /94
Neues Seniorenzentrum Dauphinestraße /94
Baubeschluß für den Neubau des Seniorenwohn- und Pflegeheimes Glimpfingerstraße /94
Neue Kinder- und Jugendspielplätze Goetheschule (900 m^2), Jahnschule (687 m^2) und Pferdebahnpromenade /95
Neue Kindergärten Auwiesen IV und Ennsfeld /95
Einführung von Nachmittagsgruppen in städtischen Kindergärten /95

Erweiterung des Hortes Korefschule /95
Aktionsprogramm für den nachträglichen Einbau von Personenaufzügen /95
Eröffnung des Seniorenzentrums Ing.-Stern-Straße /95

Seniorenzentrum Ing.-Stern-Straße.

Eröffnung des renovierten Seniorenclubs Teistlergutstraße und des neuen Seniorenclubs Linke Brückenstraße /95
Einrichtung eines Ausländerintegrationsbeirates /96
Anmietung von Räumlichkeiten für den Kindergarten Ennsfeld II /96
Umbau des Rot-Kreuz-Gebäudes Khevenhüllerstraße in einen Hort /96
Neues Eltern-Kind-Zentrum am Ennsfeld /96
Neue Horte in der Mozartschule, Raimundschule, auf den Schadlergründen und in Pichling /96
Baubeschluß für das Seniorenwohn- und -pflegeheim in Dornach /96
Architektenwettbewerb für das Seniorenwohn- und -pflegeheim Flötzerweg in der Neuen Heimat /96
Errichtung einer Musterstation im alten Pflegeheim Glimpfingerstraße /96
Neues Flüchtlingsheim Rudolfstraße – SOS Mitmensch /96

Der „neue" Hessenplatz.

STADTGESTALTUNG
Neugestaltung des Hessenplatzes /86
Architektenwettbewerb für die Revitalisierung von Alt-Urfahr Ost /86
Stadtteiluntersuchung und Verkehrskonzept für das Andreas-Hofer-

und Makartviertel, für Kleinmünchen, für den Südbahnhofmarkt, für das Franckviertel und für die Neue Heimat /87

Flächenwidmungsplan Linz – Teil Mitte und Süd – Beschluß /87

Ausbau der Seilerstätte zum Friedensplatz /87

Stadtteiluntersuchung für den Bindermichl /88

Struktur- und Landschaftskonzept „Linz-Urfahr und Umgebung" /88

Einsetzung des Beirates für Stadtgestaltung /88

Gestaltung der Erholungsanlage Johann-Wilhelm-Klein-Straße /88

Neugestaltung des Urfahraner Jahrmarktgeländes /89

Stadtteiluntersuchung Urfahr-Zentrum /89

Generalsanierung des Domparks /89

Neuer Ökopark Hainbuchenweg (10.750 m²) /89

Eröffnung des Bergschlößlparks (24.000 m²), Domparks (7300 m²) und der Erholungsanlagen Poschacherwiese und Denkstraße

Umgang um den neuen Dom.

Bergschlößlpark.

– Kleinmünchen (13.500 m²), des „Postparks" Huemerstraße (2900 m²) und der Erholungsanlage Baumgärtelstraße (10.000 m²) /90

Generalsanierung des Alten Rathauses Urfahr /90

Stadtteiluntersuchung für das Gebiet Pichling /91

Neuer Adalbert-Stifter-Platz /91

Dombeleuchtung.

Weihnachtsbeleuchtung.

Strukturuntersuchung Linz-Süd und Umgebung /91
Neugestaltung des Südbahnhofes /91
Leitlinien für behindertengerechtes Bauen in Linz /91
Beleuchtung für den Neuen Dom /91
Umwidmung des Betriebsbaugebietes II in Pichling in Wohngebiet für die Solar City /91
Erstellung eines Masterplanes für den Wohnbezirk Linz-Pichling /92
Neugestaltung der Spittelwiese /92
Revitalisierung des Rathausgeviertes – Baubeschluß /92
Neugestaltung des Vorplatzes vor der Kapuzinerkirche /93
Kauf einer neuen Weihnachtsbeleuchtung in der Innenstadt /93
Neuer Panulipark am Bulgariplatz (20.000m²) /93
Neuer WAG-Park in Keferfeld-Oed (20.000 m²) /93
Neuer Zentralpark Urfahr, Heilham (90.000 m²) /94
Erklärung zur nachhaltigen Stadtentwicklung /95
Grunderwerbung von der ESG – Pöstlingbergkrone /95
Ausbau des AEC-Vorplatzes an der Schulstraße und Kirchengasse /95
Neugestaltung des Vogelfängerplatzes in der Neuen Heimat /95
Barrierefreies Bauen – verbindlich für alle städtischen Bauten /95
Gesellschaftsgründung für den Neubau des Bahnhofes und Bahnhofvorplatzes /96
Straßenraumgestaltung am Graben /96
Gestaltung der Parkanlage Dauphinestraße /97

KULTUR

Neue Veranstaltungsräume im Vereinszentrum Weißenwolffstraße /87
Deklaration „Linz als Friedensstadt" /87
Erweiterung der Neuen Galerie der Stadt Linz /88
Ankauf des Radierwerkes von Alfred Hrdlicka /88
Neues Volkshaus Ebelsberg /88
Einbau einer Bücherei im Volkshaus Neue Heimat /88
Enthüllung eines Mahnmales der Opferverbände am Bernaschekplatz /88
Errichtung von zehn Brunnen im Rahmen des Stadtjubiläums 1990 /89
Adaptierung des Objektes Kirchengasse 4 für die Stadtwerkstatt /89
Errichtung Posthof II /89

Musikpavillon, finanziert von der Sparkasse Linz zum Jubiläum 1990.

Errichtung des Musikpavillons im Donaupark durch die Sparkasse Linz /89
Errichtung des Kinderkulturzentrums im Objekt Langgasse 13 /89
Neues Programmkino im Offenen Kulturhaus /90
Neue Volkshäuser Ferdinand-Markl-Straße und Keferfeld-Oed /91
Stadtwerkstatt – Saalzubau /91
Errichtung einer Einsegnungshalle im Stadtfriedhof St. Martin /92

Kinderkulturzentrum Kuddelmuddel.

Volkshaus Ebelsberg.

Sanierung des Stadtmuseums Nordico /93
Anmietung Hauptstraße 83 für das Bücherei-Center Urfahr /93
Neue Bücherei-Zweigstelle Pichling /93
„Puma"-Plastik von Prof. Gsöllpointner für die Universität /93
Übergabe des Hundertwasser-Brunnens der SBL –Spittelwiese /94
Errichtung einer Bücherei-Zweigstelle Ziegeleistraße /94
Neues Rosarium im Botanischen Garten /94
Errichtung eines Denkmals anläßlich des Jubiläums „50 Jahre Zweite Republik" /95
Neues Volkshaus Kandlheim /96

Denkmal 50 Jahre 2. Republik Österreich.

Volkshaus Kandlheim.

Neue erweiterte Musikschule – Fabrikstraße 12 /96
Übergabe des Denkmals für das ehemalige Lager Wegscheid /96

GESUNDHEIT
Um- und Neubau des AKh, 2. Bauetappe /85
Räumlichkeiten für die Aids-Hilfe /88
Um- und Neubau des AKh, 3. Bauetappe /88
Durchführung der Hib-Schutzimpfung – gratis /92
Neuer Wohnhof Katzbach /92
Neu- und Umbau des Rot-Kreuz-Einsatzzentrums /93
Gründung einer Gesundheitskonferenz /93

Übergabe der 3. AKh-Bauetappe /94
Grunderwerbung in der Reindlstraße 24 für Einsatzzentrum des Arbeiter-Samariter-Bundes /95
Umbau der Aufnahme und der Notfallaufnahme im Akh /95
Neues Frauengesundheitszentrum Kaplanhofstraße /96
Baubeginn 4. AKh-Etappe /97

SICHERHEIT
Sanierung der Hauptfeuerwache /89
Neues Polizeiwachzimmer in Ebelsberg /89
Aufstockung der Hauptfeuerwache /93
Einrichtung eines Polizeiwachzimmers im Neustadtviertel /96

STADTVERWALTUNG
Einführung der gleitenden Arbeitszeit im Magistrat mit Stechuhr /89
Leitbild – Magistrat Linz /93
Übertragung der Friedhöfe der Stadt Linz an die SBL /95

BILDUNG
Vermietung der ganzen Baumbachschule an die Waldorfschule /90
Erweiterung der Volkshochschule Linz /92
Um- und Zubau der Hausleitnerschule /92
Errichtung eines Zubaues an der Margarethenschule /93
Sanierung der Volksschule Ebelsberg am Schloßweg zur Hauptschule /93

Revitalisierung des Alten Rathauses. Das Bild zeigt eindrucksvoll die wahre Dimension der Sanierungsarbeiten. Diese große Investition sichert Bauarbeitsplätze und rettet eine der wertvollsten Bausubstanzen der Stadt.

ANHANG

OLFINGER
DAMART
WOOLWORTH

STATISTISCHER TEIL

Stadtinformationen

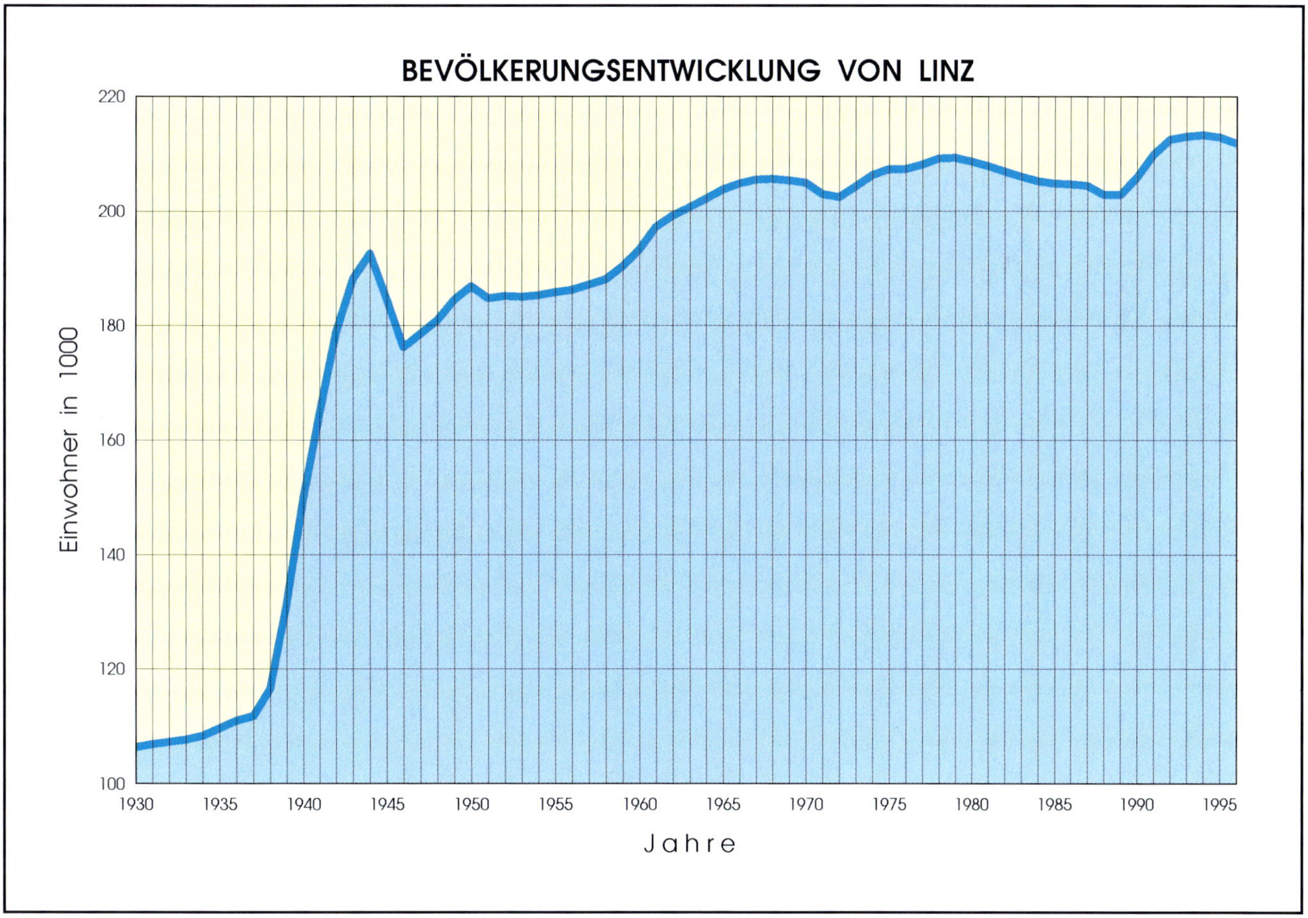

STATISTISCHE BEZIRKE UND STADTTEILE

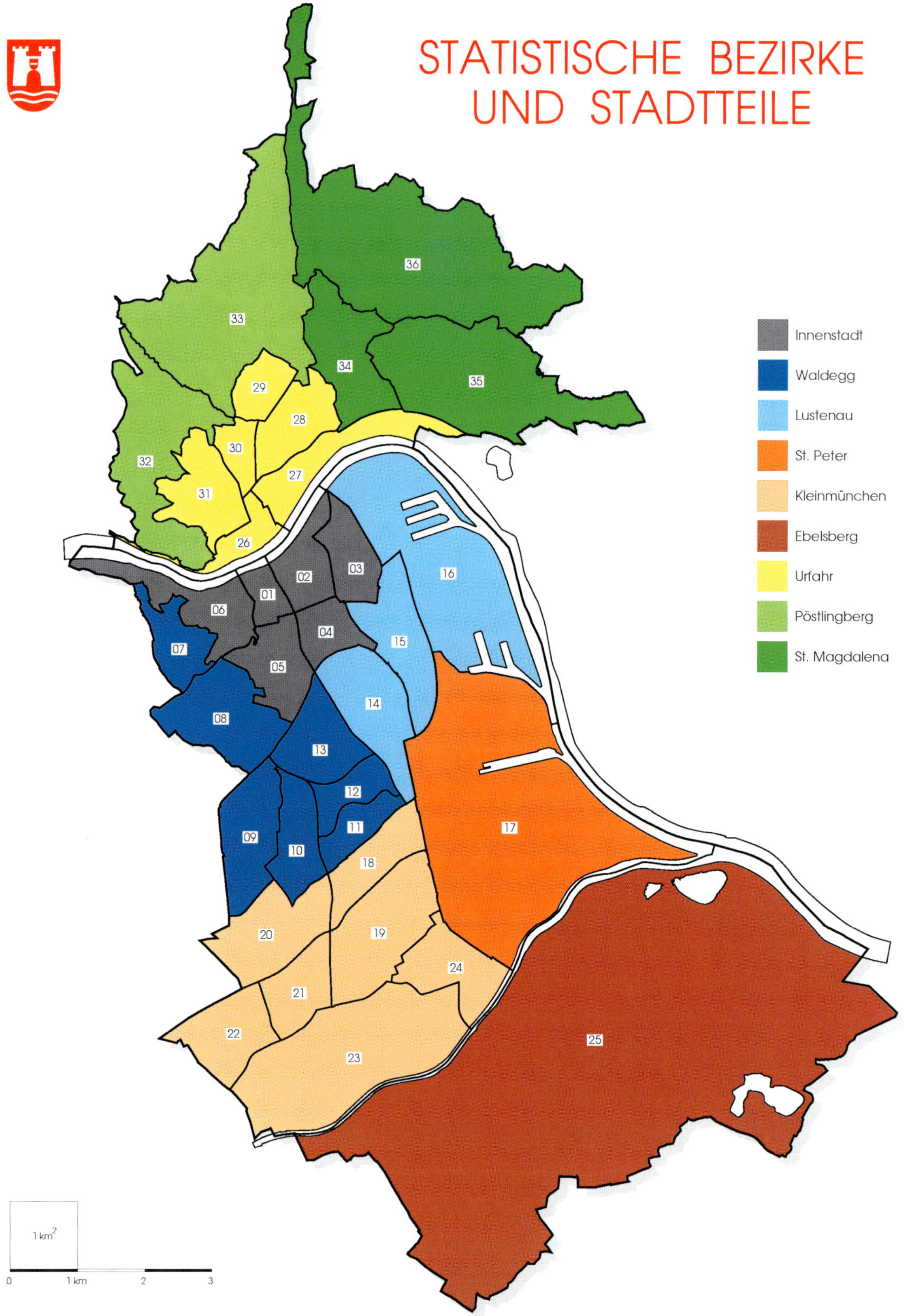

FLÄCHENNUTZUNG (Angaben in ha)

Statistische Bezirke und Stadtteile	Verkehrs-flächen	Bahnen	Gewässer	Hoch-wasser-schutz	Bauland	Grünland	Wald	Summe
1 Altstadtviertel	8,2	–	5,3	–	27,1	5,3	0,2	46,1
2 Rathausviertel	17,2	0,7	16,0	1,3	46,6	20,0	–	101,8
3 Kaplanhofviertel	17,0	2,1	–	–	66,5	2,1	–	87,7
4 Neustadtviertel	17,5	4,0	–	–	44,5	0,9	–	66,9
5 Volksgartenviertel	22,1	10,0	0,1	–	56,9	19,7	–	108,8
6 Römerberg-Margarethen	16,1	–	32,4	1,7	50,5	27,7	31,9	160,3
Innenstadt	98,1	16,8	53,8	3,0	292,1	75,7	32,1	571,6
7 Freinberg	6,8	–	–	–	25,6	48,4	5,2	86,0
8 Froschberg	21,5	7,5	0,2	–	97,1	43,0	5,7	175,0
9 Keferfeld	19,8	1,0	–	–	104,0	18,6	–	143,4
10 Bindermichl	20,6	–	–	–	65,6	13,9	0,2	100,3
11 Spallerhof	12,8	–	–	–	47,0	2,6	–	62,4
12 Wankmüllerhofviertel	18,0	–	–	–	42,8	3,6	0,2	64,6
13 Andreas-Hofer-Platz-Viertel	21,5	32,8	–	–	55,8	13,6	–	123,7
Waldegg	121,0	41,3	0,2	–	437,9	143,7	11,3	755,4
14 Makartviertel	27,7	26,6	–	–	98,5	14,9	–	167,7
15 Franckviertel	28,1	7,2	–	–	98,9	10,2	1,0	145,4
16 Hafenviertel	57,6	17,7	147,3	20,4	255,1	48,2	6,8	553,1
Lustenau	113,4	51,5	147,3	20,4	452,5	73,3	7,8	866,2
17 St. Peter	18,4	100,8	84,2	7,9	716,3	2,9	10,9	941,4
18 Neue Welt	16,9	0,5	–	–	45,4	32,9	4,8	100,5
19 Scharlinz	22,7	–	–	–	48,3	71,3	64,9	207,2
20 Bergern	23,2	1,7	–	–	66,2	71,8	5,4	168,3
21 Neue Heimat	19,9	–	–	–	58,4	15,8	2,6	96,7
22 Wegscheid	10,3	14,3	–	–	94,4	8,1	0,4	127,5
23 Schörgenhub	37,2	–	38,1	9,8	146,4	130,6	79,8	441,9
24 Kleinmünchen	17,7	3,0	11,7	2,0	65,2	16,0	14,4	130,0
Kleinmünchen	147,9	19,5	49,8	11,8	524,3	346,5	172,3	1272,1
25 Ebelsberg	98,8	20,6	185,0	33,6	225,2	1262,4	755,5	2581,1
26 Alt-Urfahr	16,7	1,8	33,8	–	31,9	6,0	0,7	90,9
27 Heilham	21,1	1,4	30,6	8,0	26,5	64,5	–	152,1
28 Hartmayrsiedlung	14,7	–	2,4	–	26,2	56,6	9,2	109,1
29 Harbachsiedlung	9,8	–	0,8	–	26,4	13,8	0,6	61,4
30 Karlhofsiedlung	5,3	–	0,1	–	28,4	12,9	–	46,7
31 Auberg	13,4	2,7	–	–	65,1	33,0	15,1	129,3
Urfahr	81,0	5,9	67,7	8,0	214,5	186,8	25,6	589,5
32 Pöstlingberg	14,7	3,1	0,7	–	43,5	144,8	75,2	282,0
33 Bachl-Gründberg	15,1	–	4,1	–	56,8	195,1	247,0	518,1
Pöstlingberg	29,8	3,1	4,8	–	100,3	339,9	322,2	800,1
34 St. Magdalena	24,9	–	4,2	–	81,2	54,3	6,7	171,3
35 Katzbach	41,9	–	5,8	–	108,1	177,2	61,0	394,0
36 Elmberg	19,4	–	3,9	–	22,5	359,6	262,4	667,8
St. Magdalena	86,2	–	13,9	–	211,8	591,1	330,1	1233,1
LINZ GESAMT	794,6	259,5	606,7	84,7	3174,9	3022,3	1667,8	9610,5

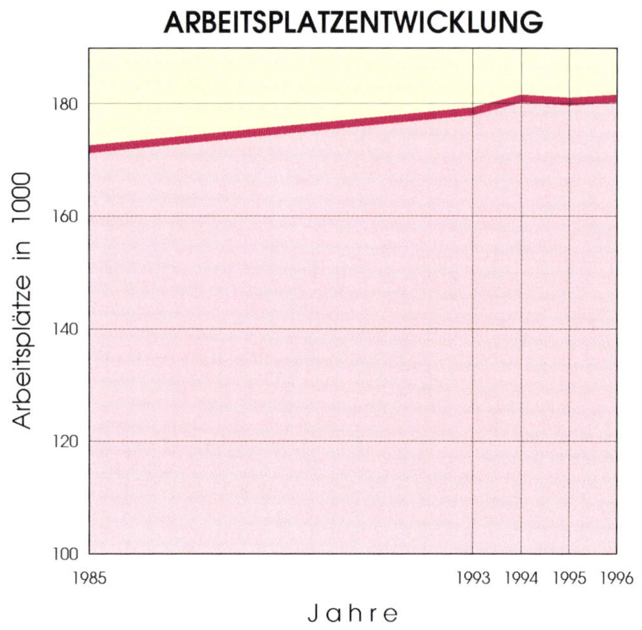
ARBEITSPLATZENTWICKLUNG
Arbeitsplätze in 1000
180
160
140
120
100
1985
1993
1994
1995
1996
Jahre

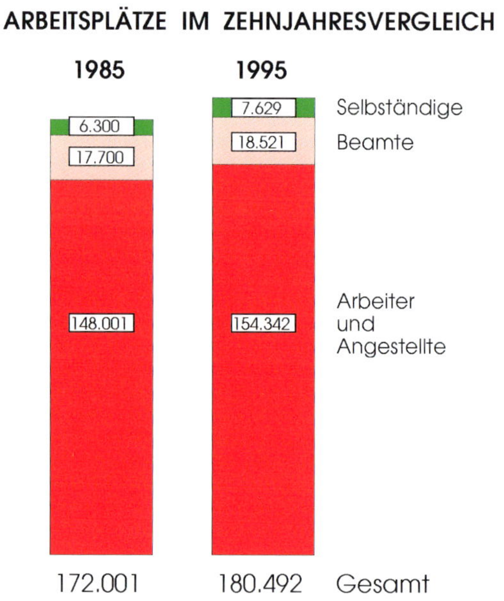
ARBEITSPLÄTZE IM ZEHNJAHRESVERGLEICH
1985
1995
6.300
17.700
148.001
7.629
18.521
154.342
Selbständige
Beamte
Arbeiter und Angestellte
172.001
180.492
Gesamt

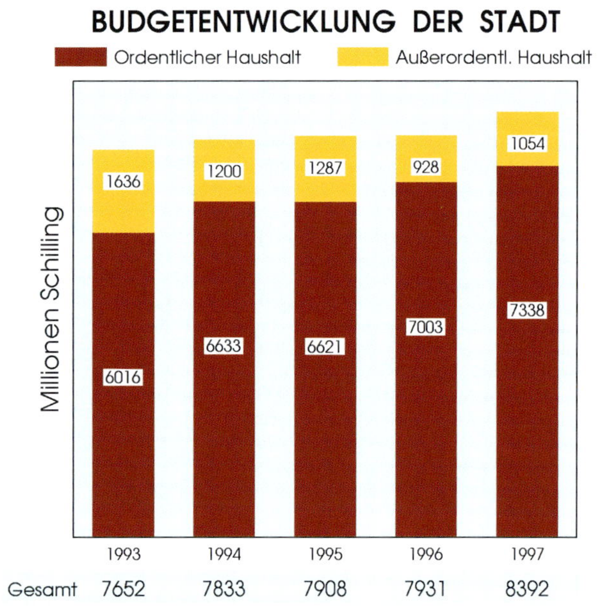
BUDGETENTWICKLUNG DER STADT
Ordentlicher Haushalt
Außerordentl. Haushalt
Millionen Schilling
1636
1200
1287
928
1054
6016
6633
6621
7003
7338
1993
1994
1995
1996
1997
Gesamt
7652
7833
7908
7931
8392

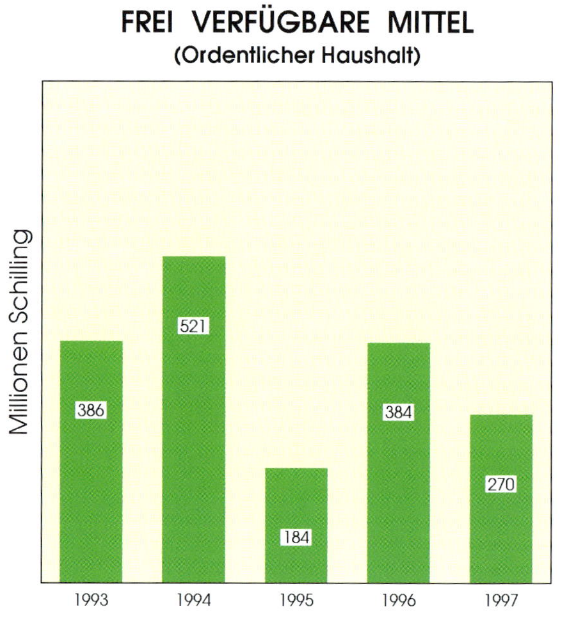
FREI VERFÜGBARE MITTEL
(Ordentlicher Haushalt)
Millionen Schilling
386
521
184
384
270
1993
1994
1995
1996
1997

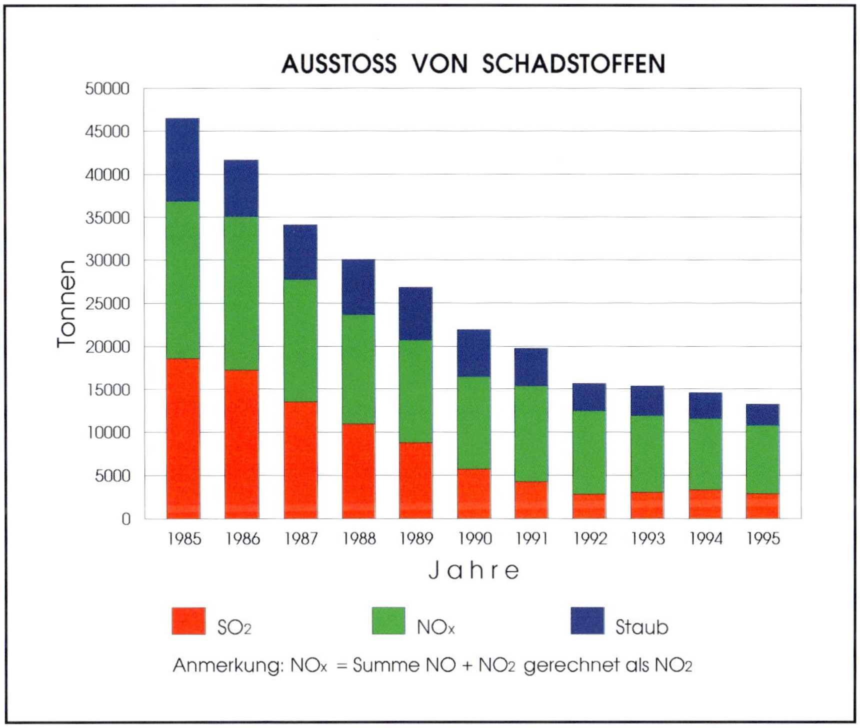
AUSSTOSS VON SCHADSTOFFEN
Tonnen
50000
45000
40000
35000
30000
25000
20000
15000
10000
5000
0
1985
1986
1987
1988
1989
1990
1991
1992
1993
1994
1995
Jahre
SO2
NOx
Staub
Anmerkung: NOx = Summe NO + NO2 gerechnet als NO2

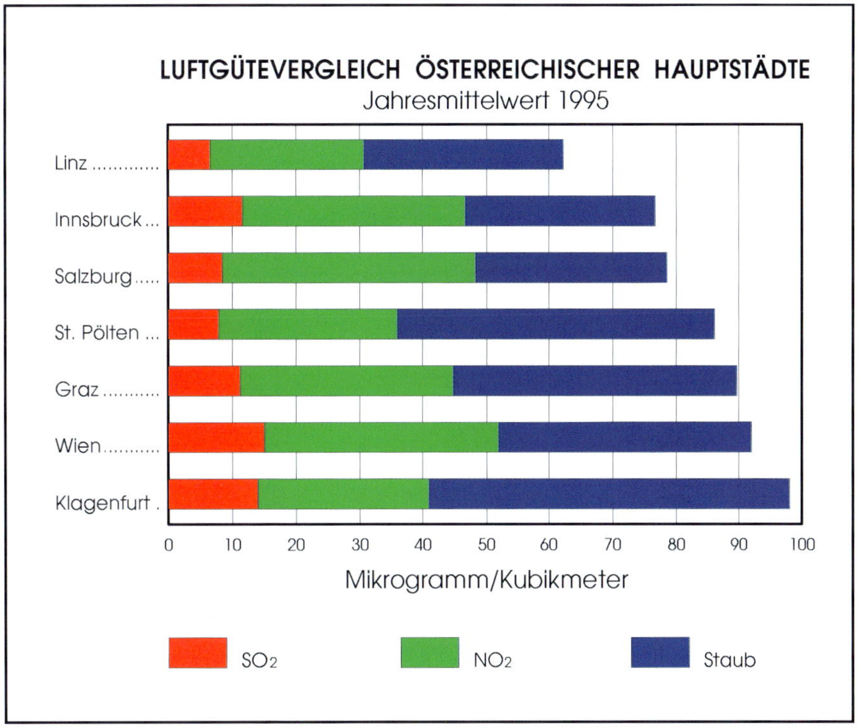
LUFTGÜTEVERGLEICH ÖSTERREICHISCHER HAUPTSTÄDTE
Jahresmittelwert 1995
Linz ....
Innsbruck ...
Salzburg .....
St. Pölten ...
Graz ....
Wien ....
Klagenfurt .
0
10
20
30
40
50
60
70
80
90
100
Mikrogramm/Kubikmeter
SO2
NO2
Staub

KINDERKRIPPEN UND KINDERGÄRTEN

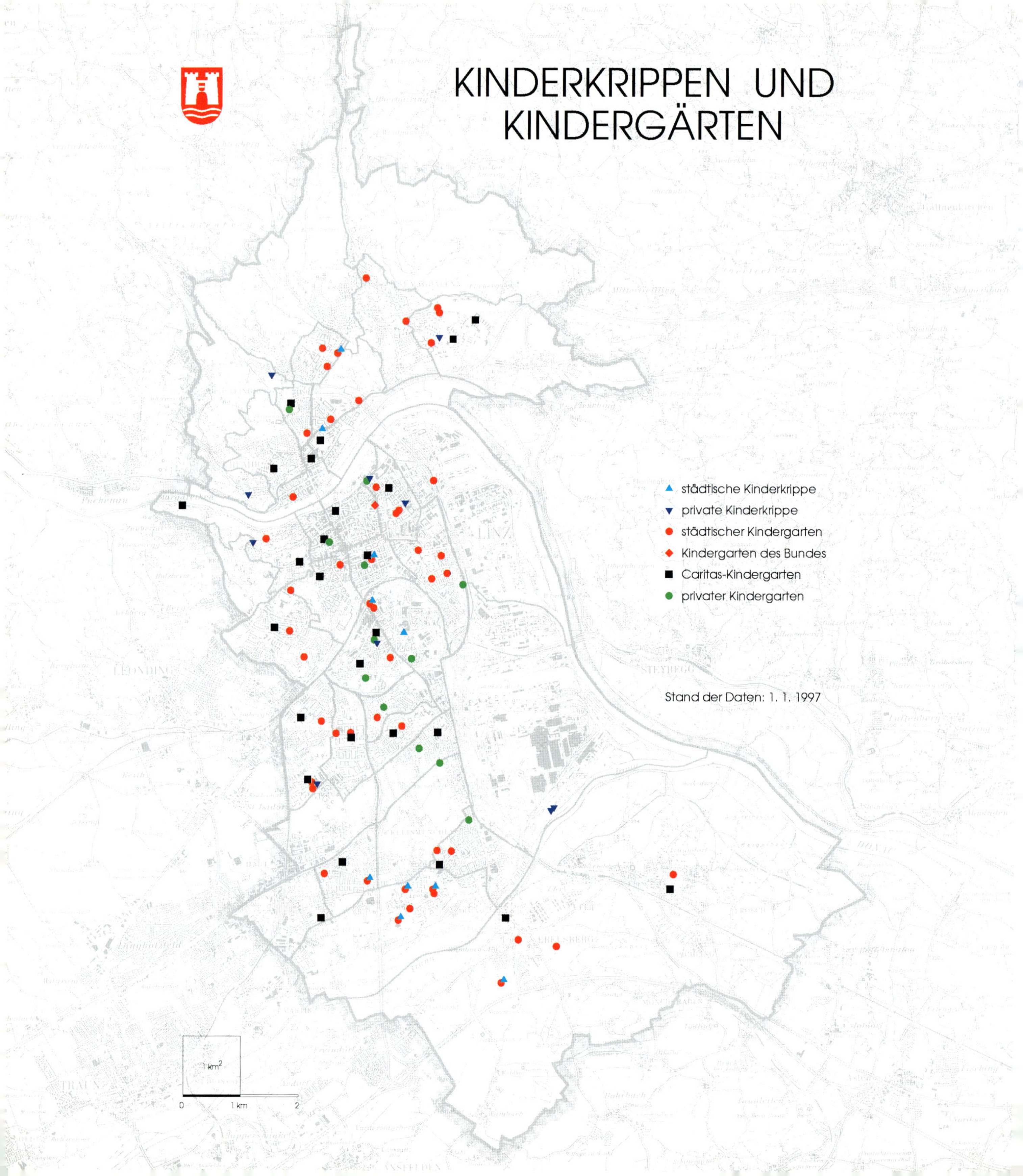

SCHULEN UND HORTE

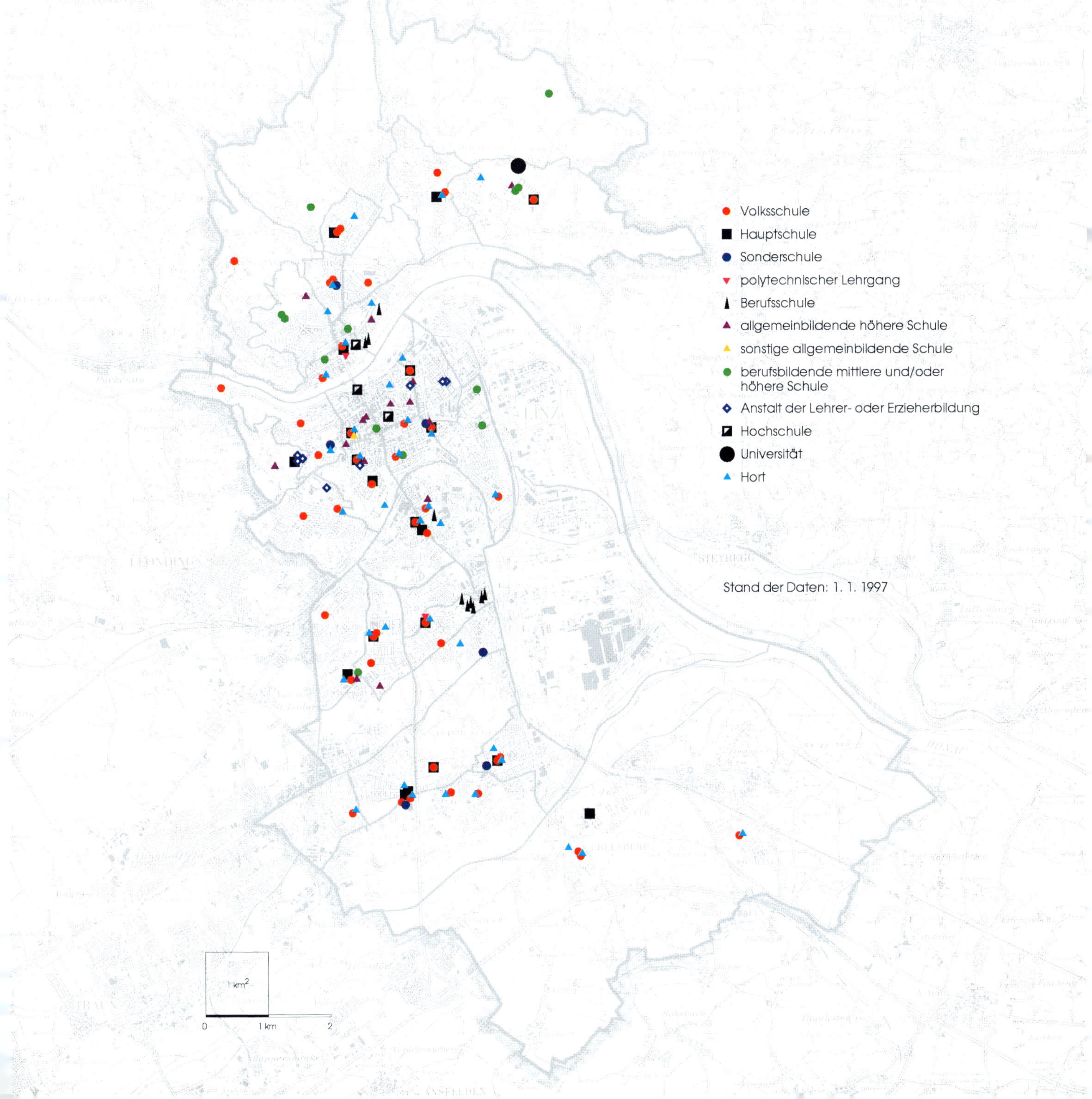

EINRICHTUNGEN FÜR SENIOREN

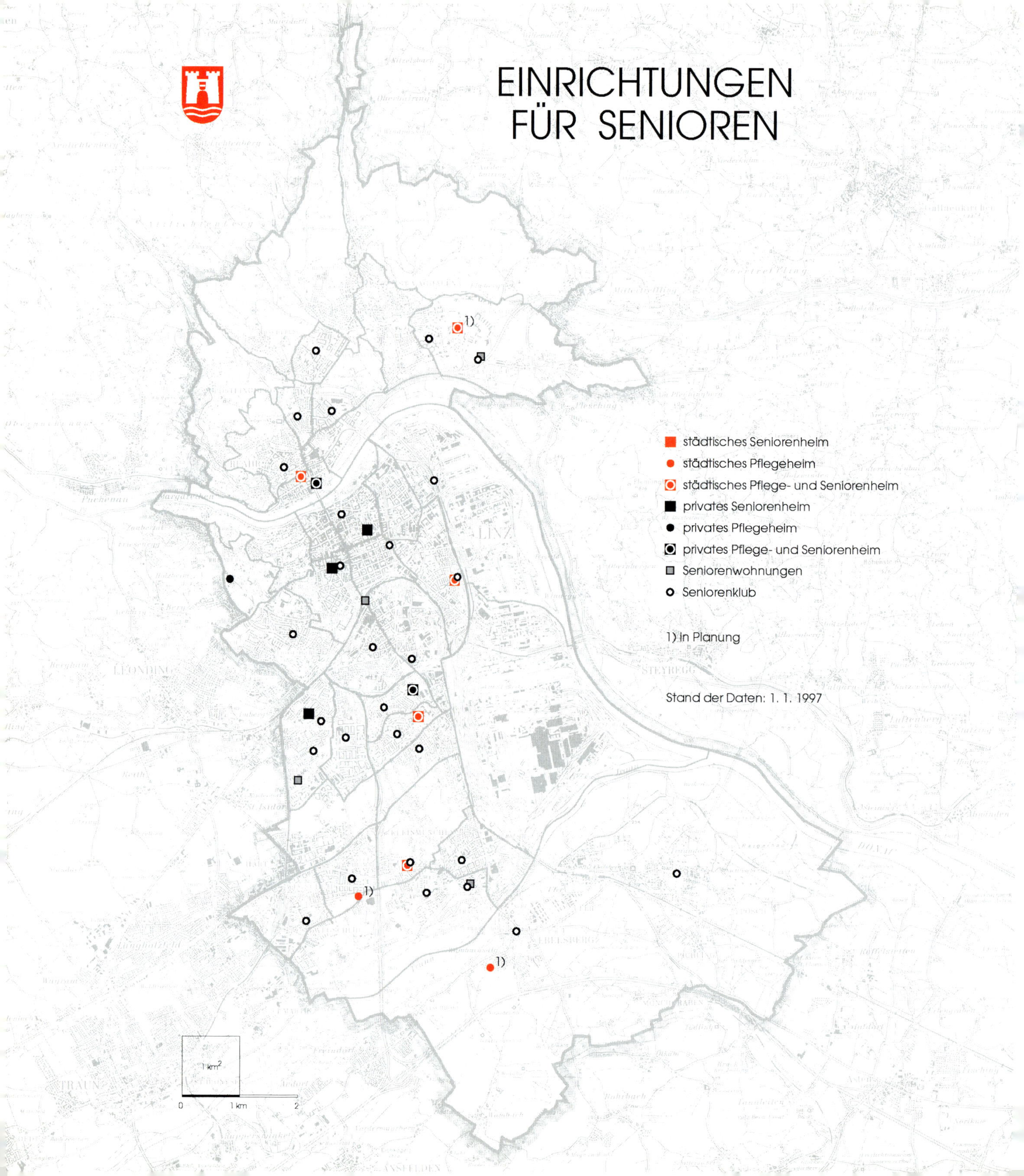

Wahlen in Linz

Gemeinderatswahlen 1919 – 1931 in Prozent

	1919[1]	1923	1927	1931
Sozialdemokraten	55,3	48,6	52,6	51,0
Christlich-Soziale	28,2	26,3		22,7
Einheitsliste			47,0[3]	
Großdeutsche[2]	16,5	15,7		9,4
Nationalsozialisten		7,9		6,8
Heimatwehr				8,2
Kommunisten		1,5	0,4	1,1

[1] 1919 Linz ohne Urfahr und Kleinmünchen

[2] 1919 Freiheits- und Ordnungspartei

[3] 1927 kandidierten Christlichsoziale, Großdeutsche und Nationalsozialisten gemeinsam als Einheitsliste

Gemeinderatswahlen 1945 - 1991 in Prozent

	SPÖ	ÖVP	FPÖ[1]	KPÖ	VGÖ[2]	GALL	Sonstige
1945	59,5	36,3		4,2			
1949	42,4	24,0	28,1	4,9			0,6
1955	51,9	29,5	13,8	4,8			
1961	52,5	31,1	12,8	3,6			
1967	59,3	29,4	8,4	1,8			1,1
1973	56,2	32,5	8,5	2,2			0,6
1979	55,9	34,6	7,8	1,3			0,4
1980	58,4	29,1	9,7	2,6			0,2
1985	52,3	31,7	5,2	2,0	5,5	2,7	0,7
1991	44,8	24,7	19,4	0,9	5,9	4,4	

[1] 1949 VdU, 1955 FWG, FPÖ ab 1961

[2] VGÖ jetzt Liste Mensch und Natur

Die Linzer sozialdemokratischen Landesregierungs- und Landtagsmitglieder mit LHStv. Fritz Hochmair von links: Klubobmann Dr. Karl Frais, Landesrat Dipl.-Ing. Erich Haider, LHStv. Fritz Hochmair, Landesrat Josef Ackerl, LAbg. Ing. Fritz Sulzbacher, LAbg. Helmut Edelmayr.

Landtagswahlen 1945 – 1991 in Prozent

	SPÖ	ÖVP	FPÖ[1]	KPÖ[2]	VGÖ	GALL	Sonstige
1945	59,6	36,2		4,2			
1949	41,6	24,7	28,2	4,8			0,6
1955	51,0	30,2	13,6	4,7			0,5
1961	50,5	33,4	12,6	3,5			
1967	57,9	31,5	7,9	1,6			1,0
1973	54,3	35,6	7,7	1,7			0,6
1979	53,0	39,9	6,2	0,9			
1985	48,5	38,9	4,4	1,3	4,0	2,3	0,7
1991	39,7	33,0	18,7		4,8	3,9	

[1] Ab 1961 FPÖ bei Landtagswahlen, vorher VdU (1949) und FWG (1955)
[2] 1949 Linksblock, 1961 und 1967 KLS (Kommunisten und Linkssozialisten)

Unser Linzer
Bundesregierungsmitglied

Mag. Barbara Prammer,
Bundesministerin
für Frauenangelegenheiten
und Verbraucherschutz.

Nationalratswahlen 1945 - 1995 in Prozent

	SPÖ	ÖVP	FPÖ[1]	KPÖ	GALL[2]	VGÖ	LF[4]	Sonstige
1945	60,3	35,5		4,2				
1949	41,6	24,6	28,3	4,9				0,6
1953	50,0	27,9	16,4	5,2				0,5
1956	52,0	34,0	10,0	4,0				
1962	52,6	33,2	9,7	3,5				1,0
1966	51,1	36,4	8,5					4,0
1970	58,7	32,8	6,9	1,0				0,6
1971	60,4	31,3	6,8	1,5				
1975	61,5	30,9	6,2	1,3				0,1
1979	62,7	29,0	7,2	1,0				0,1
1983	57,8	30,4	5,7	0,8	1,7	3,5		
1986	53,8	29,0	9,9	1,1	6,2[3]			
1990	51,8	20,0	15,9	0,7	5,21	4,1		2,3
1994	42,8	16,8	22,7	0,4	8,97		6,9	2,3
1995	48,9	18,2	20,3	0,3	5,34		6,0	0,9

[1] 1949 und 1953 VdU
[2] GALL kandidiert seit 1994 als Grüne
[3] Gemeinsame Kandidatur von GALL und VGÖ als Grün-Alternative
[4] LF = Liberales Forum

Fotos

Agrolinz, Ali Andress, Archiv der Stadt Linz, Ars Electronica Center, ASKÖ-OÖ, ESG, Flughafen Linz BetriebsgesmbH, Geschichte-Club-Voest, Gerhard Haderer (Cartoon), Peter Hirhager, Johann Kühnl, Kulturamt der Stadt Linz, Museum der Stadt Linz Nordico, Naturkundliche Station der Stadt Linz, Nykomed, OÖ. Landespressedienst, OMV, Pictures Studio Kurt Groh, Presseamt der Stadt Linz, Plasser & Theurer, Gernot Polland, Privatbesitz, RUBRA, SBL, SPÖ/Oberösterreich – Presse, Otto Steindl, VA-Stahl Linz GesmbH, VAI, VAI-Tech, Bärbel Wagner

Literatur (Auswahlbibliographie)

Abel, Rudolf: VOEST – Menschen und ihr Werk. 50 Jahre aus der Sicht der Belegschaft. Linz, 1985
Altmüller, Rudolf Peter: Die Linzer Eingemeindungen. Linz, 1965
Bau Art. Linz, 1. Jg. ff.
Bauer, Günther: Wie kann der Ausbau sozialer Dienste finanziert werden? (Vortrag anläßlich eines Symposiums an der Uni Linz)
Bauverwaltung Linz. Leistungsbilder. Linz, o. J.
Dobusch, Franz/Mayr, Johann (Hrsg.): Kommunalpolitische Perspektiven. Wien, 1991
Dobusch, Monika/Mayr, Johann (Hrsg.): Die Bewegung lebt. Linz, 1988
Fiereder, Helmut: Reichswerke „Hermann Göring“ in Österreich (1938 – 1945). Wien, Salzburg, 1983
Herzog, Thomas: Design-Center Linz. o. O., o. J.
Historisches Jahrbuch der Stadt Linz. Linz, 1. Jg. ff.
Janko, Siegbert u. a. (Hrsg.): Ars Electronica Center. Museum der Zukunft. Linz, 1996
Kreczi, Hanns: Mein Tagebuch 1945 – Das Kriegsende in Linz. In: Historisches Jahrbuch der Stadt Linz 1995. Linz, 1996
Lebendiges Linz. Linz, 1. JG. ff.
Leitner, Kurt/Rosinak, Werner: Diskussionsbeitrag zur Entwicklungsplanung der Stadtregion Linz. Linz, 1990

Linz aktiv. Vierteljahresschrift für Stadtkultur und städtisches Leben. 1. Jg. ff.
Linzer Planungsinstitut Altstadt (Hrsg.): Stadterneuerung, Altstadterhaltung in Linz. Linz, 1989
Linzer Stadterneuerung. Linz 1. – 3. Bericht
Linzer Wirtschaftschronik. Verlag für Wirtschaftsdokumentation, Wien (1990)
Mayrhofer, Fritz/Katzinger, Willibald: Geschichte der Stadt Linz. Von der Aufklärung zur Gegenwart. 2 Bände, Linz, 1990
Mayrhofer, Fritz/Schweiger, Anneliese: Linz 1945 – 1995. Linz, 1995
Moser, Josef: Oberösterreichs Wirtschaft 1938 – 1945. Wien, 1995
Öko-L Zeitschrift für Ökologie, Natur- und Umweltschutz12ff.
Perspektiven. 1. Jg. ff.
Slapnicka, Harry: Die politische Führungsschicht 1918 bis 1938. Linz, 1976
Smith, Michael Peter: Sustainable Development in a Local Community. Oxford (UK), 1991
Veröffentlichungen des Amtes für Stadtforschung der Landeshauptstadt Linz (Statistische Jahrbücher). Linz, 1946 ff.
Veröffentlichungen der Büros der Stadtsenatsmitglieder (Medienservice)
Wahlen in Oberösterreich 1945 – 1979. Hrsg. von: OÖ Landesregierung, Linz, o. J.
Whitelegg, John: Transport for a Sustainable Future. London, 1993

Gesprächsquellen

Zeitzeugenberichte und Auskünfte von Linzerinnen und Linzern
Interviews mit Kommunalpolitikern und Beamten der Stadt Linz

Die verwendeten Luftbilder sind vom Bundesministerium für Landesverteidigung mit den Luftbewilligungen GZ 13.088/218.1.6/96 und GZ 13.088/3-1.6/97 zur Veröffentlichung freigegeben.

Dobusch Dr., Franz
Geb. 1951 in Raab/OÖ.
1973 bis 1977 Studium der Rechtswissenschaften an der Universität Linz
1978 Leiter der Rechtsabteilung der Universitätsdirektion Linz
1981 bis 1988 Rektoratsdirektor der Hochschule für industrielle und künstlerische Gestaltung in Linz
1978 bis 1982 Vorsitzender der Jungen Generation der SPÖ Oberösterreichs (1979 bis 1985 von Linz-Stadt)
Seit 1988 Vorsitzender der SPÖ Linz-Stadt
Seit 1985 Gemeinderat der Stadt Linz
Seit 1988 Bürgermeister der Landeshauptstadt Linz

Dobusch Mag., Monika
Geb. 1949 in Königswiesen
1963 bis 1966 Lehre einer Herrenkleidermacherin. Dann bis 1971 beschäftigt als Schneiderin und Büroangestellte. Daneben Besuch der Arbeitermittelschule in Linz
1971 bis 1977 Studium der Germanistik und Anglistik an der Universität Salzburg

Fiereder Dr., Helmut
Geb. 1947 in Linz
Nach Besuch der Pflichtschule Lehre bei VÖEST/Hütte Linz; 1966 bis 1970 Besuch der Arbeitermittelschule in Linz, 1972 bis 1979 Studium: Geschichte und Alte Geschichte in Salzburg und Linz, 1979 Promotion, daneben Berufstätigkeit im Schwermaschinenbau und Versicherungsgewerbe; 1980 bis 1985 wissenschaftlicher Mitarbeiter der KZ-Gedenkstätte Mauthausen; seit 1986 freier Historiker.
Publikationen (Schwergewicht Unternehmensgeschichte), Beiträge in wissenschaftlichen Fachzeitschriften, Gestaltung von Ausstellungen, langjährige Tätigkeit im Betreuungsdienst der KZ-Gedenkstätte Mauthausen.

Hopf Ass. Prof., Wilfried
Geb. 1944 in Geboltskirchen
Ausbildung zum Schriftgraphiker an der Kunstschule der Stadt Linz
Seit 1973 Lehrer an der Hochschule für künstlerische und industrielle Gestaltung in Linz. Spezialgebiet Urkundengraphik, Kaligraphie, Graphikdesign und Buchgestaltung
Mehrere Ausstellungen und Veröffentlichungen.

Kristöfl Mag., Siegfried
Geb. 1964 in Klagenfurt
Historiker
1982 bis 1988 Studium in Salzburg
Seither freiberuflich tätig. Arbeiten für Gemeindechroniken. Gestalter von Ausstellungen
Publikationen und Katalog-Beiträge. Herausgeber einer zweibändigen Gemeindechronik von Engelhartszell.

Kühnl, Johann
Geb. 1952 in Salzburg
Absolvent der HTL für Elektrotechnik in Linz
Seit 1974 tätig im Bereich Audio/Video/Multimedia/Akustik Design, ebensolange Beschäftigung mit Fotografie
In den letzten Jahren vermehrt als freier Fotograf tätig.

Mayr MMag. Dr., Johann
Geb. 1946 in Linz
Lehre eines Gas- und Wasserleitungsinstallateurs, anschließend Monteur und Obermonteur. Matura im Zweiten Bildungsweg, danach Studium von Deutsch, Geschichte und Rechtswissenschaften
1976 bis 1985 AHS-Lehrer, danach Vertragsbediensteter im Wissenschaftsministerium. Zur Zeit Publizist im Angestelltenverhältnis
Wissenschaftliche Aufsätze in nationalen und internationalen Fachzeitschriften und Zeitungen sowie Beiträge im Hörfunk. Herausgeberschaften, Buchpublikationen und Ausstellungsgestaltungen.

Polland Mag., Gernot
Geb. 1954 in Ried im Innkreis
Ausbildung zum Grafik-Designer an der Hochschule für künstlerische und industrielle Gestaltung in Linz
Freiberufliche Tätigkeit als Grafik-Designer und im Bereich der künstlerischen Photographie.

Ruckerbauer Dr., Klaus
Geb. 1956 in Linz
Studium der Germanistik, Politikwissenschaften und Philosophie an der Universität Salzburg
Nach der Promotion 1984 tätig am Ludwig-Boltzmann-Institut für Stadtgeschichtsforschung
Seit 1985 Pressereferent für Umweltangelegenheiten im Presseamt der Stadt Linz
Seit 1989 Pressereferent im Bürgermeisterbüro
Zahlreiche Veröffentlichungen